數位世紀傳播生態

Communication Studies
in the Age of Digital Genesis

◉主編─黃葳威

◉作者─黃葳威、呂傑華
李志珍、林俊孝
涂家瑋、簡佑宏
周慶祥、任喆鸝
張家琪、李明軒

本書獲得政治大學傳播學院頂大專書補助

國家圖書館出版品預行編目資料

數位世紀傳播生態 / 黃葳威等著. -- 初版.
-- 新北市：揚智文化, 2014.11
面； 公分

ISBN 978-986-298-167-2（平裝）

1.數位傳播 2.文集

541.8307   103024248

數位世紀傳播生態

主　　編／黃葳威
作　　者／黃葳威、呂傑華、李志珍、林俊孝、涂家瑋、
　　　　　簡佑宏、周慶祥、任喆鸝、張家琪、李明軒
出 版 者／揚智文化事業股份有限公司
發 行 人／葉忠賢
總 編 輯／閻富萍
地　　址／新北市深坑區北深路三段 260 號 8 樓
電　　話／(02)8662-6826
傳　　真／(02)2664-7633
網　　址／http://www.ycrc.com.tw
 E-mail ／service@ycrc.com.tw
印　　刷／鼎易印刷事業股份有限公司
I S B N ／978-986-298-167-2
初版一刷／2014 年 11 月
定　　價／新台幣 380 元

· This research is partially supported by National Chengchi
  University's Top University Project.
· 感謝國立政治大學邁向頂尖大學計畫的部分經費支
  持，使本研究得以順利進行。

主編序

資訊科技的出現，各社群間是否形成相對權力關係的「真理政權」？

1995 年行政院國家資訊通信基本建設專案推動小組（簡稱 NII 小組）」推動「三年三百萬人上網」政策，一時之間，網際網路成為創業者、或企業轉型經營的救贖之道。

當網際網路領航新世紀的風潮席捲全球，不到五年，卻引來網路泡沫化的危機，不少公司與企業虧損連連、應聲倒閉。

1999 年，因著一件軍史館高中女生命案的發生，加害人為長期在服役過程重度使用 A 片與色情網站的現役軍人，竟然在白天對前往查資料的高中女生犯下毒手！

網際網路充滿創意與機會，卻成為推垮這位現役軍人情慾及言行舉止的最後一根稻草！

同年 12 月 29 日，財團法人台灣網路資訊中心（TWNIC）正式成立，是目前國內唯一統籌網域名稱付費申請註冊及 IP 位址發放之非營利性組織，並宣稱以技術中立，提供國內完整之網路服務。TWNIC 自詡將以最大努力，促使我國網際網路事業能更健全、更快速的發展。

因著軍史館命案的發生，一群具有相同使命願景的人聚集在一起：包含法官、牧師、教師、傳播從業人員、作家、學生等，於 1999 年下半年成立了白絲帶工作站，宣導預防網路色情及健康上網的重要。

2004 年起由政大數位文化行動研究室執行，展開為期十五年的青少兒學生上網行為長期調查，追蹤網路使用對青少兒人格養成與價值觀可能的影響。

2009 年創立中華白絲帶關懷協會，持續以預防、守護、關懷三為一體的核心價值，推動網路安全與網路全人關懷行動。

2010 年八月，行政院跨部會資通訊安全會報設置 WIN 網路單 e 窗口辦

公室,由白絲帶關懷協會承接,受理民眾通報非法與有害兒少身心健康之不良網路內容舉報,進行分辦、由相關權責機構進行移除(Notice and Take Down)服務。

2013 月 8 月,依據兒童及少年福利與權益保障法第四十六條,政府通訊傳播主管機關委託民間團體,成立 iWIN 網路內容防護機構,經由公開評選,由中華白絲帶關懷協會承辦,兼顧預防教育、守護網站、關懷探訪等,推展兒少上網安全服務。

其間,有民眾向白絲帶 iWIN 通報,有不肖業者藉由 org.tw 的網址,以民間團體之網域名稱,進行販售非法色情光碟之實,掛羊頭賣狗肉。經由 iWIN 專案辦公室分辦給網址申請單位 TWNIC,因該基金會採取技術中心角色、不針對申請網址內容進行管考審查品管,而轉請警政單位處理。類似案例不只一件,令人關心 TWNIC 僅受理付費申請網域核准,不過問內容品質可能的漏洞。

儘管如此,白絲帶關懷協會與政大數位文化行動研究室,已經持續十年公布台灣青少兒網路行為觀察報告,也邀集產官學代表討論資訊科技的未來與因應,「數位創世紀」學術實務研討會迄今已舉辦了十一屆。

本書收錄「數位創世紀」學術實務研討會中的精選論文,從閱聽人、敘事、結構三層面,審視資訊科技創新發展的理論實務。

第一部分閱聽人篇,分別探索青少兒與家長面對數位科技用品的認知差距,以及大學生在流行文化商品知覺價值與購買行為、電視新聞可信度、英語新聞字幕呈現的認知與使用。

隨著動新聞的出現,如何在數位匯流的基礎上,匯流文字,聲音,圖像、動畫等成為數位多媒體新聞,長期引發關注,敘事篇涵蓋數位敘述行動研究案例,新聞網站如何進行多媒體新聞敘事,並分析社群網站憂鬱症患者的書寫,涵蓋數位內容現象與應用。

台灣報紙對中國大陸形象的建構,是否是因媒體自身的「理念」(idea)與「社會意識」使然,或者還是受到兩岸政策、國際對中國大陸觀念的影響?台灣有線電視產業發展中,媒體與資訊科技、媒體政策、企業家創新精神等

因素的關連如何？結構篇兩篇論述均從理論層面提出貼近真實的見解。

　　感謝揚智文化公司閻總編輯的協助，柯雙華小姐的行政聯絡，本書才得以順利付梓，在此一併致謝。

　　資訊科技一日千里，如何懷抱希望地擁抱科技與民主、避開其中可能的風險？有賴需要資訊科技業者自律，社區家庭與校園深植適當的人我價值與思辯力，方能站立得穩。

於 2014 年 6 日

目　錄

第一篇

閱聽人篇

數位代溝乎？檢視台灣青少兒與家長網路素養

黃葳威[*]

摘　要

賀依（David Couzens Hoy）主張：知識並非是優先於權力，也非獨立運用來取得權力；每個社會、每個時代都會有源自於權力關係的真理政權（a regime of truth）。真理政權未必是國家政權，可能來自於學術殿堂、階級意識、社團或企業等組織。

資訊科技的出現，在各相對社群和年齡層是否也形成所謂「真理政權」？教育學者吳明烈（2002）認為，欠缺使用電腦與網路等資訊科技的機會、缺乏應具備的資訊素養、欠缺興趣，或排斥使用資訊科技等均是造成數位落差的主因。

數位落差可由以下層面檢視（黃葳威，2012）：全球落差（global divide）、社會落差（social divide）、民主落差（democratic divide）、親子落差（parenting divide）及個人落差（personal divide）。有關家庭親子的數位落差文獻相當有限。

研究者參考全球性英國家庭部對於兒少上網安全的關懷重點（Home Office, 2003），將「網路素養」界定為：有計畫使用網路（網路使用能力），遵守電腦網路相關使用規範（網路禮儀能力、網路法律能力），能留意、辨別網路內容與其他網友與真實世界有別（資訊評估能力），且不洩漏個人資料與上網密碼（網路安全能力）。

本研究兼用問卷調查與焦點座談法，探討台灣地區國小三年級至國中三年級青少兒及青少兒家長的網路素養，除比較不同代間的網路素養，也輔以各以家長、青少兒為主的兩場焦點座談，探索親子雙方對於電腦網路的認知與評價。

關鍵字：數位落差、親子落差、個人落差

---

[*] 黃葳威，國立政治大學傳播學院教授。

Digital Divide? Internet Literacy of Parents and Children in Taiwan

Wei-wei Vivian Huang

Abstract

Digital divide can be reviewed by: global divide, social divide, democratic divide, parenting divide, as well as individual divide. Few literature deals with issues on parenting divide.

This paper, based on core value of internet safety of UK, regards internet literacy as planning to use internet, obeying related internet regulation and guidelines, recognizing the reality between internet content and real world, and valuing personal information and privacy.

Secondary analysis of quantitative questionnaire survey and qualitative approach of focus group discussion are used to explore internet literacy of parents and children.

According to secondary analysis on data of 2013 Media Usage of Children' Parents in Taiwan, the results show that parents tends to concern issues regarding internet regulations. Comparing internet usage, internet reviewing, internet safety, internet regulation, and internet ethics, parents value preventing to transmit internet rumors, personal information and privacy, so do children.

Critical thinking on internet contents as well as relationship among social networks, and management of internet usage are important to both parents and juveniles.

Keywords: divide, literacy, parenting divide, personal divide

壹、研究背景與目的

　　英國作家兼實證學者培根（Francis Bacon）相信：擁有知識就是力量，生活的理想就是為了理想的生活。

　　賀依（David Couzens Hoy）認為：知識並非是優先於權力，也非獨立運用來取得權力；每個社會、每個時代都會有源自於權力關係的真理政權（a regime of truth）。真理政權未必是國家政權，可能來自於學術殿堂、階級意識、社團或企業等組織。

　　以教育部推動的數位機會中心為例，將數位網路科技設備與使用專門技能逐步傳佈於偏鄉社區，希望賦權於偏鄉男女老幼，立意甚佳。隨著不同傳布的經驗累積，又希望建立推動模式，即所謂進入程序知識。對於人口與社經接近的部分城鄉，類似程序知識可以複製、驗證與應用推廣。

　　但也出現無法應用的案例，例如：偏鄉地區居民也許以農、漁、牧維生，社區人手有限，一旦農忙，便無暇抽空學習專門技能，這時，如果用一定程序知識推估傳佈成效，便出現中心與邊陲思維的知溝（黃葳威，2012）。如此來看，資訊科技的出現，在各相對社群和年齡層是否也形成所謂「真理政權」？

　　知溝理論關注資訊擁有者、資訊貧乏者的形成與演變，隨著公共網路以及全球資訊網的興起，更助長了兩者間資訊落差的顯著（Cronin, 2002; Hoff, 2007; Watkins, 2009）。有關數位落差的論述與討論，紛紛出現。

　　數位落差（digital divide）也被稱為數位差距或數位鴻溝。根據聯合國經濟合作發展組織（Organization for Economic Co-operation and Development, OECD）在2001年出版的《瞭解數位落差》（*Understanding the Digital Divide*）一書指出：數位落差係指存在於個人、家庭、組織以及地區，不同社經地位者使用資訊與通訊科技以及網際網路進行各種活動的機會所顯現的差距現

象（OECD, 2001: 5）。

　　數位落差係指因資訊資源的使用機會不足，或因欠缺使用電腦及網路等資訊與通訊科技能力所造成的差距現象。狹義的數位落差中所涉及到的資訊與通訊科技係專指電腦與網路；然而廣義者則可擴及到其他生活上常接觸到的數位科技，如數位電視與行動電話等。以現況觀之，各國所關注的數位落差內涵乃傾向於前者。

　　數位落差是各國面臨的挑戰與課題，美國學者卡爾門（Andy Carvin）指出，當代資訊經濟社會，數位落差乃是最重要的公民權議題之一。探討數位落差的意涵，實質上則與接近使用（access）、內容（content）、素養（literacy）、教育（pedagogy）及社群（community）等問題相關（Carvin, 2000）。

　　當人們談及網路利用時，資訊素養更顯得重要。資訊素養是數位落差問題的核心，為促使人們更有效率的使用科技，資訊文盲，或缺乏資訊素養，乃成為一項最基本且亟待克服的課題。

　　政府推動減緩城鄉數位落差，在各縣市偏遠社區或部落設置數位機會中心，藉此賦權於偏鄉地區民眾，有初步成效。然而，各偏鄉社區部落的在地人文氛圍有別，社群凝聚力與生活作息也不同，欲進一步深化數位機會中心的理想，還應將在地社群的特質與生態環境，一併納入規劃，以不同個案個別推動；齊頭式的目標計畫與推動時程，未必可有效推動。

　　教育學者吳明烈（2002）認為，欠缺使用電腦與網路等資訊科技的機會、缺乏應具備的資訊素養、欠缺興趣，或排斥使用資訊科技等均是造成數位落差的主因。

　　數位落差可由以下層面檢視（黃葳威，2012）：全球落差（global divide）、社會落差（social divide）、民主落差（democratic divide）、親子落差（parenting divide）及個人落差（personal divide）。有關家庭親子的數位落差文獻相當有限。

　　台灣於 2010 年啟動行政院跨部會推動網路不良內容通報的單一窗口計畫，自 2011 年起正式委由社團法人中華白絲帶關懷協會承接。2014 年起，白絲帶 iWIN 網路內容防護機構以預防、守護、關懷三位一體的模式，透過

預防教育、網站通報守護以及熱線關懷等，推動青少兒、家庭、校園與社區網路安全知能。

研究者參考全球性英國家庭部對於兒少上網安全的關懷重點（Home Office, 2003），將「網路素養」界定為：有計畫使用網路（網路使用能力）、遵守電腦網路相關使用規範（網路禮儀能力、網路法律能力），能留意、辨別網路內容與其他網友與真實世界有別（資訊評估能力），且不洩漏個人資料與上網密碼（網路安全能力）。

本研究兼用問卷調查與焦點座談法，探討台灣地區國小三年級至國中三年級青少兒及青少兒家長的網路素養，除比較不同代間的網路素養，也輔以各以家長、青少兒為主的兩場焦點座談，探索親子雙方對於電腦網路的認知與評價。

貳、文獻探討

素養是一種需要學習，內化於日常生活的能力。

1950 年代的台灣社會，政府大力推展掃除文盲（illiterate）運動，提倡國民教育，加強一般民眾的識字能力。現代社會所說的素養（literacy）便是一種讀、寫、算的能力，是日常生活的一種基本能力（倪惠玉，1995）。

一、資訊素養與網路素養

數位時代來臨，資訊的儲存、流通與使用隨傳播科技的發展便捷快速，資訊充斥在現代人的日常生活中，過去單純的讀寫能力，已不足以應付目前資訊爆炸的時代，資訊素養成為現代公民必備的知識之一（黃雅君，2000）。

盧怡秀（2001）將素養界定為：一個人為適應所生存的世代而需具備的能力，這些能力可分為數個層次：越低層次的能力是可能經由非正式學習獲得，目的是為了養成個人基本的生活能力；越高層次的能力則是必須包含各

領域正式與非正式的學習累積而得的知識、技能與態度，目的是為了成就個人並能造福他人，資訊素養（information literacy）屬於高層次的能力之一。

美國國家圖書館與資訊科學委員會（US National Commission on Libraries and Information Science）1970 年在政策規劃草案中提出資訊素養概念，該草案建議政府應該廣為教育民眾與其工作相關的資訊素養。「資訊素養」的定義：一個人具有能力知道何時需要資訊，且能有效的尋得、評估與使用所需要的資訊。換句話說，在日常生活中可察覺自己的資訊需求，且有能力去處理（ALA, 1989）。

美國圖書館協會（American Library Association, ALA）與教育傳播科技委員會（Association for Educational Communications and Technology, AECT）針對學生資訊素養的學習狀況提出評量標準（1998）：

1.能有效率、有效地接近使用資訊。

2.能完整而嚴格地評估資訊。

3.可以有創意且精確地使用資訊。

4.有能力追求個人本身有興趣的資訊。

5.會欣賞文獻本身或是有創意的資訊表達方式。

6.會努力尋找資訊及創造知識。

7.認知資訊對民主的重要性。

8.可以實踐對資訊及資訊科技應有的倫理。

9.參與討論，並追求和創造資訊。

從理論的發展來看，資訊素養的意涵會因為研究偏重的層面不同而有所差異，一則強調它是一組個人的特質，再則強調它是一種資訊運作的技能知識，或強調它是一種學習的過程（Webber & Johnston, 2000）。

Lynch 認為，資訊時代裡個人還必須具備資訊素養，方能有效的使用資訊科技。資訊素養區分為一般性資訊素養（general information literacy）與資訊技術素養（information technology literacy）兩種不同的層次（引自曾淑芬

等，2002）。亦即除了運用資訊的能力與知識外，更應探討個人對於資訊技術方面的應用能力與知識，例如資訊硬體設備的操作及功能運作的理解程度、資訊軟體工具之應用和熟悉程度等資訊技能等。

　　資訊素養乃是指個人能找出、處理資訊並加以有效利用資訊的能力，不論資訊所得來源為何種「形式」；也就是說，不論傳統印刷媒體、電子媒體或新興的網路媒體所得的資訊，都是在此一概念範圍（McClure, 1994）。McClure 主張，資訊素養著實是一個人類素養之最大且最為複雜的系統，資訊素養的內涵，必須加入傳統素養、電腦素養、網路素養及媒體素養的概念，才能稱之為資訊素養。McClure（1994）認為資訊素養應該包含四個不同的層面（見**圖一**）：

1. 傳統素養（traditional literacy）：亦即個人的聽說讀寫等語文能力以及數理計算的能力。
2. 媒體素養（media literacy）：意指運用、解讀、評估、分析，甚或是製作不同形式的傳播媒體及內容素材的能力。
3. 電腦素養（computer literacy）：意指電腦及各項資訊科技設備的使用能力。
4. 網路素養（network literacy）：意指運用網路搜尋資訊的能力、對於網路的資源價值及運作規範的理解等。

　　Eric Plotnick（2000）提出了資訊素養核心六項能力的養成，有資訊能力、媒體識讀素養、電腦識讀素養、視覺識讀素養、終身學習及資源本位學習等六項，分述如下：

1. 資訊能力（information competence）：尋找、評估及使用以各種型態呈現的資訊之能力，或整合電腦知能、科技知能、媒體識讀、批判思想及溝通的綜合能力。
2. 媒體識讀素養（media literacy）：以多元型態進行與溝通相關過程及內容的解讀、分析、評估，形成溝通的能力。

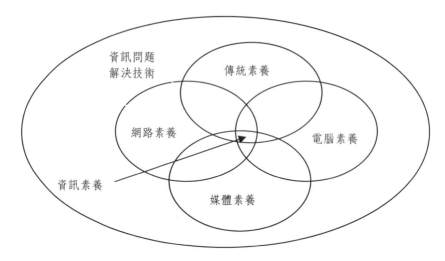

圖一　McClure 的資訊素養概念圖

3.電腦識讀素養（computer literacy）：使用電腦及軟體完成實用性任務的能力。

4.視覺識讀素養（visual literacy）：指的是一種對視覺要素的知識，能理解圖象意義及構成要素的能力。

5.終身學習（lifelong learning）：由學習者自發、有企圖的計畫、基於自我內在動機驅動、對自我能力的評估，以及對學習機會資源的評估，透過自我管理程序所進行的自主性學習能力展現的活動歷程。

6.資源本位學習（resource-based learning）：自置於分化式資源中，而能透過資訊辨識，以整合形成特定主題學習的能力。

Bruce（2003）提出的資訊素養概念包括：確認主要資訊資源、架構可研究問題、尋找評估管理使用知識、挖掘資訊、解析資訊、資訊的批判與評估；資訊素養包括的面向可有：資訊技術經驗、資訊來源經驗、資訊處理經驗、資訊控制經驗、知識建構經驗、知識擴展經驗、智慧經驗。

從終身學習的角度，資訊素養可視為個人的終身學習過程，而非只是單純的去利用圖書館內所提供的資源。美國學院與研究圖書館（Association of

College and Research Libraries, ACRL）更提出有關「高等教育資訊素養能力標準」的修正草案，在內容中提到個人在大環境中所受到的影響，會改變每個人資訊素養的程度與看法；資訊素養是超越任何一種素養的意涵，是一種多元化的素養概念。同時，具備有資訊素養的人，將能獲取對資訊的批判能力，進而提升對於資訊的鑑別能力，使其能自覺的發現問題，確立其問題主旨，來尋求所需之資訊、組織及綜合資訊，評估判斷資訊（Marcum, 2002；引自曾淑芬等，2002）。

有關網路素養的概念發展至今，學者仍有不同的界定，認為網路素養是一個仍在發展、尚在形成中的概念。網路素養，係指個人網路使用知識與網路資源檢索、應用的能力（施依萍，1997；莊道明，1998；McClure, 1994）。

張寶芳（2000）則指出，網路素養牽涉到下列幾項重要的核心能力：(1)判別資訊的能力；(2)檢索資訊的能力；(3)組合知識的能力；(4)網路公民社交的能力。網路素養的概念也分被區分為：(1)網路知識；(2)網路操作技能；(3)網路使用態度三方面（陳炳男，2002）。

美國保護兒少上網安全的第三部門社區組織將網路素養的概念分為：(1)網路使用能力；(2)資訊評估能力；(3)網路社交能力；(4)網路法律能力；(5)網路禮儀能力等五個面向（Teicher, 1999）。

網路素養可視為：個人在網路環境中，除具備一般網路的知識，瞭解網路的意義、內涵與發展趨勢外，並能在覺知資訊需求後，利用網路技能去檢索相關知識，進而評估與重組資訊，且能做安全且合乎倫理規範的使用，以解決個人生活問題的能力（林佳旺，2003）。

由此來看，素養是一種日常生活能力，也是如何與他人互動分享的能力。

二、網路安全發展

當網際網路成為素養的新地景，素養不僅是一種能力，還是一場數位文化品味的行動。

隨著網際網路的發展與普及，兒童少年在上網學習或休閒時，也十分容

易接觸到違法或是與其年齡不相當的資訊，而且一些對兒童少年有特別企圖之人，如戀童癖者，也利用網際網路尋找受害兒童，誘拐出來加以性侵害，或是大量散布、製造、複製、販賣兒童色情圖影（係指利用未滿 18 歲之人拍攝猥褻、性交圖影）。英國、德國、義大利、澳洲、美國等國家近年紛紛破獲大型兒童色情網站集團，逮捕數萬人，顯示出這個問題的嚴重性，也代表各國政府已採取必要行動來守護兒少上網安全（O'Briain, Borne, & Noten, 2004）。

網站繁多紛雜，當中所夾雜的誤導或失真的資訊，往往形成不當的社會示範，足以影響兒少建立正確的認知（賴溪松、王明習、邱志傑，2003）。從 1995、1996 年開始，關於兒童上網的安全問題漸漸形成需要立法來進行管制。歐盟 1996 年所提「網路上非法與有害內容」（illegal and harmful content on the internet），其中非法內容明顯為違反相關法律的內容，而有害內容的界定係以對身心健康造成負面影響為考量（http://cordis.europa.eu/ home_en.html）。

1996 年 10 月歐盟並發表「視聽與資訊服務中有關未成年與人性尊嚴保護綠皮書」（Green Paper on the Protection of Minors and Human Dignity in Audiovisual and Information Services），呼籲歐盟各成員國對於網路上的非法及有害內容採取管制行動（黃葳威，2012；http://cordis.europa.eu/ home_en.html）。

歐盟對於非法及有害內容的界定包括（黃葳威，2012；http://cordis.europa.eu/home_en.html）：

1.國家安全之妨害（教人製造炸彈、生產違禁毒品、恐怖活動等）。

2.未成年人之保護（暴力、色情等）。

3.人性尊嚴之維護（煽惑種族仇恨及歧視等）。

4.經濟安全（詐欺、信用卡盜用之指示等）。

5.資訊安全（惡意之駭客行為等）。

6.隱私權之保護（未經授權之個人資料之傳遞、電子騷擾等）。

7.個人名譽之保護（誹謗、非法之比較廣告等）。

8.智慧財產權之保障（未經授權散佈他人著作，如電腦軟體或音樂等）。

「視聽與資訊服務中有關未成年與人性尊嚴保護綠皮書」則重視未成年人與人性尊嚴的維護，如兒童色情（child pornography）、過度暴力（extremely gratuitous violence），和煽惑種族仇恨、歧視與暴力（incitement to racial hatred discrimination and violence）等（林承宇，2002）。1999 年多年度行動計畫，除確認兒童色情與種族仇恨觀念的散布外，還加上人口運輸（trafficking in human being）和懼外觀念之散布（dissemination of xenophobic ideas）。

歐盟除推動一項投資 4,500 萬歐元、為期四年的計畫，用以保護兒童在上網時免受色情和種族主義資訊的傷害。歐盟也已經投資 3,800 萬歐元建立了一個「通報熱線」，以指導家長一旦發現不良資訊如何進行投訴。而這項新的四年計畫將增加更多熱線電話、提供更好的過濾色情內容的技術，並促使家長和孩子提高警惕性。雷丁舉例說，目前遍布在 18 個歐盟成員國和冰島的熱線幫助員警成功封鎖了戀童癖者的網路（程慶華，2004）。

美國聯邦最高法院在 1997 年宣布「傳播禮儀法案」違憲後，將網路上的不當資訊交由科技來過濾處理。美國固然重視言論自由，但對於所謂「低價值言論」（law value speech）不受到《憲法》增修條文第一條表意自由條款保障；例如，煽惑他人犯罪之言論（advocacy of unlawful conduct）、挑釁之言論（fighting words）、誹謗性之言論（defamation），以及猥褻和色情之言論（obscenity and pornography）等範疇（葉慶元，1997）。

1998 年 10 月美國國會通過了一項「兒童網上隱私權保護法」，到 2000 年 4 月份，美國國會的專業委員會又通過了一個舉世矚目的「兒童網上隱私權保護規範」。美國通過明確立法，賦予政府對兒童相關的網站特別審查權，由此可見，兒童上網在美國安全備受重視（紅泥巴村，2000）。

為加強兒童在瀏覽網路時的安全防範，布希總統在 2002 年底簽署了一項關於在互聯網上建立一個新的兒童網站功能變數名稱的法案，以保護兒童在上網時免受色情或暴力等內容的侵擾。根據新法律，美國有關部門將建立

專門針對 13 歲以下的兒童網站，這個新網站的功能變數名稱為"kids.us"。凡在此功能變數名稱上註冊的網站不能與其他外部網站相連接，其內容不包含任何有關性、暴力、污穢言語及其他成人內容，但可以設立諸如聊天室等功能。

美國國會一直在為使兒童能夠在互聯網上遠離色情、暴力和其他成人內容而做努力。為在學校和公共圖書館的電腦上保護兒童，美國國會在 2000 年 2 月通過了《兒童網上保護法》。該法要求各學校和公共圖書館在 2001 年 7 月 1 日之前都要在公用電腦上安裝過濾軟體（《經濟日報》，2004）。

有感於全球資訊網被濫用在兒童色情的散布或販賣，有心人士潛伏在網路世界，假借交友趁機對兒童少年伸出魔爪，確實對兒童少年上網安全產生威脅，因此形成 PICS（Platform for Internet Content Selection）協定，達到分級效果。爾後，在國際主要的網路與電信業者支持下，網路內容分級協會（Internet Content Rating Association, ICRA）設立，鼓勵網路內容提供者自我標籤，家長或網路使用者則可下載免費軟體，選擇適合孩子或自己的內容，以保護兒少免於接觸到有害資訊與尊重內容提供者言論自由權利。

由於這個機制非強制性，僅能依靠網路內容提供者之認同與自律，所以目前依照該會標準進行分級的網站還不夠顯著，因此要求使用者啟動分級軟體也是徒勞無功，因而在積極面如何宣導兒少上網安全益形重要。

台灣曾於 2005 年在民間團體的推動下成立網站分級機制，也因 2011 年《兒童及少年福利與權益保障法》的修法，廢除台灣網站分級制度辦法，網站分級推廣基金會也因設置辦法廢除解散。

台灣 2010 年啟動行政院跨部會推動網路不良內容通報的單一窗口計畫，自 2011 年起正式委由社團法人中華白絲帶關懷協會承接，至今成立「網路贏家單 e 窗口」通報平台已近達年。

2014 年起，白絲帶 iWIN 網路內容防護機構，以預防、守護、關懷三位一體的模式，透過預防教育、網站通報守護以及熱線關懷等，推動青少兒與社區網路安全知能。

　　有關受理民眾的非法網站通報守護（黃葳威，2013c），自 2010 年 8 月 2 日上線至 2013 年 11 月 31 日申訴量達 24,265 件。2010 年 8 月至 12 月申訴案件為 2,145 件；2011 年度 1 月至 12 月申訴案量 7,037 件。2012 年度 1 月至 12 月為 8,914 件；2013 年第一季為 2,378 件，第二季為 2,259 件，第三季為 2,607 件，1 月為 1,015 件，2 月為 611 件，3 月為 752 件，4 月為 705 件，5 月為 780 件，6 月為 774 件，7 月為 744 件，8 月為 788 件，9 月為 1,075 件，10 月為 947 件，11 月為 784 件，其中 2753 件已完成結案。

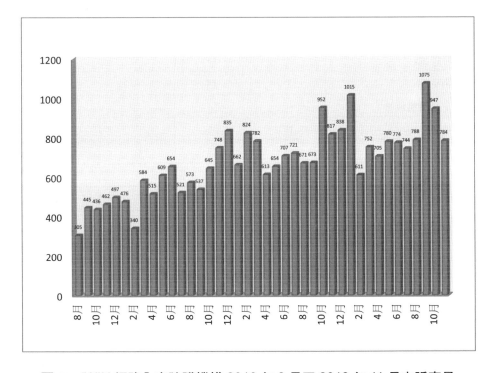

圖二　iWIN 網路內容防護機構 2010 年 8 月至 2013 年 11 月申訴案量

資料來源：黃葳威（2014）。102 年度網際網路內容防護機構計畫結案報告，台北市：國家通訊傳播委員會。

　　受理申訴案件類型當中，以「網路色情」為最大宗，占 77.1%（2,162 件），高於他類型；其次為「網路詐騙」，占 8.6%（242 件）；「不當資訊」申訴，占 4.4%（123 件）；「網路侵權」申訴，占 2.5%（69 件）；「毒品及藥物

濫用」申訴，占 2.3%（63 件）；「其他」申訴，占 2.2%（63 件）；「網路暴力」申訴，占 1.9%（53 件）；「網路賭博」申訴，占 0.7%（19 件）；「垃圾郵件」申訴，占 0.4%（12 件）。民眾最為在意及目前網路上最氾濫的問題為大量色情內容（見**表一**）（黃葳威，2013c）。

表一　iWIN網路內容防護機構102年9月至102年11月申訴案件情形

分類	境內 IP	境外 IP	無法判別	合計
網路色情	1,260	891	11	2162
網路詐騙	202	38	2	242
網路侵權	29	35	5	69
網路賭博	1	18	0	19
毒品及藥物濫用	47	14	2	63
網路暴力	17	35	1	53
不當資訊	84	37	2	123
垃圾郵件	9	0	3	12
其他				63

資料來源：黃葳威（2014）。

非營利調查組織 Pew 互聯網與美國生活專案近日發表研究報告顯示（中國江蘇新聞網，2005），美國半數以上的 12 至 17 歲家庭家長使用網路篩檢程式來限制未成年人利用有害的網路內容。這個數字比 2000 年增長了 65%。然而絕大多數未成年人和家長認為，孩子在網上做著他們父母並不同意的事情。

關於兒童使用網際網路可能面臨的問題之相關研究有：網路資源使用權限混淆不清、網路犯罪等網路法律知識不足（莊道明，1998；溫嘉榮，2002）；網路沈迷與人際關係疏離（馮燕、王枝燦，2002；溫嘉榮，2002）；網路資訊倫理規範缺乏與責任不清（莊道明，1998；溫嘉榮，2002；黃葳威，2008a）；網路資訊素養缺乏與網路使用之安全防護能力不足（許怡安，2001；林家旺，

2003；黃葳威，2008a）；網路不當資訊價值充斥而性教育資源不足（吳明隆、溫嘉榮，1999）等。

《天下雜誌》針對全國家中有就讀國中小學兒童的家長進行調查，高達78%的美國家長會在家中密切監督小孩的上網狀況，而台灣只有27%的家長在兒童使用網路時，會採取密切監督的做法（林玉佩，2000）。

英國家庭部根據兒少上網安全（internet safety）的關懷重點（Home Office, 2003; 黃葳威，2008a），將「網路安全素養」界定為：遵守電腦網路相關使用規範，有計畫使用網路，能留意、辨別網路內容與其他網友與真實世界有別，且不洩漏個人資料與上網密碼。

所謂「網路素養」為網路使用者應具備的知能：如遵守電腦網路相關使用規範，有計畫使用網路，能留意、辨別網路內容與其他網友與真實世界有別，且不洩漏個人資料與上網密碼。台灣竭力推展 e 化的努力行動，社區上網普及率有逐漸升高的趨勢，網路的使用者年齡亦有逐年下降的現象，社區青少兒家長接觸數位媒體現況與所具備的網路素養如何，乃本研究擬探討的課題。

實證研究大抵以青少兒為主，有關家長的調查相當有限。根據白絲帶關懷協會公布的調查發現，台灣青少兒家長中七成（70.3％）表示，「知道」從2005 年 10 月 25 日起已經開始實施電腦網路分級制度；家長中五成三（53.2％）表示，家中電腦「有」安裝防堵軟體程式（黃葳威，2008b）。而且，青少兒家長與子女存有相當的網路素養落差，形成數位代溝（黃葳威，2012）。

蕭佑梅（2003）和謝佩純（2005）的研究結果顯示，男學生在使用家庭資訊科技的機會上得分優於女學生；李京珍（2003）的研究結果則顯示並無差異。朱美慧（2000）研究發現，大學生男性使用者比女性多，在宿舍或家中上網的比率也最高，平均每天上網的時數以四小時以上為多數。

邱建誌（2010）研究台南市國中家長的網路使用發現，父親關注網路的正面影響，母親留意孩子的想法，並希望設立使用規範；家長的年齡在 35 歲以下，或職業為家管的家長，關注孩子的網路交友安全。

依據地理區位和個人電腦擁有率的關係，陳百齡（2004）以行政院主計處 1996 年底公布的「年度家庭收支調查報告」為例指出：都市地區個人電腦的普及率是 24.1 部，城鎮地區只有 13.07 部，鄉村地區更只剩下 5.94 部。由此可知，出生或成長在都會地區的孩子們，接近使用電腦的機會超過鄉村地區的孩子們。

國小學童的調查結果顯示，居住縣市不同、家裡是否使用網路，與是否知道實施電腦網路分級制度有顯著差異；學童父親學歷不同，與其父母是否會在家設定電腦網路分級機制有顯著差異（戴麗美，2005；黃葳威、林紀慧、呂傑華，2007；黃葳威，2008a）。

大台北青少年網路使用研究顯示（黃葳威，2007），隨著就讀年級、年齡或居住地區的不同，青少年網路安全素養有顯著差異。

蔡宗佑分析家長對網路分級過濾系統採用意向發現（2009），都會與城鄉、居住地區不同，家長採用網路分級過濾系統意願有差異；都會地區、北部地區家長採用意願較高。

研究證實，父母之教育程度越高，其子女越享有在家中使用電腦之機會；父母職業不同，子女資訊素養與網路安全素養亦有差異（李京珍，2003；戴麗美，2005；黃葳威、林紀慧、呂傑華，2007；黃葳威，2012）。

生長在大家庭和折衷家庭的學童，其網路安全素養得分高於生活在單親家庭或其他家庭型態的學童（黃葳威，2008b, 2012）。家中青少兒健康上網，也受到照顧者監護人能否有心力留意青少兒上網的影響。

家中有未成年孩童的美國家庭，當家中總人數超過 5 位以上，家長上網時間明顯較低（Jordan & Kolter, 2010）。

參、研究方法

本研究採取次級資料分析，其中青少兒學生資料來自「台灣青少兒網路

使用長期觀察報告」（黃葳威，2013a），針對台灣各縣市國小三年級至國中三年級在學生進行親身問卷施測。調查以各縣市國小三年級至國三學生為研究母體，採分層抽樣法抽取 54 所國民小學及 49 所國中，共發出 10,300 份問卷；回收有效問卷 9,951 份（見**表二**）。經樣本檢定，在性別呈現，與母體分布無顯著差異（p>0.05），研究適合推論至全台國小中高年級、國中男女學生。

表二　青少兒學生樣本檢定

性別	觀察個數	期望個數	
男	5,140	5,188.3	χ^2=0.939
女	4,811	4,762.7	df=1
總和	9,951		p=.333

青少兒家長資料取材自「台灣青少兒家長網路安全知能調查報告」（黃葳威，2013b），採隨機抽樣方式進行電話調查，以居住於全台灣地區，家中有 18 歲以下、就讀中小學的青少年或兒童之民眾為母體，扣除訪問執行時「無效」電話比率後（如無人接聽、接觸無效、拒訪、訪問失敗及重複名單等），直接選取完成預期有效樣本估計數 7 至 8 倍的電話號碼數量，調查成功樣本數為 1,121 份（見**表三**）。

研究者選取問卷中「網路媒體使用」部分與「網路素養」部分資料，包括使用網路時間長短、使用頻率、使用地點、上網動機、家中擁有資訊科技用品，以及數位科技觀等。

保護兒少上網安全的第三部門社區組織將網路素養的概念分為：(1)網路使用能力；(2)資訊評估能力；(3)網路社交能力；(4)網路法律能力；(5)網路禮儀能力等五個面向（Teicher, 1999）。

除媒體使用行為外，研究者參考全球性 NGO 第三部門對於兒少上網安全的關懷重點（Home Office, 2003），將「網路素養」界定為：遵守電腦網路

表三　母體結構與有效樣本檢定表

縣市別	家中人口數	預計調查配額（人）	實際調查樣本數（人）	百分比（%）
新北市	3,446,856	187	187	16.7
台北市	2,331,950	126	122	10.9
台中市	2,300,967	125	125	11.2
台南市	1,658,753	90	96	8.6
高雄市	2,450,037	133	131	11.7
宜蘭縣	404,496	22	22	2.0
桃園縣	1,722,799	93	94	8.4
新竹縣	437,182	24	24	2.1
苗栗縣	490,616	27	27	2.4
彰化縣	1,133,073	61	61	5.4
南投縣	462,210	25	25	2.2
雲林縣	627,375	34	34	3.0
嘉義縣	479,154	26	29	2.6
屏東縣	767,788	42	43	3.8
台東縣	200,452	11	10	0.9
花蓮縣	296,997	16	21	1.9
澎湖縣	86,702	5	5	0.4
基隆市	339,048	18	18	1.6
新竹市	353,123	19	19	1.7
嘉義市	234,584	13	18	1.6
金門縣	93,306	5	5	0.4
連江縣	8,874	5	5	0.4
總計	20,326,342	1,107	1,121	100.0

註：母體資料為內政部公布之2012年8月底20歲以上人口數。

相關使用規範（網路禮儀能力、網路法律能力），有計畫使用網路（網路使用能力），能留意、辨別網路內容與其他網友與真實世界有別（資訊評估能力），且不洩漏個人資料與上網密碼（網路安全能力）。網路素養量表項目分析如**表四**所列。

表四　網路素養量表項目分析摘要表

題項內容
1.我在網路上不要給別人自己的個人資料
2.聊天室的陌生人，身分和描述不一樣
3.我不要在聊天室認識陌生人
4.我會注意聊天室的聊天內容
5.我會遵守網路分級規定依自己的年齡上網
6.我會有計畫的使用或停止使用網站內容
7.我會有警覺想認識孩童的人
8.我知道工作場所對網路使用的規定
9.在網路上散布不實謠言是不對的
10.我可以正確引導孩子網路使用的行為
11.我不會洩漏個人與工作場所的上網密碼

　　兩場焦點座談會分別邀請 6 位青少兒家長、6 位國中國小學生，各自分享個人與親子網路使用行為。兩場座談會的出席代表背景如**表五**所列。

表五　焦點團體出席代表簡介

青少兒家長組			
PM1	家有兩男一女	科技業	大家庭
PM2	家有兩男	退休	小家庭
PM3	家有兩女	商	大家庭
PF1	家有一男一女	家管	大家庭
PF2	家有一男一女	服務	單親
PF3	家有兩女	公	大家庭
青少兒學生組			
KM1	獨生子	國中	小家庭
KM2	一姊一哥一弟	國中	小家庭
KM3	一姊	小學	大家庭
KF1	一哥	國中	單親
KF2	兩哥	小學	大家庭
KF3	兩哥一弟	小學	小家庭

焦點座談討論問題包括：

1.請問平常使用網路嗎？一次大約花多少時間上網？上網的原因？

2.請問平常會在哪裡上網？上網地點有相關使用規則嗎？如果有，是哪
　些原則？

3.請問家中有幾個小孩？和長輩一起居住嗎？

4.請問家中小孩的網路使用方式大概是？家中成年人會和小孩討論上網
　的使用行為嗎？如果有，會討論哪些？

5.請問平時和小孩的溝通情況？會使用網路溝通嗎？如果有，是哪些情
　形？

6.當孩子上網時間過長，請問會如何處理？請舉例說明處理情況。

7.請問有機會和孩子討論有關網路內容真偽的區分、網路交友、網路法
　律、網路禮儀等議題嗎？如果有，會討論哪些？

8.請問還有要補充說明的意見嗎？

肆、研究結果

　　參考全球性英國家庭部對於兒少上網安全的關懷重點（Home Office, 2003），依照網路素養的定義面向：(1)網路使用能力；(2)資訊評估能力；(3)網路社交能力；(4)網路法律能力；(5)網路禮儀能力。其中網路使用能力包含電腦科技用品擁有與使用行為，以下將敘述問卷分析與焦點座談結果。

一、網路使用能力

(一)上網時間

　　受訪小三至國三青少兒學生週間平均上網時間為1.43小時，週末假日平均上網時間為3.53小時。

　　有上網習慣的受訪家長有801人，週間平均上網時間為2.68個小時，週末假日平均上網時間為3.78個小時。家長週間或週末的上午上網時間皆多於青少兒，青少兒的週末假日上午間是平日週間的2倍以上（見**表六**）。

表六　青少兒學生、家長上網時間

	週間上網（小時）	週末上網（小時）
青少兒學生	1.43	3.53
青少兒家長	2.68	3.78

(二)上網頻率

　　小三至國三的青少兒學生只有週末、假日上網的較多（38.5%），其次是每天都用（25.3%），再者一週用一、兩天（14.7%），一週上網三、四天（13.7%），或一週上網五、六天（7.9%）。

　　四成五（45%）受訪家長每天都上網，兩成七的家長不上網，其次為一個星期用三、四天（12%），一個星期用一、兩天（9.5%），其餘選項皆不超過一成。受訪青少兒都會上網，有近三成的家長不會上網。家長每天上網的比率高於青少兒每天上網的比率（見**表七**）。

表七　青少兒學生、家長上網頻率

上網頻率	青少兒數	百分比	家長數	百分比
每天都用	2,184	25.3	505	45.0
一星期用五、六天	679	7.9	53	4.7
一星期用三、四天	1,180	13.7	135	12.0
一星期用一、兩天	1,272	14.7	106	9.5
只有週末、假期才用	3,326	38.5	19	1.7
不用			303	27.0
總計	8,641	100.0	1,121	100.0

(三)上網年資

　　受訪國中小學生上網年資，以五年或五年以上最多（45%），其次各為四年（15.6%）、三年（15.2%）。

　　四成五（45%）的受訪家長，使用網路經驗以十一至十五年為最多（43.2%），其次為十六至二十年（25.2%），其餘選項皆低於一成三。

　　即便近三成家長不上網，會上網的家長其上網年資高於青少兒上網年資（見**表八**）。

表八　青少兒學生與家長上網年資

青少兒上網年資	人數	百分比	家長上網年資	人數	百分比
1 年以內	1,032	11.6	1-5 年以內	69	8.4
2 年	1,126	12.6	6-10 年	102	12.5
3 年	1,355	15.2	11-15 年	353	43.2
4 年	1,396	15.6	16-20 年	206	25.2
5 年及 5 年以上	4,016	45.0	21 年以上（含 21 年）	88	10.8
總計	8,925	100.0	總計	818	100.0

(四)上網地點

　　小三至國三青少兒學生主要上網地點，以家裡居多（90.7%），其次是學校（5.4%），再者為網咖（1.7%）、其他地點（1.3%）、圖書館（0.8%）。

　　有七成八（78.4%）的受訪家長，主要上網地點為家裡，其次為工作地點（20.8%）、網咖（0.9%）。

　　不論青少兒或家長的上網地點，皆以家裡為主（見**表九**）。

表九　青少兒學生、家長主要上網地點

青少兒上網地點	人數	百分比	家長上網地點	人數	百分比
學校	452	5.4	家裡	641	78.4
家裡	7,554	90.7	工作地點	170	20.8
網咖	144	1.7	網咖	7	0.9
圖書館	70	0.8			
其他	109	1.3			
總和	8,329	100.0	總計	818	100.0

（五）上網動機

　　台灣青少兒學生上網動機，以玩線上遊戲最多（78.9%），其次是查詢資料（52%），再者用即時通訊（50%）、看娛樂資訊（37.2%）、使用部落格（35.5%）、下載軟體（29.5%）、收發電子信件（27.5%）等。

表十　青少兒學生、家長上網動機

青少兒學生上網動機	人數	百分比	家長上網動機	人數	百分比
玩線上遊戲	5,478	78.9	查詢資料	699	87.3
查詢資料	3,609	52.0	收發電子信件	479	59.8
用即時通訊	3,469	50.0	看娛樂資訊	219	27.3
看娛樂資訊	2,582	37.2	用即時通訊	216	27.0
使用部落格	2,462	35.5	下載軟體	177	22.1
下載軟體	2,050	29.5	玩線上遊戲	164	20.5
收發電子信件	1,907	27.5	使用部落格	121	15.1
上聊天室或 BBS	952	13.7	上聊天室或 BBS	60	7.5
其他	369	5.3	看色情網站	36	4.5
看色情網站	137	2.0	其他	33	4.1
總計	23,015	331.6	總計	2,204	275.2

註：此題為複選題。

　　八成七（87.3%）的受訪家長上網動機為查詢資料，其次為收發電子信件（59.8%），再者為看娛樂資訊（27.3%）、用即時通訊（如MSN）（27.0%）、下載軟體（22.1%）、玩線上遊戲（20.5%）、使用部落格（15.1%），其餘選項皆不超過一成。

　　青少兒上網偏向娛樂休閒使用，家長以查資料居多（見**表十**）。

(六)上網夥伴關係

　　青少兒學生大多自行上網（44.3%），其次是與手足結伴上網（29.6%）。

　　近四成一（41.3%）受訪家長表示會陪同孩子上網，有三成三（33.4%）讓孩子自行上網，近一成一讓孩子由手足陪同上網，其餘選項皆不超過一成。僅低於百分之五的受訪青少兒表示會和父母一起上網（見**表十一**）。

表十一　青少兒上網夥伴

	青少兒數	百分比	家長數	百分比
同學或朋友	1,667	18.2	89	7.9
兄弟姊妹	2,703	29.6	122	10.9
父母	438	4.8	463	41.3
自己	4,045	44.3	374	33.4
祖父母	23	0.3	2	0.2
其他	264	2.9	71	6.3
總和	9,140	100.0	1,121	100.0

(七)家中數位科技使用

　　電腦及網路是青少兒學生家中常使用的數位科技用品（71.1%），其次為數位電視（46.9%）、手機（37.7%）、MP3 / MP4（36.2%）、電動遊樂器（33.4%）、電子字典（20.4%）、數位相機（19.3%）、不能上網的電腦（8.1%）、語言學

習機（5.6%）、都不使用（5%）、PDA（3.3%）。

　　八成五（85.3%）的受訪家長家中平常使用的數位科技用品為手機，其次為電腦及網路（77.3%）、數位相機（64.3%）、MP3／MP4（43.6%）、數位電視（29.1%）、電子字典（25.6%），其餘選項皆不超過兩成。

　　呼應上網動機的有別，青少兒在家使用的數位科技用品偏重娛樂導向，家長以聯絡通訊最多（見**表十二**）。

表十二　青少兒、家長家中數位科技用品使用

青少兒數位科技使用	人數	百分比	家長數位科技使用	人數	百分比
電腦及網路	5.516	71.1	手機	914	85.3
數位電視	3.643	46.9	電腦及網路	829	77.3
手機	2.929	37.7	數位相機	689	64.3
MP3/MP4	2.811	36.2	MP3/MP4	467	43.6
電動遊樂器	2.586	33.4	數位電視	312	29.1
電子字典	1.584	20.4	電子字典	274	25.6
數位相機	1.498	19.3	電腦（不能上網）	194	18.1
電腦（不能上網）	628	8.1	PDA	170	15.9
語言學習機	436	5.6	電動遊樂器	152	14.2
都不使用	385	5.0	語言學習機	148	13.8
PDA	253	3.3	都不使用	20	1.9
總計	22,269	287	總計	4,169	388.9

註：此題為複選題。

　　兩場座談會的家長與青少兒，每天上網時間從不上網、半小時至12小時不等；上網地點以家裡為主，當家中無法使用，便在網咖或同學家上網。上網夥伴包含手足、同學，或表兄弟、家長。

　　每天上網超過2小時以上者，大多和手足，或表兄弟，或同學一起玩。即使手足輪流上網，無形也延長上網時間。

　　出席青少兒坦承，週末上網時間皆明顯比週間上網時間長，假日最久可

上網12小時至14小時不等。用筆電上網的學童，平日可達13、14小時。

家長也玩線上遊戲的家庭，學童傾向在家長要上網時才停止上網。玩線上遊戲的以兄弟居多，姊妹偏好使用臉書。

也有學童表示，會躲在角落持續上網，躲避家長的管教。

出席座談會的中小學生，上網主要是玩線上遊戲，在臉書聊天，少數上網聽歌、看影片、查資料。

如果家人不在家，有些學童表示會一直玩線上遊戲很久；當家長在身旁，學童會稍有節制，在與家長相約的時限內使用網路。

學童表示，格鬥遊戲如槍戰遊戲一玩可以玩到6小時以上，使用臉書的小遊戲，也可玩到3、4小時以上。如果用臉書聊天，偏向使用半小時或多於半小時。

(八)數位科技觀

爸媽可否正確引導孩子上網行為？九成家長抱持正面看法，僅不到兩成的青少兒贊同；四成三以上的青少兒抱持相反意見，且近四成青少兒表示不知道。

使用數位科技產品能否增進親子關係？青少兒學生及青少兒家長抱持不同觀點。家長較青少兒學生抱持正面評價，青少兒學生的看法較保留。

不論青少兒學生、青少兒家長都同意：數位科技在家長生活的重要性，遠超過其在青少兒生活的重要性。

而且，青少兒家長往往高估數位科技對自己或對青少兒的重要性。

印證焦點座談結果，家長多理解自己的上網技能未必跟得上年輕一代，但一些希望增加和孩子溝通方式的家長，嘗試由參與數位科技使用，接近青少兒的生活圈；也有家長表示無能為力，僅能用口語提醒孩子。

青少兒學生則表達，家長常以健康、視力、寫作業、睡覺等原因，勸阻孩子持續上網，其實，出席座談會的青少兒代表表示根本不在意（見**表十三**）。

表十三　青少兒、家長數位科技觀

青少兒學生觀點	非常同意	同意	正面評價	不同意	非常不同意	負面評價	不知道	平均值
1.用數位科技產品增進親子關係	25.4%	8.2%	33.6%	12.9%	29.3%	42.2%	24.2%	2.82
2.數位科技對自己重要性	12.6%	11%	23.6%	20.3%	29.6%	49.9%	26.4%	2.54
3.數位科技對爸媽重要性	24.8%	15.8%	44.6%	20.1%	23.7%	43.8%	15.6%	3.11
家長觀點	非常同意	同意	正面評價	不同意	非常不同意	負面評價	不知道	平均值
1.用數位科技產品增進親子關係	34.3%	54.2%	88.5%	7.3%	0.3%	7.6%	3.8%	4.15
2.數位科技對自己重要性	26.3%	52.2%	78.5%	17.5%	1.4%	18.9%	2.6%	3.98
3.數位科技對孩子重要性	26.3%	52.2%	78.5%	17.5%	1.4%	18.9%	2.6%	3.98

二、資訊評估能力

　　資訊評估能力定義為：對於聊天室的陌生人，身分和描述不一樣的分辨；我會注意聊天室的聊天內容。調查結果發現，台灣青少兒與家長的資訊評估能力，家長的認知能力高於青少兒。

三、網路社交能力

　　網路社交能力包含：我不喜歡在聊天室認識陌生人；我會有警覺想認識孩童的陌生網友。受訪家長的網路社交能力得分，顯著高於青少兒學生。青少兒學生在結識陌生網友的知能表現，低於對於想認識孩童的陌生網友的警覺性。整體來看，青少兒學生慣於透過網路結識朋友或連結已經認識的朋友，相較之下，對陌生網友的警覺力待加強。

四、網路法律能力

在網路上散布不實謠言是不對的，家長的得分和青少兒學生相同
（M=4.24）；關於個人資料保護的權益部分，家長的得分較高，青少兒學生
也有相當的認知。

除反映台灣在網路法律教育有一定成效，其次也顯示當可能面對法律的
介入與制裁，青少兒與家長的網路素養警覺程度較高。

五、網路禮儀能力

網路禮儀能力被界定為：知道工作或學習場所的上網規定，家長可正確
引導孩子上網行為。前者家長得分略高於青少兒，親子的表現接近。

有關家長在孩子網路使用扮演的角色，受訪家長對於自己的正確引導表
現，低於青少兒學生的預期。家長在計畫上網的時間管理，低於青少兒的整
體答覆。

綜合觀之，台灣青少兒與家長的網路素養調查，親子雙方在熟悉辦公或
學習場所上網規定、個資保護、避免散布網路謠言等，素養表現相當。這意
味著台灣青少兒與家長的網路禮儀、網路法律能力接近，家長的得分稍微高
一些。

青少兒對於陌生網友的身分辨識、和陌生網友聊天、留意分辨網友交流
的內容，以及提供對陌生網友的警覺力等，低於青少兒家長。

根據兩場親子焦點座談會，出席青少兒代表對於學校的上網規定認知較
高，也表示知道不可在網路上散布謠言。

僅一兩位出席國小學童代表表示，家長會設定家庭上網密碼；多數出席
青少兒學生的家長，較少關注兒少對網路資訊的評估能力。

座談會學生代表說明，家長較關心孩子的上網時間及不要碰到網路壞網友；
至於可能會看到的網路訊息及如何分辨，較缺乏引導孩子的知能（見**表十四**）。

表十四　親子網路素養

題目	青少兒平均數	家長平均數
爸媽可以正確引導我上網行為（家長會引導孩子上網行為）	3.74	4.19
我知道（學校或工作）場所對上網的規定	3.85	3.99
我在網路上不要給別人自己的個人資料	4.24	4.29
網路聊天室中沒見過面的陌生人，經常和他們描述的身分不一樣	3.01	4.26
我不喜歡和不認識的陌生人在聊天室裡聊天	3.82	4.16
我會特別注意在聊天室中的聊天內容	3.86	4.23
我會有計畫地使用或停止上網	3.49	1.46
散布不實謠言是錯誤行為	4.24	4.24
我會警覺在聊天室中特別想要認識孩童的陌生人	3.43	4.21

　　少數家長會透過網路進行親子溝通，如互傳一些網路笑話或照片資料檔案等；這些家長也比較會留意並和孩子分享網路社交與網路禮儀知能。

　　多數出席家長代表會提醒孩子個人帳號密碼的隱私權益，部分家長傾向從孩子的生活作息關注孩子上網行為，缺乏從網路禮儀、網路社交、資訊評估等引導孩子上網。

伍、結論與討論

　　法國結構主義批判學者傅科（Michael Foucault）關注知識所帶來的權力，而非知識的力量（the power in, rather than to the power of knowledge）。資訊科技的問世，是否也在家庭親子間形成所謂的「真理政權」？數位時代的親子間是否存有數位落差或數位代溝？

　　如果將網路素養視為數位時代的一種知能，在網路的使用能力上，有近三成的台灣青少兒家長不上網，家長上網時間高於青少兒；青少兒週末假日

平均上網時間，是平日週間每天平均上網時間的兩倍以上。

　　上網動機方面，根據問卷調查，青少兒下載影音檔案，看似偏向休閒娛樂用途；家長較常搜尋資料，處理未完成的工作任務或上網查詢生活資訊。其實，據焦點團體出席國中生表示，下載影音檔案除了休閒外，也想認識花花世界。

　　台灣青少兒與家長的網路素養調查，親子雙方在熟悉辦公或學習場所上網規定、個人資料與隱私保護、避免散布網路謠言等，素養表現相當。這意味著台灣青少兒與家長的網路禮儀、網路法律能力差距較小，家長的得分稍微高一些。

　　青少兒對於陌生網友的身分辨識、和陌生網友聊天、留意分辨網友交流的內容，以及提供對陌生網友的警覺力等，顯著低於青少兒家長。

　　根據調查問卷與焦點座談會分析，數位時代家庭親子間的確存有對於資訊科技的落差，除了對於新科技使用能力程度的差異外，網路素養知能也有不同。

　　值得留意的是，有上網習慣的家長其上網時間管理能力未必高於青少兒學生，主因在於家長抱持查詢資料的功能性使用動機，有別於青少兒學生傾向從休閒娛樂的儀式性使用動機。親子上網時間管理能力均待加強。家長認為自己上網有理，焦點座談的國小學童則不明白：為何爸媽不准孩子上網，爸媽卻可以常掛在網路上？

　　數位時代親子對於資訊科技的真理政權存有代溝！

　　青少兒家長關注孩子的健康作息與成就表現，擔心孩子掛在網路上影響時間分配。

　　根據座談會國小學童表示，如果家長陪他們玩，並不想玩電腦網路。國小學童在意家長的陪伴。

　　國中生代表上網原因多元，下載影音或上網打卡交流偏向娛樂休閒。國中生也有話要說，出席座談會國中生代表說明，周遭環境體驗有限，資訊科技可一指搞定，有助於青少年認識世界、探索自我。

以時下風行的「臉書」為例，「臉書」可自行決定是否加入朋友之列，也可以自主選擇發言，留言後所連結的親友團也陸續參與討論，不需要因為長幼有序、男尊女卑等社會習俗，而無法發言。

從問卷調查發現，青少兒未必排斥和陌生網友在網路上聊天，他們對陌生網友的警覺程度有限，這表示青少兒的網路社交能力需要加強。

同儕關係在青少年成長扮演重要角色（Rogers, 1961），資訊社會的網路社群，儼然形成青少年的同儕關係（黃葳威，2012）。青少兒家長與其一昧禁止，不如多同理青少兒成長的過程，培養其建立友誼互動的健康態度與界線。

這種讓使用者有些自主，有可暢所欲言的園地，雖然有需要留心的原則，但對於青少兒欲嘗試展現自我、探索自我、建立自我，有其一定價值。

其次，青少兒在陌生網友的身分辨識及其提供訊息的內容分辨能力有限，意味著青少兒學生的資訊評估能力有待從旁引導。

台灣青少兒上網動機偏重影音下載、遊戲使用、交友聯絡等，這些上網行為都涉及資訊內容的評估與反思有關。

發展心理學分析青少兒階段逐漸形成抽象思考的知能（Piaget, 1970），國小高年級至中學教育，不妨在課程中融入網友訊息分辨與批判性思考，養成青少兒對網路內容的反思。青少兒家長也應充實個人的資訊評估知能，適時在親子相處過程，分享、討論網路新興現象。

當釐清青少兒與家長親子間各自抱持的真理政權所在，設身處地同理並調整雙方思維與行動，數位代溝就有縮減的機會。

參考文獻

■中文部分

大紀元華府日報（2005）。「孩子們上網安全嗎？父母不瞭解的東西可能傷害

孩子們」（2005/2/25）。上網日期：2014 年 6 月 13 日，取自：http://www.
　　epochtimes.com/gb/4/11/3/ n708261.htm。

中國江蘇新聞網（2005）。「未成年人上網安全堪憂　美國一半家庭過濾網路」
　　（2005/3/24）。上網日期：2014 年 6 月 13 日，取自：http://news.jschina.
　　com.cn/gb/jschina/news/node7782/node7789/userobject1ai691099.html。

朱美慧（2000）。《我國大專學生個人特性、網路使用行為與網路成癮關係之
　　研究》。彰化市：未出版論文。

吳明烈（2002）。〈全球數位落差的衝擊及終身學習因應策略〉。中華民國成
　　人教育學會主編，《全球化與成人教育》，301-329。台北：師大書苑。

吳明隆（2000 年）。「資訊社會變革中教師應有的體認與做法」（2004/11/5）。
　　上網日期：2014 年 6 月 13 日，取自：http://163.27.103.130。

吳明隆、溫嘉榮（1999）。《新時代資訊教育的理論與實務應用》。台北：松崗。

李京珍（2003）。《國民小學學生數位落差現況之研究──以台北市國民小學
　　為例》。台北：台北市立教育大學國民教育研究所論文。

林玉佩（2000）。〈台灣資訊教育總體檢〉。《天下雜誌──2000年教育特刊》，
　　52-60。

林佳旺（2003）。《國小網路素養課程系統化教學設計之行動研究》。嘉義市：
　　嘉義大學教育科技研究所碩士論文。

林承宇（2002）。〈網際網路有害內容管制之研究〉。《廣播與電視》，18：
　　91-114。台北：國立政治大學廣播電視學系。

邱建誌（2010）。《以多元尺度法探討國中生之家長對電腦網路的態度──以
　　台南縣某中學為例》。台南：國立台南大學數位學習科技所碩士論文。

邱翊庭（2001）。「線上遊戲燒燒燒」。《電子商務時報》（2001/6/23）。上網日
　　期：2014 年 6 月 13 日，取自：http://www.ectimes.org.tw/ searchshow.
　　asp?id=382&freetext=線上遊戲&subject=。

施依萍（1997）。《台灣使用網路行為之研究：網路素養資訊觀層面之分析》。
　　嘉義市：國立中正大學電訊傳播研究所碩士論文。

紅泥巴村（2000）。「兒童上網安全」（2005/3/14）。上網日期：2014 年 6 月

13 日，取自：http:// hongniba.com.cn/safe/trouble/Default.htm。

倪惠玉（1995）「國民小學教師科技素養之研究」。台北：台灣師範大學工業
　　科技教育研究所。

馬振剛（2007）。《網路世代學童之價值觀與網路社會化學習機制參與之關聯
　　性分析──以大台北地區國小五、六年級學童為例》。台北：國立政治
　　大學廣播電視所碩士論文。

張寶芳（2000）。〈網路素養〉。「媒體公民教育國際研討會」論文。台北：國
　　立台灣師範大學。

莊道明（1998）。〈從台灣學術網路使用者調查解析網路虛擬社群價值觀〉。《資
　　訊傳播與圖書館學》，5（1）：52-61。

許怡安（2001）。《兒童網路使用與媒體素養之研究》。台北：國立政治大學
　　廣播電視研究所碩士論文。

許嘉泉（2003）。《探討國中學生價值觀與線上遊戲經驗的相關研究》。高雄：
　　國立高雄師範大學資訊教育研究所碩士論文。

軟體產業通訊網站（2002）。「加強推動數位內容產業方案預期 2006 年產值
　　3700 億元」。上網日期：2014 年 6 月 13 日，取自：http://cisanet.wh.seed.
　　net.tw/08softnews/softnews_01.htm。

陳百齡（2004）。「網際網路的『接近使用』問題」。國立政治大學新聞系
　　（2004/08/25）。上網日期：2014 年 6 月 13 日，取自：http://www.lib.nccu.
　　edu.tw/mag/20/20-1.htm。

陳怡君（2003）。《國中生網路使用行為與同儕關係、自我概念之研究》。台
　　北：中國文化大學生活應用科學研究所碩士論文。

陳炳男（2002）。《國小學生網路素養及其相關因素之研究》。屏東市：國立
　　屏東師範學院國民教育研究所碩士論文。

曾淑芬、吳齊殷、黃冠穎、李孟壕（2002）。「台灣地區數位落差問題之研究」。
　　行政院研究發展考核委員會委託之專題成果報告（報告編號：
　　RDEC-RES-909-006）。

程慶華（2004）。「為保護兒童上網安全，歐盟再度斥鉅資」（2004/12/9）。上

網日期：2014 年 6 月 13 日，取自： http://gb.chinabroadcast.cn/3821/
2004/12/10/110@387406.htm。

馮燕、王枝燦（2002）。〈網路交友與青少年虛擬社會關係的形成〉。「2002年
網路與社會研討會」論文。新竹市：國立清華大學社會學研究所。

黃玉蘋（2003）。《國中學生網路使用行為與人際關係、自我概念之關係研
究》。高雄：國立高雄師範大學教育學系碩士班論文。

黃祥祺（2003）。「由台灣網路世代消費者行為看未來無線遊戲發展模式」。《數
博網》（2003/3/12）。 Online Available: http://www.find.org.tw/0105/focus/
0105_focus_disp.asp?focus_id=235。

黃雅君（2000）。《台北市立國民小學教師資訊素養知能及其相關設備利用情
形之研究》。台北：國立台灣師範大學社會教育學系碩士論文。

黃葳威（2004）。《閱聽人與媒體文化》。台北：揚智。

黃葳威（2005）。「台灣青少兒網路安全素養調查報告」，發表於「繫上白絲
帶，關懷 e 世代」記者會。台北：立法院會議室。見政大數位文化行動
研究室與白絲帶工作站「媒體探險家」教學網站。上網日期：2014 年 6
月 13 日，取自：http:// elnweb .creativity.edu.tw/mediaguide/。

黃葳威（2007）。〈都會地區青少年網路安全素養探討〉。《青年研究學報》，
10（1）：1-21。

黃葳威（2008 a）。〈從台灣青少兒家長網路素養變遷看網路分級成效〉。《青
年研究學報》，11（2）：150-165。

黃葳威（2008 b）。《數位傳播與資訊文化》。台北：威仕曼。

黃葳威（2012）。《數位時代資訊素養》。台北：威仕曼。

黃葳威（2013 a）。「台灣青少兒網路使用長期觀察報告」。台北：政大數位文
化行動研究室。

黃葳威（2013 b）。「台灣青少兒家長網路安全知能調查報告」。台北：頤德國
際股份有限公司。

黃葳威（2013 c）。「102及103年度網際網路內容防護機構計畫」。台北：國家
通訊傳播委員會。

黃葳威（2014）。102 年度網際網路內容防護機構計劃結案報告。台北市：國家通訊傳播委員會。

黃葳威、林紀慧、呂傑華（2007）。「2007 年台灣學童網路使用調查報告」。台北：白絲帶工作站「媒體探險家」教學網站。上網日期：2014 年 6 月 13 日，取自：http://elnweb.creativity. edu.tw/mediaguide/。

黃葳威、林紀慧、呂傑華（2010年）。「台灣青少兒上網安全長期觀察報告」。發表於中華白絲帶關懷協會「313華人網安行動：看重網安、全球平安」記者會。台北：衛星公會自律委員會會議室。

新聞前線（2005）。「啟動網站內容分級，守護兒少上網安全」（2005/2/25）。台灣婦女網路論壇，178。上網日期：2014 年 6 月 13 日，取自：http://forum.yam.org.tw/bongchhi/old/ tv/tv177.htm。

溫嘉榮（2002）。〈資訊社會中人文教育的省思〉。《資訊與教育》，92：26。

葉慶元（1997）。《網際網路上之表意自由──以色情資訊之管制為中心》。台北：國立中興大學法律研究所碩士論文。

《經濟日報》（2004年）。「『莫讓網吧毀了孩子』系列報導之五：美國政企共管網路安全」（2004/2/10）。上網日期：2014年6月13日，取自：http://www.ce.cn/cysc/it/xwy/hlw/ t20040212_319087.shtml。

資策會（2004）。「2004 年我國家庭上網調查」（2004/12/6）。行政院國家資訊通信發展推動小組網站。上網日期：2014 年 6 月 13 日，取自：http://www.nici.nat.gov.tw/content/application/nici/generala/guest-cnt-browse.php?cntgrp_ordinal=1002006100110005&cnt_id=820。

劉駿洲（1996）。〈電腦網路的社區文化〉。《社教雙月刊》，74：16-19。

歐盟（1996）。「視聽與資訊服務中有關未成年與人性尊嚴保護綠皮書」（Green Paper on the Protection of Minors and Human Dignity in Audiovisual and Information Services）。上網日期：2014 年 6 月 13 日，取自：http://ec.europa. eu/ archives/information_society/avpolicy/docs/reg/minors/gp_re_en.htm。

歐盟（1996）。「網路上非法與有害內容」（illegal and harmful content on the internet）。上網日期：2014 年 6 月 13 日，取自：http://cordis.europa.eu/

home_en.html。

蔡宗佑（2009）。《家長對孩童網路分級過濾系統使用意向之研究》。台南：
　　國立成功大學電信管理研究所碩士論文。

鄭淳憶、沈怡惠（2006）。〈從網路成癮症談青少年網路人際關係〉
　　（2006/3/15）。《網路社會學通訊期刊》，33。上網日期：2014 年 6 月
　　13 日，取自：http://mail.nhu.edu.tw/~society/e-j/53/53-06.htm。

盧怡秀（2001）。《高雄市高中生網路素養及網路使用現況之研究》。高雄：
　　國立高雄師範大學工業科技教育學系碩士論文。

蕭佑梅（2003）。《國民小學學生數位差距之研究》。台北：台北市立教育大
　　學國民教育研究所碩士論文。

賴溪松、王明習、邱志傑（2003）。「全球學術研究網路『網路安全、不當資
　　訊防制及商業機制規劃服務』期末報告」。國家高速電腦中心。

戴麗美（2005）。《數位媒體與國小學童價值觀之相關性研究──以大台北地
　　區國小三年級學童為例》。台北：國立政治大學行政管理在職研究所碩
　　士論文。

聯合報大陸新聞中心（2005）。「大陸下令　網路遊戲用真名」（2005/8/11）。《聯
　　合報》，A12。上網日期：2014年6月13日，取自：http://udn.com/NEWS/
　　WORLD/WOR1/2837598. shtml。

謝佩純（2005）。《台南市國中生網路素養與資訊課程之研究》。台南：南台
　　科技大學資訊傳播研究所碩士論文。

■英文部分

American Association of School Librarians and Association for Educational
　　Communications and Technology (1998). *Information literacy standards for
　　student learning: Standards and index.* Chicago, Ill.: American Library
　　Association; Washington, DC: Association for Educational Communications
　　and Technology.

American Association of School Librarians and Association for Educational
　　Communications and Technology (1998). *Information literacy standards for*

student learning: Standards and index. Chicago, Ill.: American Library Association; Washington, DC: Association for Educational Communications and Technology.

American Library Association Presidential Committee on Information Literacy (1989). Final Report. Chicago: Author (ERIC Document Reproduction Service No. ED 315 028).

Ang, P. H. (2005). Ordering Chaos: Regulating the internet. Singapore: Thompson.

Association of College and Research Libraries (2000). Information literacy competency standards for higher education (p.2). Chicago, Ill.: American Library Association.

Bruce, B. C. (2003). Literacy in the information age: Inquiries into meaning making with new technologies. Newark, DE: International Reading Association.

Carvin (2000). Mind the gap: The digital divide as the civil rights issue of the new millennium. MultiMedia Schools, 7(1): 56-58.

Carvin, A. (2000, Nov.). But now we've all heard about the digital divide. Retrieved July 13, 2004 from: http://www.educause.edu/ir/library/pdf/ERM0063.pdf.

Cronin, B. (2002). The digital divide. Library Journal, 127: 48.

Edmondson, W. (1985). The age of access: Information technology and social revolution. London: Croom Helm.

Hoff, J. (2007). Internet, Governance and democracy: Democratic transitions from Asian and European perspectives. Malaysia: NIAS Press.

Home Office (2003). Campaign evaluation report of child protection on the internet. UK: Task Force on Child Protection

Jordan, A. B. & Kolter, J. A. (2010). New perspectives on the digital divide in U.S. homes with 6-to-9-year-old children. paper presented on June 23, 2010 the

60th Annual Conference of International Communication. Singapore.

Marcum, W. J. (2002). Rethinking information literacy. *The Library Quarterly*, 72 (1): 1.

McClure, C. R. (1994). Network literacy: A role for libraries? *Information Technology and Libraries*, 13(2): 115-125, diagram (ISSN: 0730-200395) .

O'Briain, M., Borne, A., & Noten, T. (2004). Joint east west research on trafficking in children for sexual purposes in Europe: The sending countries. UK: ECPAT Europe Law Enforcement Group.

Oakley, K. (1951). A definition of man. *Penguin Science News*, No. 20. Harmondsworth, UK.

OECD (2001). *Understanding the digital divide*. Paris: http://www.oecd.org/ dataoecd/38/57/1888451.pdf.

Piaget, J. (1970). Piaget's Theory. in P. H. Mussed (Ed), *Carmichael's Manual of Child Psychology*, 3rd edition, vol. 1. New York: Wiley.

Plotnick, E. (2000). Definitions/Perspectives.*Teacher Libraria*, 28(1) (Sep.): 27.

Rogers, C. (1961). *On becoming a person: A therapist's view of psychotherapy.* Boston: Houghton Mifflin.

Teicher, J. (1999). Integrating technology into the curriculum an action plan for smart internet use. *Association for Supervision and Curriculum Development Educational Leadership Magazine*, 56(5). From ： http://www.cybersmart. org/about/news/ 1999_02.asp.

Watkins, S. C. (2009). *The young and the digital: What migration to social-network sites, games, and anytime, anywhere media means for our future.* Boston: Beacon Press.

Webber, S. & Johnston, B. (2000). Conceptions of information literacy: New perspectives and implications. *Journal of Information Science*, 26(6): 381-397.

青年粉絲對韓國偶像崇拜、周邊商品知覺價值與購買意願關係之研究

呂傑華、李志珍[*]

摘　要

　　近年來，由韓劇興起的韓流偶像熱潮，在我國持續延燒，粉絲的偶像崇拜行為也帶動了周邊商品的商機與附加價值。然而，現有的偶像崇拜研究多以青少年的自我認同為主，因此本研究嘗試將認同的概念由個人轉換為團體，從社會認同的角度，來探討具備理性客觀思辨能力的青年粉絲對韓國偶像團體的崇拜程度、周邊商品的知覺價值與購買意願之影響。

　　本研究採網路問卷調查法，以 BBS 台大批踢踢實業坊（ptt.cc）韓國團體組合（KR_Groups）內共 38 個板上的 18 至 45 歲青年粉絲為研究對象。應用因素分析萃取出青年粉絲對偶像崇拜、周邊商品知覺價值的認知因素；並透過獨立樣本 t 檢定與單因子變異數分析來瞭解不同背景變項的青年粉絲在偶像崇拜與周邊商品知覺價值上的差異；再進一步使用結構方程式以瞭解偶像崇拜、周邊商品知覺價值與購買意願三者間之因果關係。

　　研究結果顯示：(1)「行為涉入」為青年粉絲在偶像崇拜程度上之關鍵因素；青年粉絲在周邊商品知覺價值認知上的關鍵因素為「實用性價值」；「親友推薦」與「優先購買」在購買意願部分解釋變異數與特徵值較高；(2)行為涉入較深之青年粉絲會對偶像崇拜與知覺價值造成顯著差異；(3)「偶像崇拜」、「知覺價值」及「購買意願」的因果關係均呈現正向關係。

關鍵字：青年粉絲、偶像崇拜、社會認同、周邊商品、知覺價值、購買意願

---

[*] 呂傑華，國立東華大學社會系副教授。李志珍，國立東華大學社會學碩士。

A Study of the Relationships among Youth Fans' Korean Idol Worship, Perceived Value and Purchase Intention of Accessory Product

Chieh-Hua Lu, Jyh-Jen Lee

Abstract

In recent years, Korean drama brought the "Korean Idol Wave" in Taiwan, fans' Korean idol worship also creates the accessory product's consumption and supplementary value. However, previous research examined mostly about the teenagers' self-identity. Thus, based on social identity theory, this study is tried to examine the effect among youth fans' Korean idol worship, perceived value and purchase intention of accessory product.

In terms of information collection, this study using online survey to investigate of 18-45 year-old youth fans at PTT BBS's "KR_Groups". Factor analysis indicates that youth fans' cognitive factors of idol worship and perceived value of accessory product. Apply Independent samples t test and One-Way ANOVA to examine the effect among the different individual background variables upon idol worship, perceived value and purchase intention of accessory products. Then, using structural equation modeling (SEM) to find out the causal relationship of idol worship, perceived value, and purchase intention.

The research shows it is found that: First of all factor as "Behavioral Involvement" is considered as the most highly regarded cognition of idol worship by youth fans; while "Utilitarian Value" is reckoned as the most highly regarded factor of perceived value by youth fans. Secondly, youth fans that have the highest behavioral involvement of idol related activity can exert significant impact upon idol worship, perceived value and purchase intention. Finally, the causal relationship among aspects of "idol worship", "perceived value", and "purchase intention" is found to demonstrate positive correlation.

Keywords: youth fans, idol worship, social identity, accessory product, perceived value, purchase intention

壹、前言

一、研究動機

　　台灣有線電視於 1993 年合法化後，收視戶可收看 100 多個頻道。然而影視內容自製比例不高（周樹林，2011），國內一天所需播出節目的供給量又高達數千小時，使電視台業者轉而尋求價格較低廉的替代品——韓劇，來提供節目（鄭明椿，2003；顏雅玲，2005；李宥琁，2009）。八大電視台於 2000 年引進的《藍色生死戀》，收視率即高達 2.7，位居有線電視台連續劇收視之冠（林奇伯，2001）；而劇中俊美非凡的男女主角，也成為台灣觀眾心儀的偶像（陳依秀，2004；蔡佳玲，2006）。韓國政府更於 2001 年 8 月依據《文化產業振興基本法》成立官方專責推動機關——「文化產業振興院」（KOCCA），積極向國際行銷音樂、表演、影視等南韓文化創意產業（行政院文化建設委員會，2010）。

　　基於國內有線電視台的獲利考量以及韓國政府的宣傳推動，台灣興起一股韓流偶像熱潮。自2004年第15屆金曲獎開始，有五屆金曲獎及兩屆亞太影展，主辦單位皆分別邀請韓國知名偶像明星來台表演或頒獎。雖然「金曲小插曲／Super Junior太紅　網友嫌粉絲太吵」（張雅文，2009）等新聞報導，使社會大眾對粉絲的追星行為產生「過度瘋狂」、「不理智」的負面印象，但也讓社會大眾見識到韓國偶像對粉絲們（fans）的影響力。

　　事實上，粉絲不僅擁有專屬的稱號，還有獨特的應援口號與應援道具。粉絲似乎不需要倚靠官方圖標，就可以從和偶像間接相關的形象（如代表顏色）輕易辨別出彼此屬於哪個團體。這些粉絲不僅在個人行為上展現出對偶像的認同，甚至在官方活動上，還會自發性無酬動員來協助主辦單位（如Super Show in Taiwan聯合應援團隊）。此外，韓國偶像團體在台進行演唱會、粉絲

見面會（fans meeting）等活動時，所帶來的周邊商品購買效益，也不容小覷。以「Super Junior Super Show 3」演唱會為例，該演唱會所販售的官方周邊商品，收入約750萬元，若再加上演唱會門票收入及場外攤販販售的盜版商品，演唱會三天商機就高達近1億元（王郁惠，2011；黃識軒，2011；鄭宜熏，2011）。因此，從粉絲的偶像認同衍生出來的周邊商品商機，也是本研究欲瞭解的。

　　現有的偶像認同研究，對象多以處於Erikson心理社會發展八階段中「自我認同」階段的12至18歲青少年粉絲為主。但在成年期，人們開始轉而發展對外的人際關係，將偶像明星作為學習楷模的論點似乎無法完全套用至成年期的青年。因此，本研究將瞭解青年粉絲對韓國偶像團體的崇拜情形。

　　在消費行為上，研究文獻也多是探討偶像代言商品所帶來的商機（饒怡雲，2006），這些品牌乃是藉由高人氣偶像的代言來提高商品買氣。相較之下，周邊商品的消費行為似乎更直接表達出粉絲對偶像的認同，也就是偶像本身就是個品牌。粉絲對偶像本身的價值或感情產生認同，進而發展衍生性商品，即周邊商品，讓喜愛偶像的人透過購買，來達到情感滿足的需求（蔡佩倫，2009），使周邊商品除了實用價值外，更包含了象徵性價值。

　　因此，本研究期望能瞭解青年粉絲對韓國偶像團體的崇拜程度、周邊商品的知覺價值與購買意願之影響，以及偶像崇拜、周邊商品知覺價值與購買意願三者間的關聯性，藉此讓大眾對青年粉絲偶像崇拜的行為，有更深的瞭解與認識。

二、研究目的

　　綜合前述，整理本研究目的如下：

1.探索青年粉絲對韓國偶像團體的崇拜程度。
2.檢視青年粉絲對韓國偶像團體周邊商品的知覺價值。
3.調查青年粉絲對韓國偶像團體周邊商品的購買意願。
4.分析偶像崇拜、周邊商品的知覺價值與購買意願三者間的關係。

貳、文獻探討

一、青年粉絲

本研究旨在探究青年粉絲對韓國偶像團體的認同表現。根據各國政府、法令、學術界對青年的定義,大抵在14至30歲的範圍之間;但我國行政院青年輔導委員會則界定其服務的對象為18至45歲的青年,屬於Erikson心理社會發展階段的成年期。Piaget認為,處於成年期的人們能以較客觀的方式來分析、計畫及合理的聯想,以面對所經歷的事件(Ashford, LeCroy, & Lortie, 2001/2007)。

至於粉絲,為「fans」的直譯音。「fan」對特定作者、導演或媒介文本有著主動、狂熱的投入,是最基本的流行文化閱聽人代表,通常較其他人顯眼且容易被辨識(Fiske, 1991; Lewis, 1992; McQuail, 1994)。在我國,媒體通常用來形容名流等某些行業裡知名人士的仰慕者。故本研究選擇具備客觀思辨能力的18至45歲青年粉絲,來探究青年粉絲認同韓國偶像團體之情形。

二、偶像崇拜理論與相關研究

偶像崇拜為一種粉絲對楷模的認同歷程,是個體藉由全心全意的關注,表現出認同對象的價值理念與行為的過程和方式(白榮燦,2007;于佳玉,2010)。當認同的概念從個人轉換為團體之後,它使自我超越個體的界限,進而納入自我團體中的其他成員,形成社會認同。而社會認同乃用來指涉由個人對其與他人共享的團體成員身分的認知及感受所構成的自我概念層面(Smith & Mackie, 1996/2001)。至於個人對其與他人共享的團體可被視為是一個內團體(ingroup),也就是一群具有「我群感」(we group)的成員所形成的一個心理上的圓圈。對本研究而言,「內團體」即代表所有「韓國偶像

團體」與「喜愛韓國偶像團體的粉絲」，因為偶像與粉絲是互為依存的統一體（張嫱，2010）。

目前國內關於偶像崇拜的研究，雖然未明確指出是以社會認同為理論基礎，但這些概念皆與社會認同理論極為相似。以朱龍祥和陸洛（2000）對流行音樂歌迷的研究來說，偶像崇拜很可能成為個人為了融入團體，尋求社會認同的方法之一。它是一種具有特定意義的社會化發展現象與過程（張酒雄、陳枝烈、簡慶哲、張淑美，1993；簡妙如，1996；傅國樑，2003）。而鍾季樺（2005）對歌迷心智模式之研究，亦相當符合Bullock和Stallybrass在1977年所出版的*The Fontana Dictionary of Modern Thought*一書中，對社會認同所做的解釋，也就是將自己和其他個體或參照團體緊密聯繫在一起，並採取他們的目標和價值，及設法分享他人或團體經驗的過程（引自張酒雄等，1993）。陳子音（2008）的研究就發現，歌迷俱樂部的形成，即是人們透過對同一個偶像的認同而產生的「團體認同」。

綜上所述，本研究以社會認同作為理論基礎，並將青年粉絲對韓國偶像團體的偶像崇拜行為定義為社會認同。而本研究對韓國偶像團體之界定，將根據國內最大社群網站、單日上線可達百萬人次的台大批踢踢實業坊（ptt.cc）電子布告欄系統（BBS, Bulletin Board System）對韓國偶像之三種分類——韓國男星特區（KR_Boys）、韓國女星特區（KR_Girls）與韓國團體組合（KR_Groups）。因此，主要以「韓國團體組合」中現有38個偶像團體板作為主要的研究場域。

三、周邊商品的知覺價值與相關研究

周邊商品為「產品或品牌的附屬商品」（何萬順主編，2003）。當消費者對主產品本身的價值或感情產生認同，即可藉由發展周邊商品來加強消費者對品牌的印象，讓喜愛主產品的人能透過購買達到情感滿足的需求。因此，周邊商品係屬於一種消費性的商品（黃中人，2006；蔡佩倫，2009）。本研究主產品即是指韓國偶像團體本身，而經紀公司所提供的海報、應援毛巾及

螢光棒等商品，均屬於周邊商品的一環。

　　知覺價值指的是消費者根據內心的主觀認知感受來評判商品是否值得購買，消費者甚至可以不用直接接觸到商品或服務（楊緒永，2009）；且消費者在不同的選擇情境下，對商品或服務的經驗會有多層次的體驗。消費者不只對產品或服務的價格、品質、利益等功能性有所關注，亦可能因為對商品的感動等心情感受來賦予商品情感性價值，甚至是社會性價值──也就是商品對社會自我認知的影響力（Bolton & Drew, 1991; Sheth, Newman, & Gross, 1991; Holbrook, 1994; Sweeney & Soutar, 2001）。而當消費者對商品本身感到認同時，就可能出現購買行為；且認同程度越高，也就是知覺價值越高，其購買行為就會跟著提高。因此，商品的知覺價值對消費者實際的購買行為有著決定性的影響。

　　國內對偶像崇拜的延伸消費研究即顯示，消費者會對其認同之團體產生聯想的內部心理需求，此時偶像這個品牌所衍生的商品就具有象徵性價值，使消費者不僅為了偶像商品的實用價值而消費，還包含了情感及社會認知等多層次的知覺價值，藉此來表達出對該偶像的一種認同感（趙培華，2000；李姿蓉，2005；唐淑珊，2008）。因此，本研究假設：青年粉絲支持團體的認同程度越高，知覺價值也越高；而高知覺價值，亦可能會提高購買意願。

四、周邊商品的購買意願與相關研究

　　「購買意願」為個人對特定品牌商品經過整體評價後，有意識性地去規劃交易行為的主觀機率與意圖，這是一種對特定事物的感性反應（Fishbein & Ajzen, 1975; Dodds, Monroe, & Grewal, 1991; 許士軍，1990；Spears & Singh, 2004; 林建文，2004；許黛君，2005）。Schiffman和Kanuk（2000）在《消費者行為》（*Consumer Behavior*）一書中，提出購買意願越高，購買機率越大。國內文獻亦發現，消費者涉入程度越高，對商品的知覺價值越高，其購買意願也越高（章凱淇，2009；黃冠維，2010）。此外，有正向購買意願的消費

者，其實際購買行為發生的機率也會提高（胡欣慧、何玉珍，2008）。而在購買意願的衡量上，大致可依據購買機率、優先選擇、親友推薦及價格轉換等衡量問項（Zeithaml, 1988; Biswas, 1992; Kwon, Trail, & James, 2007）。

在偶像崇拜方面，國內文獻雖沒有明確針對購買意願的研究，但亦可從消費部分來推測周邊商品之購買意願。當消費者收看日本或韓國偶像劇的程度、涉入程度、收看動機越高，其認同程度越高，對商品的知覺價值也越高，將使青少年不斷地投入消費，形成其品牌忠誠（林瑞端，1999；趙培華，2000；莊旻潔，2001；唐淑珊，2008）。

綜上所述，粉絲對所支持團體的認同程度會影響其購買意願，周邊商品的知覺價值也會影響到商品的購買意願。本研究依據文獻探討的結果，推測青年粉絲對韓國偶像團體的崇拜程度會影響周邊商品的知覺價值及購買意願；偶像崇拜程度和周邊商品的知覺價值也會影響到購買意願。

參、研究方法

一、研究架構

本研究根據研究動機與目的及相關文獻探討，將相關變數整理後建立出研究架構，如圖一所示。

二、研究方法

本研究採問卷調查法，問卷偶像崇拜量表依據Heere和James（2007）之團體認同量表與McCutcheon、Lange和Houran（2002）之明星崇拜量表；周邊商品的知覺價值量表則參考李季隆（2005）、陳祺富（2010）的研究量表；購買意願的評估量表則參酌Kwon等人（2007）與陳祺富（2010）之研究量表，並根據本研究之目的進行修正；其中偶像崇拜量表共24題、知覺價值量

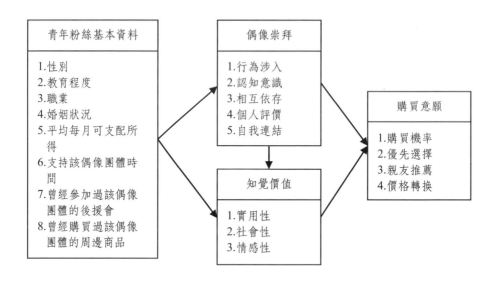

圖一　研究架構

表14題、購買意願量表10題，均採Likert尺度，從「非常同意」到「非常不同意」，分別給予5至1分，分數越高表示同意度越高。

　　研究問卷經過專家效度與預試問卷施測後，以極端組比較與同質性檢驗（題目與總分相關、因素負荷值）三項指標，檢驗「偶像崇拜」、「知覺價值」與「購買意願」等三部分。結果偶像崇拜部分共刪除3題，保留21題；知覺價值部分刪除1題，保留13題；購買意願部分全部保留，共10題。此外，偶像崇拜部分的Cronbach's α係數為.88，知覺價值部分之Cronbach's α係數為.84，購買意願之Cronbach's α係數為.87，顯示本量表有良好之內部一致性信度。

三、抽樣設計

　　本研究於台大批踢踢實業坊電子布告欄系統（BBS）站內的韓國團體組合各板，發布網路問卷所在網址。而韓國團體組合（KR_Groups）內共38個板，其中男子團體有20個板、22個團體，女子團體則有18個板。結果問卷回

收1,223份，扣除無效問卷與相同IP網址者共109份，實際有效問卷1,114份，占91.1%。

肆、研究結果分析與討論

一、受訪青年粉絲之描述性分析

台大批踢踢實業坊韓國偶像團體板中的青年粉絲以女性（83.4%）居多；教育程度主要為大學以上接受過高等教育者（77.5%）；職業多為學生（63.7%）；婚姻狀況以未婚為主（98.6%）。此一結果與陳子音（2008）的研究相仿，亦即崇拜行為以大學生較為明顯，因為大學生上課時間較具彈性，可自由支配時間。至於平均每月可支配所得主要分布在5,000至10,000元之間，與行政院主計處於2010年統計的平均每人每月可支配所得為22,804元有所落差，可能與本研究之受訪者多為學生有關。而曾經參加過韓國偶像團體後援會（54.6%）與購買過周邊商品（77.6%）的青年粉絲，比未參加／購買者多，顯示青年粉絲多會以參與後援會與購買周邊商品等行為來支持喜愛的韓國偶像團體。對粉絲而言，無論是蒐集、使用或購買周邊商品，皆可視為一種替代式的擁有偶像的滿足（朱龍祥、陸洛，2000）。換言之，周邊商品確實能為韓國偶像團體之經紀公司帶來商機。

二、偶像崇拜與周邊商品知覺價值之因素分析

(一)偶像崇拜之因素分析

本研究之「偶像崇拜」題組共21題，檢定結果KMO（Kaiser-Meyer-Olkin）值為0.912，顯著水準0.000，顯示此題組適合進行因素分析。此部分共萃取出「行為涉入」、「認知意識」、「相互依存」、「個人評價」與「自我連結」等五個構面（表一）。「偶像崇拜」各因素構面之Cronbach's α值皆大於0.6，且

表一　偶像崇拜之因素分析表

問卷變項	因素負荷值	特徵值	解釋變異(%)	信度 (Cronbach's α)
因素一：行為涉入		3.38	16.09	0.87
我會和其他粉絲一同參與該偶像團體的相關活動	.870			
我以實際參與活動的方式來表達對該偶像團體的支持	.813			
我積極參與和該偶像團體有關的活動	.811			
我會和其他粉絲討論我們所支持的偶像團體	.665			
我會隨身攜帶足以代表我所支持的偶像團體的東西	.560			
因素二：認知意識		2.63	12.51	0.81
我瞭解該偶像團體的成功與失敗事蹟	.809			
我知道該偶像團體從出道至今的發展歷史	.805			
我知道關於該偶像團體的生活動態	.794			
我會搜尋該偶像團體的最新動態	.516			
因素三：相互依存		2.54	12.09	0.74
當我所支持的偶像團體有不好的事發生，我也會覺得如同發生在我身上一樣	.715			
在該偶像團體身上發生的事，會衝擊到我個人的日常生活作息	.667			
我對別人批評我所支持的偶像團體感到不悅	.580			
該偶像團體的成功（例：在演藝事業上有傑出表現、得獎）也是我的成功	.555			
因素四：個人評價		2.36	11.24	0.71
把自己視為該偶像團體的粉絲讓我感到很驕傲	.711			
我覺得身為該偶像團體的粉絲是件很美好的事	.697			
我會主動讓他人知道我是該偶像團體的粉絲	.622			
當我得知我所支持的偶像團體有正面的／好的消息，我也會有喜悅的感覺	.580			
一般來說，人們重視我所支持的偶像團體	.534			

（續）表一　偶像崇拜之因素分析表

問卷變項	因素負荷值	特徵值	解釋變異（%）	信度（Cronbach's α）
因素五：自我連結		2.10	9.98	0.62
我所支持的偶像團體可以反映出我的個人特質	.714			
我的自我形象中，有很重要的一部分是與我所支持的偶像團體有所關聯	.645			
我經常模仿我所支持的偶像團體的行為（例：服飾、說話、動作等）	.594			
總累積解釋變異（%）			61.90	

累積解釋變異達61.90%，顯示其具有可信度及顯著解釋力。其中，「行為涉入」有最大的解釋變異數與特徵值，依次排序為「認知意識」、「相互依存」、「個人評價」與「自我連結」因素，此結果與朱龍祥和陸洛（2000）、陳子音（2008）、曾澤文（2010）等人的研究類似，即崇拜偶像的粉絲會親自到現場參與包括球隊、歌星、影星等偶像的活動，穿戴相關服飾，加入相關團體；並且會學習、模仿偶像的言行舉止、服裝打扮、思想態度及價值觀，以內化偶像的價值信念，藉此滿足心理層面以建立自我價值概念（張酒雄等，1993；簡妙如，1996；傅國樑，2003；鍾季樺，2005）。

(二)知覺價值之因素分析

　　本研究之「知覺價值」題組共13題，檢定結果KMO值為0.877，顯著水準0.000，顯示此題組適合進行因素分析。此部分共萃取出「實用性價值」、「社會性價值」與「情感性價值」等三個構面（**表二**）。「知覺價值」各因素構面的Cronbach's α值皆大於0.6，且累積解釋變異達66.02%，顯示其具有可信度及顯著解釋力。其中，「實用性價值」有最大的解釋變異數與特徵值，依次排序為「社會性價值」與「情感性價值」因素，因此「實用性價值」為青年粉絲在周邊商品知覺價值認知上之關鍵因素。此特色顯示，青年粉絲相當重

表二　知覺價值之因素分析表

問卷變項	因素負荷值	特徵值	解釋變異（%）	信度（Cronbach's α）
因素一：實用性價值		3.19	24.56	0.86
該偶像團體的周邊商品通常很耐用	.811			
我相信該偶像團體的周邊商品具有良好的品質	.790			
我能夠接受該偶像團體周邊商品的價格	.788			
整體而言，購買該偶像團體的周邊商品可稱得上是經濟實惠	.738			
我認為該偶像團體的周邊商品種類能夠符合我的需求	.560			
因素二：社會性價值		2.84	21.88	0.84
我認為購買該偶像團體的周邊商品，有助於我被其他同樣支持該偶像團體的粉絲所認同	.917			
我認為購買該偶像團體的周邊商品，能讓我得到其他同樣支持該偶像團體的粉絲的重視	.912			
我認為在購買該偶像團體的周邊商品過程中，能夠增加我與其他粉絲互動的機會	.597			
我認為購買該偶像團體的周邊商品，能展現我的生活品味	.575			
因素三：情感性價值		2.55	19.59	0.79
我在購買該偶像團體的周邊商品時，可以讓我暫時拋開現有的煩惱	.794			
相較於做其他事情，我認為購買該偶像團體的周邊商品讓我感到更快樂	.754			
我在購買該偶像團體周邊商品的過程中留下愉快的購買經驗	.725			
我認為購買該偶像團體的周邊商品會有損我的形象	.479			
總累積解釋變異(%)			66.02	

視周邊商品的功能性與使用績效，而非像青少年粉絲較重視周邊商品背後的符號象徵意義（趙培華，2000；唐淑珊，2008），這可能與青年階段已具備理性客觀思辨能力有關；但從認同的觀點，各項研究也都顯示粉絲會因為認同價值，而對周邊商品也感受到強烈的情感認同（Sutton et al., 1997; Kwon et al., 2007; 劉旺華，2008）。因此，本研究也顯示出粉絲對周邊商品的社會性與情感性知覺價值。

(三)購買意願之因素分析

本研究之「購買意願」題組共10題，檢定結果KMO值為0.695，顯著水準0.000，顯示此題組適合進行因素分析。經萃取出「親友推薦」、「優先購買」、「購買機率」與「價格轉換」等四個構面（表三）。其中，「親友推薦」與「優先購買」的解釋變異數與特徵值較高，依次排序為「購買機率」與「價格轉換」因素。由此可知，青年粉絲在韓國偶像團體周邊商品的購買意願上，會受到親朋好友或其他粉絲的影響，並且對自己最支持之韓國偶像團體的周邊商品有較高購買意願。此一結果與莊旻潔（2001）的研究相仿，亦即粉絲在購買周邊商品前，還是會先思考重要他人會如何看待此購買行為。

表三　購買意願之因素分析表

問卷變項	因素負荷值	特徵值	解釋變異（%）	信度（Cronbach's α）
因素一：親友推薦	.972	1.02	25.56	-
因素二：優先購買	.912	1.01	25.37	-
因素三：購買機率	.915	0.99	24.78	-
應援器材 衣著服飾 身體配件 生活用品 文具或吊飾 限量紀念珍藏 玩偶公仔				
因素四：價格轉換	.889	0.97	24.29	-
總累積解釋變異（%）			100.00	0.74

(四)青年粉絲特質與偶像崇拜、周邊商品知覺價值之差異分析

■偶像崇拜、知覺價值與基本資料之獨立樣本 t 檢定

　　經獨立樣本 t 檢定（**表四**），「是否參與過偶像團體後援會」（t=11.31,
p<.001）與「是否購買過偶像團體的周邊商品」（t=13.80, p<.001）兩項目在
「偶像崇拜」上皆呈現顯著差異，且「曾經參與過偶像團體後援會」與「曾
經購買過偶像團體的周邊商品」者，平均分數皆顯著高於「未曾參與或購買」
者。

表四　偶像崇拜與基本資料之獨立樣本 t 檢定統計表

類別	選項	平均數	t 值	顯著值
性別	男	3.80	1.57	.117
	女	3.72		
婚姻狀況	未婚	3.74	0.46	.643
	有配偶	3.67		
是否參與過偶像團體後援會	是	3.90	11.31	.000***
	否	3.53		
是否購買過偶像團體的周邊商品	是	3.85	13.80	.000***
	否	3.35		

註：***p<.001，N=1,114。

　　獨立樣本 t 檢定（**表五**）也顯示，「性別」（t=5.45, p<.001）、「是否參與
過偶像團體後援會」（t=7.15, p<.001）與「是否購買過偶像團體的周邊商品」
（t=10.29, p<.001）三項目在「知覺價值」上皆呈現顯著差異；且「男性」、
「曾經參與過偶像團體後援會」與「曾經購買過偶像團體的周邊商品」者，
平均分數皆高於「女性」及「未曾參與或購買」者。整體而言，青年粉絲行
為涉入的程度越深，偶像崇拜程度與知覺價值程度越高。

表五　知覺價值與基本資料之獨立樣本 t 檢定統計表

類別	選項	平均數	t 值	顯著值
性別	男	3.48	5.45	.000***
	女	3.19		
婚姻狀況	未婚	3.24	-1.44	.150
	有配偶	3.48		
是否參與過偶像團體後援會	是	3.37	7.15	.000***
	否	3.09		
是否購買過偶像團體的周邊商品	是	3.35	10.29	.000***
	否	2.87		

註：***p＜.001，N＝1,114。

■偶像崇拜、知覺價值與基本資料之單因子變異數分析

　　經單因子變異數分析（**表六**），「教育程度」（F=3.32, p<.05）、「職業」（F=5.23, p<.01）與「支持該偶像團體時間」（F=5.44, p<.001）三項目在「偶像崇拜」上呈現顯著差異；此外，「教育程度」（F=3.02, p<.05）與「支持該偶像團體時間」（F=3.14, p<.01）兩項目在「知覺價值」（**表七**）上呈現顯著差異。

　　進一步以Scheffe多重比較法分析，發現教育程度在「高中（職）（含）以下」（X̄=3.91）的青年粉絲其「偶像崇拜」程度顯著高於「研究所及以上」者（X̄=3.66）；職業「學生」（X̄=3.75）與「非學生（受薪階級）」（X̄=3.75）其「偶像崇拜」程度顯著高於「失業中（求職或受訓中）」（X̄=3.53）者；支持該偶像團體「3至4年（含）」（X̄=3.97）時間的青年粉絲其「偶像崇拜」程度顯著高於支持「6個月（含）以下」（X̄=3.51）者。

　　以上結果顯示，職業為學生與受薪階級的青年粉絲，其偶像崇拜程度較高；教育程度越高，其偶像崇拜與對周邊商品知覺價值程度則低於學歷較低者；而支持偶像團體時間較久的青年粉絲，較剛成為所支持韓國偶像團體粉絲不久者的偶像崇拜程度高。

表六　偶像崇拜與基本資料之單因子變異數分析統計表

類別	選項	個數	平均數	F 值	顯著值	事後比較
教育程度	高中（職）（含）以下	54	3.91	3.32	.019*	高中（職）（含）以下>研究所及以上
	專科	55	3.85			
	大學	863	3.73			
	研究所及以上	142	3.66			
職業	學生	710	3.75	5.23	.005**	學生、非學生（受薪階級）>失業中（求職或受訓中）
	失業中（求職或受訓中）	72	3.53			
	非學生（受薪階級）	332	3.75			
平均每月可支配所得	5,000 元以內	411	3.75	0.61	.744	
	5,001~10,000 元	377	3.73			
	10,001~15,000 元	117	3.68			
	15,001~20,000 元	49	3.78			
	20,001~25,000 元	58	3.71			
	25,001~30,000 元	40	3.81			
	30,001~35,000 元	21	3.87			
	35,001 以上	41	3.66			
支持該偶像團體時間	6 個月（含）以下	129	3.51	5.44	.000***	3 至 4 年(含)>6 個月（含）以下
	6 個月至 1 年（含）	266	3.71			
	1 至 2 年（含）	421	3.77			
	2 至 3 年（含）	183	3.78			
	3 至 4 年（含）	48	3.97			
	4 至 5 年（含）	22	3.84			
	5 年以上	45	3.73			

註：* p＜.05，**p＜.01，***p＜.001，N＝1,114。

(五)偶像崇拜、周邊商品知覺價值與購買意願之結構方程式分析

　　結構方程式分析其目的是根據多個變數間之邏輯關係，建立高配適度的統計模式。而在整體模式配適度的評估上，通常根據X^2模式適合度檢驗原則，但若樣本數或觀察變數的數量很大時X^2易超過顯著水準，因此宜根據

表七　知覺價值與基本資料之單因子變異數分析統計表

類別	選項	個數	平均數	F 值	顯著值
教育程度	高中（職）（含）以下	54	3.48	3.02	.029*
	專科	55	3.35		
	大學	863	3.23		
	研究所及以上	142	3.20		
職業	學生	710	3.24	2.15	.117
	失業中（求職或受訓中）	72	3.09		
	非學生（受薪階級）	332	3.27		
平均每月可支配所得	5,000 元以內	411	3.25	0.60	.758
	5,001~10,000 元	377	3.20		
	10,001~15,000 元	117	3.24		
	15,001~20,000 元	49	3.40		
	20,001~25,000 元	58	3.27		
	25,001~30,000 元	40	3.20		
	30,001~35,000 元	21	3.27		
	35,001 以上	41	3.26		
支持該偶像團體時間	6 個月（含）以下	129	3.06	3.14	.005**
	6 個月至 1 年（含）	266	3.26		
	1 年至 2 年（含）	421	3.29		
	2 年至 3 年（含）	183	3.22		
	3 年至 4 年（含）	48	3.43		
	4 年至 5 年（含）	22	3.05		
	5 年以上	45	3.13		

註：* $p < .05$，** $p < .01$，N＝1,114。

GFI（Goodness of Fit Index，配適度指標）與AGFI（Adjust Goodness of Fit Index，調整後的配適度指標）來檢視理論模型的適切性（Hair et al., 2006；邱皓政，2006），並且解釋變數之間的因果關係。

根據**表八**顯示，X^2值為718.45（$p < .001$）、GFI=0.89（GFI>0.8）、AGFI=0.82

（AGFI>0.8），皆符合配適度的評斷標準（Joreskog & Sorbom, 1989; Long, 1993）；衡量殘差大小的RMR（Root Mean Square Residual）=0.06（RMR<0.08）也達小於0.08之判斷標準（Hair et al., 2006），顯示本模型具有良好的配適度。

表八　SEM 模型配適度指標與實證結果表

模型參數	參數值	標準差	檢定統計量	假設檢定
偶像崇拜→知覺價值	0.72	0.023	30.91***	成立
偶像崇拜→購買意願	0.54	0.038	14.11***	成立
知覺價值→購買意願	0.26	0.040	6.61***	成立
X^2			718.45***	
GFI			0.89	GFI>0.8
AGFI			0.82	AGFI>0.8
RMR			0.06	RMR<0.08

註：***p＜.001，N＝1,114。

　　而各潛伏變數與外顯變數之間的關係（圖二），在1%的顯著水準下，各潛伏變數與外顯變數的變動方向為正向且顯著，代表潛伏變數均能被外顯變數所解釋。由形成偶像崇拜的外顯變數來看，偶像崇拜的形成主要來自於「行為涉入」（0.98）、「認知意識」（0.84）、「相互依存」（0.96）、「個人評價」（0.86）及「自我連結」（0.83）。從路徑係數來看，形成偶像崇拜的主要因素為「行為涉入」，表示青年粉絲對韓國偶像團體的崇拜程度，以行為涉入最深刻，其次為相互依存。

　　青年粉絲對周邊商品的知覺價值評估主要為「實用性價值」（0.99）、「社會性價值」（0.98）及「情感性價值」（1.13）。從路徑係數來看，形成知覺價值的主要因素為「情感性價值」，這表示知覺價值的評估，主要透過青年粉絲對周邊商品的情緒感受。

　　購買意願的評估主要為「親友推薦」（0.85）、「優先購買」（1.05）、「購買機率」（1.33）及「價格轉換」（1.00）。從路徑係數來看，形成購買意願的

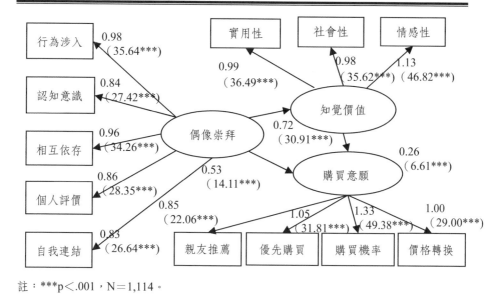

註：***p＜.001，N＝1,114。

圖二　偶像崇拜結構模型之實證結果

主要因素為「購買機率」，顯示青年粉絲主要是根據周邊商品的類型來決定其購買意願。

　　而就潛伏變數間之檢定結果可發現（**表八**），在0.1%的顯著水準下，偶像崇拜及周邊商品知覺價值與偶像崇拜及購買意願的變動方向為正向且顯著，代表偶像崇拜程度越高，則青年粉絲對周邊商品的知覺價值及購買意願越高。周邊商品的知覺價值及購買意願的變動方向也為正向且顯著，代表青年粉絲對周邊商品的知覺價值越高，則購買意願亦會越高。

　　利用SEM的分析結果，檢定本研究假設各變數間的因果關係，其結果如下（**表八**）：

　　「偶像崇拜」對「知覺價值」及「購買意願」的因果關係均呈現顯著的正向關係。若青年粉絲對韓國偶像崇拜的程度提高時，則相對會直接影響青年粉絲對周邊商品的知覺價值及購買意願。「知覺價值」對「購買意願」的因果關係呈現顯著的正向關係。當青年粉絲對於周邊商品的知覺價值提高時，則會增加青年粉絲的購買意願。

在探討整個研究模型潛伏變數的關聯性，經由分析結果顯示，各假設皆獲成立。由此可知，偶像崇拜、周邊商品的知覺價值及購買意願均具有相關性，亦即青年粉絲的偶像崇拜程度越高，則對周邊商品的知覺價值及購買意願也會越高。而青年粉絲對於周邊商品的知覺價值感到滿意，才會提高青年粉絲的購買意願。

伍、結論

綜合前章的分析討論，本研究將結論依研究目的與研究假設，摘要說明如下：

一、不同背景變項的青年粉絲在韓國偶像崇拜上的差異情形

本研究使用獨立樣本t檢定與單因子變異數分析不同背景變項的青年粉絲在韓國偶像崇拜上的差異情形。結果顯示，「教育程度」、「職業」、「支持該偶像團體時間」、「是否參與過偶像團體後援會」與「是否購買過偶像團體的周邊商品」在「偶像崇拜」上有顯著差異。

其中，職業部分的研究結果與陳子音（2008）的研究相仿，即學生族群較易產生偶像崇拜。在教育程度上，教育程度較低者其偶像崇拜程度顯著高於教育程度較高者，可能是因為教育程度在「高中（職）（含）以下」的青年粉絲絕大部分還是學生，而學生族群通常多有偶像崇拜行為所致（朱龍祥、陸洛，2000；林明珠，2008；陳祺富，2010）。整體而言，可推論青年粉絲行為涉入程度越深，偶像崇拜程度越高。

二、不同背景變項的青年粉絲在周邊商品知覺價值上的差異情形

本研究使用獨立樣本t檢定與單因子變異數分析不同背景變項的青年粉絲在韓國偶像團體周邊商品知覺價值上的差異情形。結果顯示，「性別」、「教

育程度」、「支持該偶像團體時間」、「是否參與過偶像團體後援會」與「是否購買過偶像團體的周邊商品」在「知覺價值」上有顯著差異。表示偶像崇拜行為涉入越深之青年粉絲，其對周邊商品的知覺價值越高，與陳祺富（2010）的研究結果相仿。然而性別、教育程度、職業、婚姻狀況、平均每月可支配所得等基本變項在與周邊商品知覺價值的差異分析上，與陳祺富的研究有部分不同，可能是因為球隊認同在社會認同理論上雖對韓國偶像團體崇拜具有參考價值，但卻無法完全在周邊商品的知覺價值上等同視之的緣故。

三、青年粉絲對韓國偶像崇拜、周邊商品知覺價值與購買意願 三者間的關係

本研究利用結構方程式分析發現，台大批踢踢實業坊韓國偶像團體組合板上的青年粉絲對於周邊商品的購買意願，確實會受到其對於偶像崇拜程度與周邊商品知覺價值認知正面的影響，且偶像崇拜程度會進一步透過知覺價值而提高青年粉絲的購買意願。此結果與林瑞端（1999）、趙培華（2000）、唐淑珊（2008）、莊旻潔（2001）的研究結果相仿，無論是崇拜韓國偶像團體的青年粉絲，或是主要以韓劇、日劇演員為崇拜對象的青少年粉絲，其崇拜程度、周邊商品知覺價值越高，皆會使粉絲不斷地投入消費，最終形成對主產品（本研究乃指韓國偶像團體）的忠誠。

綜上所述，偶像崇拜的行為並非新聞媒體所刻意凸顯的盲目追隨與瘋狂支持，青年粉絲會參考社會、他人的價值觀與建議，並透過自己的理性判斷來展現其偶像崇拜的行為，包括偶像相關活動的參與程度及周邊商品的購買等。對青年粉絲而言，偶像不是學習模仿的對象，而是團體內的一分子，團體內成員的情緒感受皆可能影響彼此的生活經驗。此外，青年粉絲還可以透過積極參與團體——與偶像有關的人事物互動，對個人產生一些正向的功能，包括資訊的取得、人際關係的建立、增加團體歸屬感及自我實現等。本研究的發現可讓社會大眾對青年粉絲偶像崇拜的行為，有更深的瞭解與認識。

參考文獻

■中文部分

于佳玉（2010）。《流行音樂海外歌迷對台灣意象及到訪意願研究——以五月
　　天樂團為例》。世新大學觀光學系碩士論文。

王郁惠（2011 年 3 月 14 日）。「SJ 超人氣 3 天撈逾 9 千萬」。《聯合新聞網》。
　　上網日期：2011 年 11 月 11 日，取自 http://udn.com/NEWS/
　　ENTERTAINMENT/ENT5/6208690.shtml。

白榮燦（2007）。《偶像崇拜與盜版購買關係之研究》。國立暨南國際大學國
　　際企業學研究所碩士論文。

朱龍祥、陸洛（2000）。〈流行歌曲歌迷偶像崇拜的心態與行為初探〉。《應用
　　心理研究》，8：171-208。

行政院文化建設委員會（2010）。「南韓文化產業振興院」（2010/9/17）。上網
　　日期：2011 年 11 月 11 日，取自 http://cci.culture.tw/cci/cci/law_detail.php?c=
　　240&sn=4123。

何萬順（主編）（2003）。《三民新英漢辭典（增訂完美版）》。台北：三民。

李季隆（2005）。《服務品質、顧客價值、知覺價值與行為意圖之關聯性探
　　討——以屈臣氏連鎖藥妝店為例》。國立高雄第一科技大學行銷與流通
　　管理研究所碩士論文。

李姿蓉（2005）。《青少年偶像崇拜傾向與崇拜延伸消費之研究》。台南：南
　　台科技大學企業管理學系碩士論文。

李宥琁（2009）。《有線電視頻道韓劇經營策略——以八大電視頻道與緯來電
　　視頻道為例》。國立台灣藝術大學應用媒體藝術研究所碩士論文。

周樹林（2011）。「建國百年的三個數位大計」（2011/6/22）。MIC 產業顧問學
　　院——學院專欄。上網日期：2011 年 10 月 26 日，取自 http://mic.iii.

org.tw/institute/institute_column/column_detail.asp?sqno=49。

林奇伯（2001）。〈俊男美女連檔，「韓流」淹沒台灣〉。《光華雜誌》，26（7）：98-101。

林明珠（2008）。〈談「偶像崇拜」在運動行銷之應用〉。《中華體育季刊》，22（2）：86-91。

林建文（2004）。《原品牌態度、知覺契合度與促銷活動形式對品牌延伸後品牌態度與購買意願影響之研究》。實踐大學企業管理研究所碩士論文。

林哲立、邱曉君、顏菲麗譯（2007）。《人類行為與社會環境（第二版）》。台北：湯姆生（原書 Ashford, J. B., LeCroy, C. W., & Lortie, K. L. [2001]. *Human behavior in the social environment: A multidimensional perspective* (2nd ed.). Singapore: Thomson Learning）。

林瑞端（1999）。《媒介、消費與認同：台灣青少年收看日本偶像劇之效果研究》。世新大學傳播研究所碩士論文。

邱皓政（2006）。《量化研究與統計分析——SPSS 中文視窗板資料分析範例解析（第三版）》。台北：五南。

胡欣慧、何玉珍（2008）。〈消費者對量販店自有品牌食品購買意願之研究〉。《餐旅暨家政學刊》，5（3）：273-293。

唐淑珊（2008）。《偶像崇拜、消費價值與行為意向關係之研究——以中部地區青少年觀看韓劇為例》。朝陽科技大學企業管理系碩士論文。

張酒雄、陳枝烈、簡慶哲、張淑美（1993）。〈國中學生偶像崇拜與自我概念、學業成就關係之研究〉。《高師大教育研究所教育學刊》，10：261-322。

張雅文（2009）。「金曲小插曲／Super Junior 太紅　網友嫌粉絲太吵？」（2009/6/27）。NOWnews 今日新聞。上網日期：2011 年 11 月 11 日，取自 http://www.nownews.com/2009/06/27/37-2470624.htm。

張嬙（2010）。《粉絲力量大》。北京：中國人民大學出版社。

莊旻潔（2001）。《群體規範、認知、認同、對產品態度與購買意願的影響——以青少年之偶像崇拜行為為例》。國立政治大學國際貿易學研究所碩士

論文。

莊耀嘉、王重鳴譯（2001）。《社會心理學》。台北：桂冠（原書 Smith, E. R. & Mackie, D. M.[1996]. *Social psychology*. New York: Worth Publishers）。

許士軍（1990）。《管理學（第十版）》。台北：東華。

許黛君（2005）。《職棒球迷的認同感、產品認知與群體規範對贊助商產品的態度及購買意願影響之研究》。朝陽科技大學休閒事業管理研究所碩士論文。

陳子音（2008）。《藝人偶像崇拜沉溺現象對娛樂行銷影響之研究》。亞洲大學經營管理學系碩士論文。

陳依秀（2004）。《打造電視觀眾——台灣韓劇市場興起之歷程分析》。淡江大學大眾傳播學系傳播碩士班碩士論文。

陳祺富（2010）。《球隊認同、周邊商品知覺價值與購買意願之研究——以現場觀賞中華職棒賽事球迷為例》。朝陽科技大學休閒事業管理研究所碩士論文。

章凱淇（2009）。《消費者對有機食品涉入程度、知覺價值及其購買意願之研究》。亞洲大學休閒與遊憩管理學系碩士論文。

傅國樑（2003）。《偶像崇拜與消費行為之研究——以高中職為例》。東海大學管理碩士學程在職進修專班碩士論文。

黃中人（2006）。《周邊商品共創設計行銷市場與其設計鏈互動關係研究——以 iPod 為例》。雲林科技大學工業設計系碩士班碩士論文。

黃冠維（2010）。《民眾有機食品認知、知覺風險對購買意願影響之研究——以台中縣市民眾為例》。朝陽科技大學休閒事業管理系碩士論文。

黃識軒（2011）。「SJ 唱 3 天損 3 將 噴出 1 億商機」（2011/3/14）。中時電子報。上網日期：2011 年 11 月 11 日，取自 http://tw.news.yahoo.com/article/url/d/a/110314/4/2nzl5.html。

曾澤文（2010）。《球迷支持球隊因素、球團與球隊經營管理認同及球隊忠誠度相關性之研究》。靜宜大學觀光事業系碩士論文。

楊緒永（2009）。《品牌形象、知覺價值、口碑、產品知識與購買意願之研究——以手機為例》。南華大學企業管理系管理科學碩士論文。

趙培華（2000）。《台灣青少年對日本偶像劇的觀看、解讀與消費》。國立中山大學傳播管理學系碩士論文。

蔡佳玲（2006）。《韓劇風潮及韓劇文化價值觀之相關性研究：從文化接近性談起》。國立交通大學傳播研究所碩士論文。

蔡佩倫（2009）。《航海王 ONE PIECE 周邊商品之研究》。國立雲林科技大學視覺傳達設計系碩士班碩士論文。

鄭宜熏（2011）。「神童帶傷上陣 銀赫濕身慶生」（2011/3/14）。《自由時報》。上網日期：2011 年 11 月 11 日，取自 http://tw.news.yahoo.com/article/url/d/a/110314/78/2nzs6.html。

鄭明椿（2003）。《換個姿勢看電視》。台北：揚智。

劉旺華（2008）。《涉入程度、球隊認同對球迷對於職業球隊周邊產品之知覺價值與購買意圖之研究——以臺灣地區之 NBA 球迷為例》。國立中央大學企業管理研究所碩士論文。

鍾季樺（2005）。《以隱喻抽取技術探討歌迷心智模式之研究》。世新大學傳播管理學系碩士論文。

簡妙如（1996）。《過度的閱聽人——「迷」之初探》。國立中正大學電訊傳播研究所碩士論文。

顏雅玲（2005）。《從創造文化經濟的角度論台灣戲劇產業之革新——以韓劇發展模式為例》。國立政治大學廣播電視學研究所碩士論文。

饒怡雲（2006）。《融化師奶的北極星 師奶迷戀偶像之消費行為研究——以裴勇俊粉絲為例》。國立中正大學行銷管理研究所碩士論文。

■英文部分

Ashford, J. B., LeCroy, C. W., & Lortie, K. L. (2001). *Human behavior in the Ssocial environment: A multidimensional perspective* (2nd ed.). Singapore: Thomson Learning.

Biswas, A. (1992). The moderating role of brand familiarity in reference price perception. *Journal of Business Research*, 25: 251-262.

Bolton, R. N. & Drew, J. H. (1991). A multistage model of customers' assessments of service quality and value. *Journal of Consumer Research*, 17(4) : 375-384.

Dodds, B. W., Monroe, K. B., & Grewal, D. (1991). Effect of price, brands and store information on buyers' product evaluation. *Journal of Marketing Research*, 28(3) : 307-319.

Fishbein, M. & Ajzen, I. (1975). *Belief, attitude intention and behavior: An introduction to theory and research.* Massachusetts: Addison-Wesley.

Fiske, J. (1991). *Understanding popular culture* (2nd ed.). London: Routledge.

Hair, J. F. Jr., Black, W. C., Babin, B. J., Anderson, R. E., & Tatham, R. L. (2006). *Multivariate data analysis* (6th ed.). New Jersey: Pearson Prentice Hall.

Heere, B. & James, J. D. (2007). Stepping outside the lines: Developing a multi-dimensional team identity scale based on social identity theory. *Sport Management Review*, 10: 65-91.

Holbrook, M. B. (1994). The nature of customer value: An axiology of services in the consumption experience. In R. Rust & R. L. Oliver (Eds.), *Service quality: New directions in theory and practice.* Newbury Park, California: Sage.

Joreskog, K. G. & Sorbom, D. (1989). *LISREL 7: User's reference guide.* Mooresville, IN: Scientific Software, Inc.

Kwon, H. H., Trail, G., & James, J. D. (2007). The mediating role of perceived value: Team identification and purchase intention of team-licensed apparel. *Journal of Sport Management*, 21: 540-554.

Lewis, L. A. (1992). *The adoring audience: Fan culture and popular media.* London: Routledge.

Long, J. S. (1993). *Confirmatory factor analysis: A preface to LISREL*. London: Sage.

McCutcheon, L. E., Lange, R., & Houran, J. (2002). Conceptualization and measurement of celebrity worship. *British Journal of Psychology*, 93: 67-87.

McQuail, D. (1994). *Mass communication theory: An introduction* (3rd ed.). London: Sage.

Schiffman, L. G. & Kanuk, L. L. (2000). *Consumer behavior* (7th ed.). New York: Prentice Hall.

Sheth, J. N., Newman, B. I., & Gross, B. L. (1991). Why we buy what we buy: A theory of consumption values. *Journal of Business Research*, 22: 159-170.

Smith, E. R. & Mackie, D. M. (1996). *Social psychology*. New York: Worth Publishers.

Spears, N. & Singh, S. N. (2004). Measuring attitude towards the brand and purchase intentions. *Journal of Current Issues and Research in Advertising*, 26(2) : 53-66.

Sutton, W. A., McDonald, M. A., Milne, G. R., & Cimperman, J. (1997). Creating and fostering fan identification in professional sports. *Sport Marketing Quarterly*, 6(1) : 15-22.

Sweeney, J. C. & Soutar, G. N. (2001). Consumer perceived value: The development of a multiple item scale. *Journal of Retailing*, 77: 203-220.

Zeithaml, V. A. (1988). Consumer perceptions of price, quality and value: A means-end model and synthesis of evidence. *Journal of Marketing Research*, 52: 2-22.

可信與不可信？
大學生媒介使用對電視新聞採用
網路影音之新聞可信度影響
——以台北、新北市為例

林俊孝[*]

摘　要

本研究採調查法，分析新聞可信度對網路影音新聞的影響。

電視採用網路影音新聞可信度方面，大學生越注意且認同娛樂性質影音素材，會有越高專業可信度；大學生越認同公民新聞影音素材，會有越高參與可信度。最後，「網路使用程度」可預測專業可信度與參與可信度。網路影音新聞可信度方面，越認同娛樂性質影音素材，以及越常使用網路，會有越高的內容可信度評價；但社會可信度研究，必要轉向「使用動機」。

關鍵字：媒介使用、新聞可信度、網路影音、數位新聞、使用動機

[*] 林俊孝，國立政治大學傳播學院新聞學系碩士生。

Credible or not? The impact of credibility for college students using internet media to TV online video news: Take Taipei and New Taipei City as an example

Lin Jiun Shiau

Abstract

This study used survey analysis as the research method, aimed to explore the meaning behind the credibility of online video.

There are more university students paying attention to media using online video as news' evidence. According to the research, university students agree that citizen journalism such as online video has higher credibility and entertainment. "The usage of Internet use" can forecast professional credibility and participated credibility of online video. However, for social credibility, we have to explore the "using motivation" for our study.

Keywords: media use, news credibility, Online video, Digital News, Using Motivation

壹、緒論

　　新聞的定義，隨著時代變遷展現著不同風貌，網際網路與科技的發展，開始出現網路新聞學（online journalism）、數位新聞學（digital journalism）等新名詞。數位新聞學的幾個特徵，包含：互動性（interactivity）、超文本（hypertextuality）、非線性（nonlinearity）、聚合（convergence）、多媒體（multimedia）、客製化與個人化（customization and personalization）等。不少人宣稱 Web2.0 平台使用者自創內容（user-generated content），得以擴大公民參與。但部分學者提出負面見解，Newton（2009）認為，科技對新聞的影響是負面多於正面。網路本身包含各式新聞訊息，近來網路影音開始受到重視，Burgess 和 Green（2009）認為，知名分享平台 YouTube 從 2008 年起成為全球前十大最受歡迎的網站之一，受歡迎程度前所未見。本研究發現，目前「新聞可信度」研究尚未觸及網路影音題材。

　　近來國內 Web2.0 網路社群逐漸普及，國內翻拍網路影音已成為電視新聞的重要素材來源（林照真，2012；蕭伊貽，2012；劉蕙苓，2012）。更甚者，將「翻拍網路影音新聞」標示為「獨家」新聞來呈現。國外將這種協作現象稱為「參與式新聞學」（participatory journalism），又稱「市民新聞學」，Bowman 和 Willis（2003）的定義為，公民扮演積極蒐集、報導、分析與傳播資訊的角色，參與目的，在於提供獨立（independent）、可靠（reliable）、準確（accurate）、廣泛（wide-ranging）和可應用（relevant）的訊息，皆為民主訴求。Reese et al.（2007）也指出，隨著全球化、網際網路發展，部落客將成為傳統媒體重要的新聞來源。但部分學者認為參與式新聞中，創意與樂趣是網友參與的重要動機（Romy, Oliver, & Sven, 2012）。Lasica（2003）探討參與式新聞提出業餘新聞（amateur journalism）指出，網友的行為不是為了專業，純粹為了好玩。針對這種現象，國內傳播學者批評電視新聞只剩

下娛樂功能，沒有領導輿論的能力（中國時報，2011 年 8 月 14 日）。後來國家通訊傳播委員會（NCC）於 2011 年 12 月 8 日舉辦「線上新聞製播座談會」，邀集國內電視新聞經理級以上主管，訂定「線上新聞製播規範」，以便自律。

網路影音來自於世界各地廣大的網友，確實讓新聞產製跨越現實的局限，重新塑造觀眾對社會真實的認知。Leung（2010）認為民眾當下記錄的影片、照片，經主流媒體，再透過網際網路與傳統媒體發揮龐大影響力。但近來國內學者研究皆認為，網路雖然提供另類素材來源，公共價值卻不高，僅增加了瑣碎無聊的他類新聞（other news）（劉蕙苓，2012）。林照真（2012）的研究也指出，電視台採用網路影音基於成本考量，藉由新媒體獲取更多社會、影劇八卦與犯罪類新聞，成為台灣產製新聞的重要方式。這種情況下，普遍使用新媒體的大學生，怎麼看待電視新聞採用網路影音的新聞可信度？此外，媒介使用程度研究中，過去研究發現，閱讀或收看媒體的時間越長，媒體的可信度評價也就越高（Cobbey, 1980；羅文輝、陳世敏，1993）。本研究嘗試探測「網路使用情形」與「新聞可信度」間相關與預測力為何？整體而言，本研究是一項初探性研究，待開啟日後更為深入的研究領域。

貳、文獻探討

一、數位新聞（digital journalism）中的網路影音

遠眺媒體發展史，何謂「新聞」？隨著時代變遷有著不同的解釋。過去大眾媒體時代，新聞記者是新聞唯一的產製者。伴隨網際網路發展，出現網路新聞學（online journalism）、數位新聞學（digital journalism）等新名詞，新聞面貌出現轉變，「科技」扮演關鍵性角色，學者們紛紛提出各種定義。Gauntlett（2011）認為，閱聽眾等著被告知的時代，已在二十世紀結束，民眾開始加入新聞產製，宣告「數位新聞時代」來臨。Deuze（2003）界定網

路新聞學為，透過網路所產生的數位新聞內容，包括聲音、影像、文字等，以網路為媒介，藉由多媒體、超文本等方式呈現在電腦前，即時傳送全球。Kawamoto（2003）界定數位新聞為，使用數位科技去接觸、生產與傳送新聞資訊，傳達給同等具有電腦視讀能力的閱聽眾，即人們在網路上的一切行為。網路新聞展現有別於以往大眾媒體報導方式，促成人人都有機會擁有「近用媒體」，網路世界新聞訊息無所不在。

　　Burgess 和 Green（2009）發現，在多媒體影音時代中，開始出現較多自我表現的新科技，隨著照片、影音分享的普及，讓網際網路虛擬空間增添更多真實性。Ying（2007）也指出，YouTube 鼓勵更多人成為明日的傳播者。部分學者對這股發展採樂觀的態度。Beckett（2008）認為，資料庫與維基百科將吸引更多團體貢獻知識，使新聞變得更好，閱聽人也將獲得更好的服務。但有部分學者採負面看法，Newton（2009）認為，新聞應掌握真實，藉以傳播直觀、理性的訊息，而科技對新聞的影響是負面多於正面。Burgess 和 Green（2009）也認為，YouTube 把「麻煩當成樂趣」、「把樂趣當成麻煩」有越來越增加的趨勢，又以年輕族群為主。

　　本研究發現，目前沒有「網路影音」與「電視採用網路影音」的新聞可信度研究，試圖進行初探研究。本研究所定義之網路影音，在於網友、機構分享於網路各式平台的「整體網路影音」。

二、電視新聞採用網路影音素材

　　2005 年 7 月英國倫敦地鐵及公車發生恐怖攻擊，世界各地媒體報導此一事件時，採用網路上地鐵乘客用手機上傳的拍攝畫面，改變傳統電視新聞播報方式（BBC, 2005.7.9）；2011 年 3 月日本發生 9.0 強震，當地區民上傳到 YouTube 的畫面，在 Facebook 等張貼即時訊息，救援工作參與者透過網路社群媒體發布最新訊息，讓民眾有可靠的消息來源，不致恐慌（The Huffington Post, 2011. 3.11）。各類現象都證實 Pavlik（2001）的提醒：首先，新媒體推陳出新，將劇烈改變新聞內容；其次，數位時代記者的工作模式也將面臨改

變；第三，新聞編輯室和新聞事業的結構將歷經重大轉變；最後，新媒體將使新聞機構、記者與其公眾，包括受眾、消息來源、廣告主、競爭者和政府間的關係開始產生變化。

不少人宣稱 Web2.0 平台使用者自創內容（user-generated content）得以擴大公民參與。Robinson（2009）以美國 Katrina 颶風為分析對象發現，Web2.0時代下主流媒體已不是唯一的守門人，透過公民記者、一般市民跟記者合作，建構集體記憶。但 Fenton（2010）提出質疑，難道新科技出現，就可以將大眾媒體變為公共領域？國內已對電視採用網路影音進行相關研究，劉蕙苓（2012）研究發現，網路雖然提供另類素材來源，但公共價值不高，增加瑣碎無聊的他類新聞（other news）。林照真（2012）研究亦顯示，電視台基於成本考量，藉由新媒體獲取更多社會、影劇八卦與犯罪類新聞。本研究希望從觀眾角度觀察，電視採用網路影音，能否增添大學生關心公共議題？對於網路影音新聞注意程度為何？都是本研究感到好奇的部分。

(一)使用網路影音的電視新聞類型

本研究所認定之電視新聞採用網路影音產製的新聞，在於主播會在稿頭說明，影片由網友拍攝、提供；即使主播稿頭沒有提及，記者也會在影音新聞內標示畫面「翻攝自網路」，翻攝處以 YouTube 居多，但大多數來源不明。以下簡述最常使用網路影音的七種新聞類型：(1)人情趣味，如：帶給觀眾正面意義、溫暖、光明面的新聞內容；(2)特殊奇觀，如：靈異現象、動物、自然奇觀等；(3)新奇娛樂，如：動物逗趣影片、網友創作等，具 KUSO 效果，搏君一笑；(4)意外事件，如：天災、車禍等；(5)犯罪事件，如：校園霸凌、暴力、偷竊、性騷擾等，呈現負面評價之各類社會事件；(6)影劇名人，如：演藝名人、緋聞八卦、電影、演唱會、廣告與戲劇等；(7)其他，多為補充性質，為使畫面更為多元、豐富，而非新聞主軸。

(二)電視新聞使用網路影音的素材

劉蕙苓（2012）發現，網路影音來源有三分之一無法明確辨識，只有 28.9%

為民眾拍攝後上傳；超過三分之一（39.6%）為民眾轉錄電視節目、廣告後上傳。電視新聞使用最多的類別，依序為：影視娛樂、現場直擊，以及無法分類的「其他」類。本研究整理目前常用的網路影音主要素材類型如下：

1. 網友剪輯之影片：網友將自己、他人所拍攝的影片，以及各類型影音素材自行剪輯後上傳，大多為新奇娛樂、人情趣味、影劇名人等軟性新聞使用。

2. 影劇、名人影音資料：劉蕙苓（2012）指出，電視新聞採用影音素材超過三分之一（39.6%）是民眾轉錄電視節目或廣告後上傳，包含：官方、公司上傳之廣告、演唱會、MTV 音樂錄影帶等各類型影音資料，多為影劇名人、新奇娛樂等軟性新聞使用。捨棄了傳統正規且繁瑣的版權取得方式，即 McManus（1994）提出「市場新聞學產製邏輯」，以最少成本追求最大利潤。

3. 現場直擊畫面，包含行車記錄器、監視器與各類錄相器材：林照真（2012）指出，除了行車記錄器外，包含安裝在室內、室外等監視器，警方為解決治安問題使用的範圍越來越大。蕭伊貽（2012）觀察爭議性影音來源發現，多為民眾自行以手機或數位相機拍攝。行車記錄器、監視器等呈現的現場直擊畫面，多為社會事件、災難現場等硬性新聞類型所使用。

本研究歸類出五項電視新聞最常使用的網路影音素材，分別為：「網友剪輯影片」、「影劇名人影音資料」、「行車記錄器」、「監視器」與「各類型錄相器材」。本研究欲調查大學生對五項網路影音素材的認知程度，以及對新聞可信度的關聯性、預測力為何？

三、新聞可信度與媒介使用

可信度是新聞媒介最重要的資產，新聞媒介的「可信度」始終是學術界與實務界共同關切的話題（羅文輝、陳世敏，1993）。Kohring 和 Matthes（2007）

在新聞媒介信賴研究中認為，信任是維護社會秩序以及凝聚社會的重要基礎，新聞媒介可信度在現代社會扮演相當重要的角色。

O'Keffe（1992）認為，「可信度」是受眾對傳播者的可相信程度（believability），也是種認知可信度（perceived credibility）。學者們對於「可信度」內涵定義不一，專家學者開始透過各種不同的面向，測量媒介「可信度」。可信度由眾多題項所構成，得到的測量結果多用因素分析（factor analysis）或統計方式整合而成。

不同研究使用的相異題項，難有比較基準，構成不同可信度面向。但「平衡」（balance）、「公正」（impartiality）與「客觀」（objectivitu）為閱聽人評價新聞可信度的主要依據（王旭、莫季雍、湯允一，1999）。蘇蘅和王泰俐（2009）研究電視新聞商業置入策略對新聞可信度的影響中，綜合Gaziano 和 McGrath（1986）以及 Meyer（1988）對新聞可信度的測量，整理十個可信度面向，包括：值得信賴與否、偏頗與否、完整與否、正確與否、公正與否、是否維護大眾知的權利、是否有助於推動社會改革、是否重視大眾意見、是否關心大眾利益、是否尊重一般民眾隱私。

過去研究（Westley & Severin, 1964; Carter & Greenberg, 1965; Cobbey, 1980）發現，閱讀或收看媒介的時間越長，對媒介可信度評價越高。羅文輝和陳世敏（1993）在台灣地區進行的研究，發現報紙使用是預測報紙可信度的顯著變項，電視新聞使用則是預測電視新聞可信度的顯著變項。但 Metzger 等人（2003）建議，探討影響網路可信度評價的因素時，有必要轉向「使用動機」。Yang（2007）針對台灣兩個都會區的網路使用者進行調查，發現「社會互動」動機可預測受訪者對部落格新聞可信度的評價。Stavrositu 和 Sundar（2008）針對美國兩所大學的大學生（N=1,089）進行研究，發現網路「資訊尋求」與網路資訊可信度呈正相關，但「娛樂需求」與網路資訊可信度評價無顯著關聯性。

整體而言，「媒介使用程度」、「使用動機」何者能預測可信度？學者們都有各自的研究成果。本研究希望檢視大學生的網際網路使用程度，以及電

視新聞採用網路影音的注意程度，其中，對新聞可信度的預測力以及相關程度又為何？

本研究欲探究台北市、新北市大學生媒介使用、網路影音素材認知對電視新聞採用網路影音之新聞可信度的影響。本研究是項新興研究，暫不提出假設，僅提出研究問題羅列如下：

問題一：大學生對電視採用網路影音的「注意程度」與「暴露程度」為何？

問題二：大學生對「電視新聞採用網路影音可信度」與「網路影音新聞可信度」評價為何？

問題三：「網路影音注意程度」、「網路使用程度」、「電視新聞採用網路影音素材認知」對「電視新聞採用網路影音整體可信度」關聯性為何？

問題四：「網路使用程度」、「電視新聞採用網路影音素材認知」對「網路影音新聞可信度」關聯性為何？

問題五：「網路影音注意程度」、「網路使用程度」、「電視新聞採用網路影音素材認知」分別對「電視新聞採用網路影音整體可信度」預測力為何？

問題六：「網路影音注意程度」、「網路使用程度」、「電視新聞採用網路影音素材認知」分別對「網路影音新聞整體可信度」預測力為何？

參、研究方法

一、調查法設計

　　問卷調查多用於描述性、解釋性或探索性的研究，主要是以個人為分析單位（劉鶴群、林秀雲、陳麗欣、胡正申、黃韻如譯，2010）。本研究為初探研究，在於探測自變項「網路影音注意程度」、「網路使用情形」與「電視新聞採用網路影音素材認知」對依變項「電視採用網路影音新聞可信度」與「整體網路影音新聞可信度」間的影響為何。圖一為其研究架構圖。

二、研究對象

　　台灣網路資訊中心（2012 年 3 月）調查指出，全國地區 12 歲以上民眾

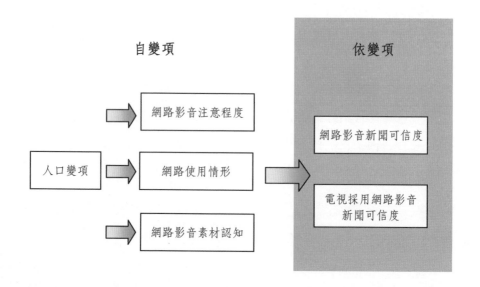

圖一　研究架構圖

曾使用網路比率依地區別來看，台北市之比率為最高，為 86.70%；近半年使用網路比率依地區別來看，又以台北市之比率最高，為 84.18%（199 萬人）；全國曾經使用寬頻上網比率依年齡別來看，20 至 24 歲比率最高，為 98.53%。類推台北市、新北市大學生普遍使用網際網路，新聞資訊獲取管道除網路外，還有電視。

三、前測

　　前測於 2012 年 12 月 13 日至 2012 年 12 月間進行前測，本研究之研究對象為台北市、新北市大學生，因此，挑選台北市、新北市各科系大學生為受測者，參與受試者一共有十位大學生，分別來自：歷史、法律、資工、電機、心理、外文、地政、企管等系所，施測後，同受測者共同討論題項內容有無不明確處、順序是否合宜等，再將題目順序進行調整，不明確題項進行修改。

四、抽樣方法與施測

　　本研究從台北市、新北市二十二所大學（教育部，2012）中，隨機抽出四所大學進行調查，分別為政治大學、台灣大學、輔仁大學與文化大學，從中挑選通識課程於 2012 年 12 月 20 日至 2013 年 1 月 11 日間進行施測，共計發下問卷 204 份，回收問卷 204 份，訪問完成率達 100%（參見**表一**）。

五、問卷設計與變項測量

　　本研究的測量變項包括：(1)人口變項：「性別」；(2)媒介使用；(3)網路使用情形；(4)大學生對電視新聞採用網路影音素材認知；(5)網路影音新聞可信度；(六)電視新聞採用網路影音新聞可信度，共計六個變項。

六、自變項

(一)人口變項

　　過去的研究顯示，性別、年齡、教育程度與收入，會影響受訪者對媒介

可信度的認知。

(二)大學生媒介使用

　　本研究對網路影音新聞媒體使用的測量分為「電視採用網路影音新聞暴露程度」與「電視採用網路影音新聞注意程度」兩部分。「電視採用網路影音新聞暴露」方面，將問及受訪者對電視、廣播、報紙、新聞雜誌以及網路等媒體的網路影音新聞的收視情形，並以五點量表測量。「電視採用網路影音新聞注意程度」部分，以四點量表測量。

(三)大學生網路使用情形

　　網路使用情形部分，延用中央研究院「台灣社會變遷基本調查計畫」（中央研究院，2001）所發展的網路使用情形量表：

1. 使用時間上，以「去年一年內，您大約多久上網一次？」為問題，從九個選項進行測量。
2. 使用時間上，以「請問您平均一天上網多久？」為問題，讓施測者自行填寫。依據「上網頻率」乘以「一天平均上網分鐘」，算出一段期間內整體上網分鐘數。

(四)大學生對電視新聞採用網路影音素材認知

　　網路影音素材認知，依據電視新聞使用網路影音素材具五項分類，採用李克特六點尺度量表詢問，分數越高，即越認同該素材可作為電視採用網路影音新聞之內容。

　　為檢驗媒介可信度題項之效度與信度，本研究採用「主成分因素分析」與 Cronbach's α 值兩種檢定方法。**表七**呈現「主成分因素分析」及 Cronbach's α 值檢定的結果，顯示測量這六種「網路影音素材認知」題項可萃取出兩個因素，根據題項特性分別命名「公民新聞素材認知」與「娛樂性質素材認知」。

七、依變項

(一)大學生對電視採用網路影音新聞可信度

　　蘇蘅與王泰俐（2009）在研究電視新聞商業置入策略對新聞可信度的影響中，綜合了 Gaziano 和 McGrath（1986）以及 Meyer（1988）對可信度的測量面向。請受訪者依照個人的感覺，針對台灣電視新聞使用網路影音作為報導題材表現分別加以評分。讓受測者使用六分李克特量表（Likert Scale）分別回答對電視新聞的新聞可信度。

　　為檢驗媒介可信度題項的效度與信度，本研究採用「主成分因素分析」與 Cronbach's α 值兩種檢定方法。**表八**呈現「主成分因素分析」及 Cronbach's α 值檢定的結果，顯示測量這十種「電視新聞採用網路影音新聞可信度」的題項可萃取出兩個因素，根據題項特性分別命名為「專業可信度」與「參與可信度」。因「尊重一般民眾隱私」因素負荷值需低於 0.5，本研究決定拿掉此一題項。

(二)大學生對整體網路影音新聞可信度

　　本研究係採用蘇蘅和王泰俐（2009）研究電視新聞商業置入策略對新聞可信度的影響中，整理出的十個可信度面向。讓受測者使用六分李克特量表分別回答對電視新聞的新聞可信度。

　　為檢驗媒介可信度題項的效度與信度，本研究採用「主成分因素分析」與 Cronbach's α 值兩種檢定方法。**表九**呈現「主成分因素分析」及 Cronbach's α 值檢定的結果，顯示測量這十種「整體網路影音新聞可信度」的題項可萃取出兩個因素，根據題項特性分別命名為「內容可信度」與「社會可信度」。

肆、資料分析

一、描述分析

(一)基本資料描述分析

　　本研究擬訪問 204 人，結果成功訪問 204 人，訪問完成率達 100%。本研究的受訪者共有 204 人，描述資料如**表一**。

表一　人口變項樣本描述

變項名稱	人數	百分比％
性別		
男	81	39.7
女	123	60.3
合計	204	100.0
年級		
大一	107	52.5
大二	32	15.7
大三	30	14.7
大四	35	17.2
合計	204	100.0
學校分布		
政治大學	67	32.8
台灣大學	62	30.4
輔仁大學	36	17.6
文化大學	39	19.1
合計	204	100.0

(二)大學生媒介使用描述分析

　　大學生主要獲得新聞的管道（見**表二**）顯示，網路與電視普遍為大學生獲得新聞訊息的主要管道。「電視採用網路影音新聞暴露程度」（見**表二**）顯示，大學生普遍接觸的電視新聞以網路影音所製作的新聞居多。「電視採用網路影音新聞注意程度」（見**表二**）顯示，超過半數的大學生，對電視採用網路影音製作的新聞具一定注意程度。

表二　大學生媒介使用及接收時間、注意度之描述分析

變項名稱	人數	百分比％
新聞管道		
網路	95	46.6
電視	90	44.1
報紙	16	7.8
廣播	3	1.5
合計	204	100
暴露程度		
都沒有	10	4.9
很少	45	22.1
一週一到兩天	58	28.4
一週三到四天	54	26.5
每天	37	18.1
合計	204	100.0
注意程度		
一點都不注意	9	4.4
不太注意	74	36.3
有點注意	105	51.5
非常注意	16	7.8
合計	204	100.0

(三)大學生對網路影音新聞內容可信度之描述分析

大學生對網路影音新聞內容可信度（見**表三**），平均可信度為 2.67，最不同意為「尊重一般民眾隱私」（89.2%）；其次，為「公正」（88.2%）；第三，為「正確」（87.2%）；第四，為「中立」（82.9%）；第五，為「可相信」（79.4%）；最後，為「獲得充分消息」（78.9%）。呈現網路影音新聞對於大學生而言，內容過於主觀，還有可能偏頗、造假，不足多元呈現新聞原貌，除此之外，網路影音新聞內容還會侵犯民眾的隱私。

大學生對網路影音新聞社會可信度（見**表四**），平均可信度為 3.44，最同意的為「反映各界人士的意見」（62.8%）；其次，為「有助於推動社會改革」（51%）；第三，為「關心大眾利益」（49.6%）；最後，為「維護大眾知的權利」（46.1%）。

表三　大學生對網路影音新聞內容可信度之描述分析

類別	非常不同意	不同意	同意	非常同意	平均數	標準差
可相信	5.4%	74.0%	20.6%	0.0%	2.88	0.83
中立	12.3%	70.6%	17.2%	0.0%	2.68	0.94
充分消息	9.8%	69.1%	21.0%	0.0%	2.76	0.96
正確	9.8%	77.4%	12.8%	0.0%	2.65	0.86
公正	11.3%	26.9%	11.8%	0.0%	2.60	0.85
尊重隱私	18.1%	71.1%	10.3%	0.5%	2.44	0.98

表四　大學生對網路影音新聞社會可信度之描述分析

類別	非常不同意	不同意	同意	非常同意	平均數	標準差
知的權利	3.4%	50.5%	46.1%	0.0%	3.35	1.00
推動改革	3.9%	45.1%	50.5%	0.5%	3.42	1.00
反映意見	3.4%	33.8%	60.3%	2.5%	3.63	1.02
大眾利益	3.4%	47.1%	49.1%	0.5%	3.34	0.97

(四) 大學生對電視採用網路影音新聞可信度之描述分析

　　大學生對「電視採用網路影音專業可信度」（見**表五**），平均可信度為2.87，最不同意的為「獲得充分消息」（78.9%）；其次，為「公正」（78.8%）；第三，為「正確」（76.1%）；第四，為「中立」（73.1%）；最後，為「可相信」（67.2%）。可見電視新聞採用網路影音進行報導，將直接影響一則新聞，甚至傳媒的新聞可信度。

　　大學生對「電視新聞採用網路影音參與可信度」上（見**表六**），平均可信度為 3.32，最同意為「反映各界人士的意見」（54.9%）；其次，為「維護大眾知的權利」（51%）；第三，為「有助於推動社會改革」（46%）；最後，為「關心大眾利益」（45.1%）。

表五　大學生對電視採用網路影音專業可信度之描述分析

類別	非常不同意	不同意	同意	非常同意	平均數	標準差
可相信	5.9%	61.3%	32.8%	0.0%	3.05	0.94
中立	5.9%	67.2%	26.9%	0.0%	2.94	0.94
充分消息	9.8%	69.1%	21.0%	0.0%	2.90	1.02
正確	6.9%	69.2%	23.6%	0.5%	2.86	0.93
公正	7.8%	71.0%	20.5%	0.5%	2.86	0.93

表六　大學生對電視新聞採用網路影音參與可信度之描述分析

類別	非常不同意	不同意	同意	非常同意	平均數	標準差
知的權利	5.4%	43.6%	50.0%	1.0%	3.33	1.08
推動改革	6.9%	47.1%	45.5%	0.5%	3.29	1.12
反映意見	5.9%	39.2%	53.4%	1.5%	3.45	1.13
大眾利益	8.3%	46.5%	44.1%	1.0%	3.22	1.13

二、素材認知、影音新聞可信度與電視新聞可信度之因素分析

　　本研究採用「主成分因素分析」，萃取各題目之間的共同因素，經過最大變異法（varimax method）進行轉軸（orthogonal rotation），透過設定特徵值（eigenvalue）大於 1 為取決標準，主要因為大於 1 代表該因素是有顯著的。各題因素負荷值須高於 0.5，若該題項的因素負荷值同時落在兩個因素時，相差未超過 0.15，也將決定刪除。

　　信度檢測上，本研究以 Cronbach's α 值說明量表內的一致性，並針對萃取出之構念進行因素命名，低於 0.5 則不予採用。

(一)大學生對電視新聞採用網路影音素材認知因素分析

　　本研究總共萃取出兩個因素，並依文獻分別重新命名為「公民新聞素材認知」與「娛樂性質素材認知」。兩因素合起來可以解釋總變異量達 69.50%；信度檢視部分，Cronbach's α 值則為.77，表示量表達可信程度（見**表七**）。

表七　電視新聞採用網路影音素材認知因素分析

題項	因素命名	
	公民新聞素材認知	娛樂性質素材認知
監視器	.82	
行車記錄器	.90	
各式攝影器材直擊	.83	
網友剪輯影片		.81
影劇名人影音		.87
eigenvalue	2.97	1.20
解釋變異量	49.58%	19.92%
總解釋變異	69.50%	
Cronbach's α	.85	.68
Total Cronbach's α	.77	

從表中可知，「公民新聞素材認知」因素（eigenvalue=2.97），內部一致性.85，可以解釋變異量 49.58%，也就是「公民新聞素材認知」上包含各式監視器畫面、行車記錄器畫面、手機等各式攝影器材拍攝直擊畫面等網路影音素材。「娛樂性質素材認知」因素（eigenvalue=1.20），內部一致性.68，可以解釋變異量 19.92%，包含網友剪輯後的網路影音、影劇名人網路影音資料等網路影音素材。

(二)電視新聞採用網路影音整體可信度因素分析

本研究總共萃取出兩個因素，並依文獻分別重新命名為「電視新聞採用網路影音專業可信度」、「電視新聞採用網路影音參與可信度」。兩因素合起來可以解釋總變異量達 71.93%；信度檢視部分，Cronbach's α 值則為.90，表示量表達很可信程度（見**表八**）。

「電視新聞採用網路影音專業可信度」因素（eigenvalue=5.08），內部一致性.89，可以解釋變異量 56.49%，包含「公正」、「正確」、「中立」、「獲得充分消息」、「可相信」等可信度面向。「電視新聞採用網路影音參與可信度」因素（eigenvalue=1.39），內部一致性.88，可以解釋變異量 15.44%，包含「反映各界人士的意見」、「維護大眾知的權利」、「有助於推動社會改革」、「關心大眾利益」等可信度面向，其中，因「尊重一般民眾隱私」因素負荷值低於0.5，本研究決定拿掉此一題項。

(三)網路影音新聞整體可信度因素分析

本研究總共萃出兩個因素，並依文獻分別重新命名為「網路影音新聞內容可信度」、「網路影音新聞社會可信度」。兩因素合起來可以解釋總變異量達 58.21%；信度檢視部分，Cronbach's α 值則為.85，表示量表信度極高（見**表九**）。

「網路影音新聞內容可信度」因素（eigenvalue=4.40），內部一致性.86，可以解釋變異量 44.00%，包含「公正」、「尊重一般民眾隱私」、「正確」、「中立」、「可相信」、「獲得充分消息」等可信度面向。「網路影音新聞社會可信

表八　電視新聞採用網路影音專業、參與可信度之因素分析

題項	因素命名	
	專業可信度	參與可信度
可相信	.82	
中立	.75	
充分消息	.78	
正確	.87	
公正	.77	
知的權利		.81
推動改革		.77
反映意見		.85
大眾利益		.83
eigenvalue	5.08	1.39
解釋變異量	56.49%	15.44%
總解釋變異	71.93%	
Cronbach's α	.89	.88
Total Cronbach's α	.90	

度」因素（eigenvalue=1.42），內部一致性.73，可以解釋變異量 14.21%，包含「反映各界人士的意見」、「有助於推動社會改革」、「關心大眾利益」、「維護大眾知的權利」等可信度面向。

三、電視新聞採用網路影音整體可信度之相關分析

(一)網路影音注意程度、電視新聞可信度之相關分析

統計結果發現，「網路影音注意程度」與大學生「專業可信度」（r=.20，p<.01）呈顯著關聯性（見**表十**），但與參與可信度無關聯性。即大學生越注意電視新聞採用網路影音，便有越高專業可信度。

表九　網路影音新聞內容、社會可信度之因素分析

題項	因素命名	
	內容可信度	社會可信度
可相信	.78	
中立	.67	
充分消息	.75	
正確	.86	
公正	.78	
尊重隱私	.62	
知的權利		.70
推動改革		.61
反映意見		.80
大眾利益		.74
eigenvalue	4.40	1.42
解釋變異量	44.00%	14.21%
總解釋變異	58.21%	
Cronbach's α	.86	.73
Total Cronbach's α	.85	

表十　網路影音注意程度、電視新聞可信度之相關分析

	專業可信度			參與可信度		
	Pearson	顯著性	個數	Pearson	顯著性	個數
網路影音注意	.20**	.004	204	.13	.063	204

註：*p<.05，**p<.01，***p<.001。

(二) 網路使用、電視新聞可信度之相關分析

統計結果發現，「網路使用」與大學生「專業可信度」（r=.28, p<.001）以及「參與可信度」（r=.20, p<.01）皆具顯著關聯性（見**表十一**）。即大學生網路使用時間越長，便有越高的電視新聞採用網路影音專業、參與可信度。

表十一　網路使用、網路影音新聞可信度之相關分析

	專業可信度			參與可信度		
	Pearson	顯著性	個數	Pearson	顯著性	個數
網路使用	.28***	.000	204	.20**	.005	204

註：*p<.05，**p<.01，***p<.001。

(三) 電視新聞採用網路影音素材認知、電視新聞可信度之相關分析

首先，「專業可信度」研究中發現，「公民新聞」（r=.20, p<.01）以及「娛樂性質」（r=.33, p<.001）有顯著關聯性（見**表十二**）。大學生對於電視新聞採用公民新聞影音素材、娛樂性質素材越認同，對專業可信度評分也就越高。

其次，「參與可信度」研究發現，「公民新聞」（r=.28, p<.001）以及「娛樂性質」（r=.18, p<.01）有顯著關聯性（見**表十二**）。大學生對於電視新聞採用公民新聞影音素材、娛樂性質素材越認同，對參與可信度評分也就越高。

表十二　網路影音素材認知、網路影音新聞可信度之相關分析

	專業可信度			參與可信度		
	Pearson	顯著性	個數	Pearson	顯著性	個數
公民新聞	.20**	.005	204	.28***	.000	204
娛樂性質	.33***	.000	204	.18**	.009	204

註：*p<.05，**p<.01，***p<.001。

四、網路影音新聞整體可信度之相關分析

(一)網路使用、網路影音新聞可信度之相關分析

統計結果發現，「網路使用」與大學生「內容可信度」（r=.28, p<.001）以及「社會可信度」（r=.14, p<.05）皆具關聯性（見**表十三**）。大學生網路使用時間越長，便有越高的網路影音新聞內容、社會可信度。

表十三　網路使用、網路影音新聞可信度之相關分析

	內容可信度			社會可信度		
	Pearson	顯著性	個數	Pearson	顯著性	個數
網路使用	.28***	.000	204	.14*	.042	204

註：*p<.05，**p<.01，***p<.001。

(二)電視新聞採用網路影音素材認知、網路影音新聞可信度之相關分析

首先，在「內容可信度」研究中發現，「娛樂性質」（r=.28, p<.001）有顯著關聯性（見**表十四**）。大學生對娛樂性質素材越認同，對網路影音內容可信度評分也就越高。

其次，在「社會可信度」研究中發現，「公民新聞」（r=.16, p<.05）有關聯性（見**表十四**）。大學生對公民新聞影音素材越認同，對社會可信度評分也就越高。

表十四　網路影音素材認知、網路影音新聞可信度之相關分析

	內容可信度			社會可信度		
	Pearson	顯著性	個數	Pearson	顯著性	個數
公民新聞	.12	.092	204	.16*	.025	204
娛樂性質	.28***	.000	204	.11	.115	204

註：*p<.05，**p<.01，***p<.001。

五、電視新聞採用網路影音整體可信度之多階層迴歸分析

(一)電視新聞採用網路影音專業可信度之階層迴歸分析

　　首先，在電視採用網路影音專業可信度階層迴歸分析結果顯示，在第一次階層迴歸分析中（見**表十五**），「網路影音注意程度」變項的影響達顯著，其中「網路影音注意程度」（β=0.20, p<.01）之β值為正數，顯示對依變項「專業可信度」的影響為正向，即大學生越注意電視採用網路影音，會有傾越高的專業可信度。

　　第二階層的迴歸分析中（見**表十六**），「網路影音注意程度」依舊達顯著，

表十五　電視新聞採用網路影音整體可信度之第一階層迴歸分析

自變項／依變項	整體網路影音新聞可信度	
	專業可信度	參與可信度
注意程度		
網路影音注意程度	0.20**	0.13
Adjusted R^2 增加	0.04	0.01

註：*p<.05，**p<.01，***p<.001。

表十六　電視新聞採用網路影音整體可信度之第二階層迴歸分析

自變項／依變項	整體網路影音新聞可信度	
	專業可信度	參與可信度
注意程度		
網路影音注意程度	0.16*	0.10
素材認知		
公民新聞	0.09	0.24**
娛樂性質	0.28***	0.09
Adjusted R^2 增加	0.13	0.08

註：*p<.05，**p<.01，***p<.001。

除此之外，「娛樂性質」亦達顯著，但「公民新聞素材」沒辦法預測專業可信度。其中「網路影音注意程度」（β=0.16, p<.05）；「娛樂性質素材」（β=0.28, p<.001），顯示對依變項「專業可信度」的影響皆為正向。即大學生越注意電視採用網路影音，以及越認同電視採用娛樂性質影音素材，會有傾越高的專業可信度。

第三階層的迴歸分析中（見**表十七**），「網路影音注意程度」與「娛樂性質素材」依舊達顯著，除此之外，「網路使用程度」亦達顯著。「網路影音注意程度」（β=0.14, p<.05）；「娛樂性質」（β=0.23, p<.01）；「網路使用程度」（β=0.21, p<.01），顯示對依變項「專業可信度」影響皆為正向。即大學生越注意電視採用網路影音，越認同電視採用娛樂性質影音素材，以及越常使用網路，會有傾越高的專業可信度。

整體看來，在第一階層中，「網路影音注意程度」所能解釋的變異量為4%；第二階層再加上「電視採用網路影音素材認知」變項，整體解釋變異量增加為13%；第三階層除了原來的「網路影音注意程度」、「電視採用網路影

表十七　電視新聞採用網路影音整體可信度之第三階層迴歸分析

自變項／依變項	整體網路影音新聞可信度	
	專業可信度	參與可信度
注意程度		
網路影音注意程度	0.14*	0.09
素材認知		
公民新聞	0.09	0.25**
娛樂性質	0.23**	0.05
媒介使用		
網路使用程度	0.21**	0.16*
Adjusted R^2 增加	0.16	0.11

註：*p<.05，**p<.01，***p<.001。

音素材認知」變項外，再加上「網路使用程度」亦為預測變項，解釋變異量增為 16%。除此之外，經過共線性檢測，所得之 VIF 值在所有的預測變項上皆達小於 2 之標準，顯示沒有共線性之問題。

　　資料顯示，大學生越注意電視採用網路影音，越認同電視採用娛樂性質影音素材，以及越常使用網路，便有越高專業可信度。「公民新聞素材」沒有辦法成為預測專業可信度的有效變項。

(二)電視新聞採用網路影音參與可信度之階層迴歸分析

　　首先，在電視新聞採用網路影音參與可信度階層迴歸分析結果顯示，在第一階層迴歸分析中（見**表十五**），「網路影音注意程度」無法成為預測變項。

　　第二階層的迴歸分析中（見**表十六**），「公民新聞素材」達顯著，但「娛樂性質素材」沒辦法預測參與可信度。「公民新聞素材」（β=0.24, p<.01）顯示對依變項「參與可信度」的影響皆為正向。即大學生越認同電視採用公民新聞影音素材，會有傾越高的參與可信度。

　　第三階層的迴歸分析中（見**表十七**），「公民新聞素材」依舊達顯著，除此之外，「網路使用程度」亦達顯著。「公民新聞素材」（β=0.25, p<.01）；「網路使用程度」（β=0.16, p<.05），顯示對依變項「參與可信度」影響皆為正向。即大學生越認同電視採用公民新聞影音素材，以及越常使用網路，會有傾越高的參與可信度。

　　整體看來，在第一階層中，「注意程度」所能解釋的變異量為 1%；第二階層再加上「電視採用網路影音素材認知」變項，整體解釋變異量增加為 8%；第三階層除了原來的「網路影音注意程度」、「電視新聞採用網路影音素材認知」變項外，再加上「網路使用程度」亦為預測變項，解釋變異量增為 11%。除此之外，經過共線性檢測，所得之 VIF 值在所有的預測變項上皆達小於 2 之標準，顯示沒有共線性之問題。

　　資料顯示，大學生越認同電視採用公民新聞影音素材，越常使用網路，會有傾越高的參與可信度。「網路影音注意程度」、「娛樂性質素材」沒有辦

法成為預測參與可信度的有效變項。

六、網路影音新聞整體可信度之多階層迴歸分析

(一)網路影音新聞可信度之階層迴歸分析

首先，網路影音新聞可信度階層迴歸分析結果顯示，在第一階層迴歸分析中（見**表十八**），「娛樂性質素材」變項達顯著，但「公民新聞素材」沒辦法預測專業可信度。其中「娛樂性質素材」（ β =0.28, p<.001），顯示對依變項「專業可信度」影響為正向。即大學生越認同電視採用娛樂性質影音素材，會有傾越高的專業可信度。

第二階層的迴歸分析中（見**表十九**），「娛樂性質素材」依舊達顯著，「網路使用程度」亦達顯著。「娛樂性質素材」（ β =0.22, p<.01）、「網路使用程度」（ β =0.23, p<.01），顯示對依變項「內容可信度」影響皆為正向。即大學生越認同電視採用娛樂性質影音素材，以及越常使用網路，會有傾越高的內容可信度。

整體看來，在第一階層中，「電視新聞採用網路影音素材認知」所能解釋的變異量為 7%（見**表十八**）。第二階層再加上「網路使用程度」亦為預測變項，解釋變異量增為 12%（見**表十九**）。除此之外，經過共線性檢測，所得之 VIF 值在所有的預測變項上皆達小於 2 之標準，顯示沒有共線性之問題。

表十八　網路影音新聞可信度之第一階層迴歸分析

自變項／依變項	整體網路影音新聞可信度	
	專業可信度	參與可信度
素材認知		
公民新聞	0.03	0.14
娛樂性質	0.28***	0.07
Adjusted R^2 增加	0.07	0.01

註：*p<.05，**p<.01，***p<.001。

表十九　網路影音新聞可信度之第二階層迴歸分析

自變項／依變項	整體網路影音新聞可信度	
	內容可信度	社會可信度
素材認知		
公民新聞	0.03	0.14
娛樂性質	0.22**	0.04
媒介使用		
網路使用程度	0.23**	0.12
Adjusted R^2 增加	0.12	0.03

註：*p<.05，**p<.01，***p<.001。

　　資料顯示，大學生越認同電視新聞使用娛樂性質影音素材，以及越常使用網路，會有傾越高的內容可信度。「公民新聞素材」沒有辦法成為預測內容可信度的有效變項。

(二)網路影音新聞社會可信度之階層迴歸分析

　　首先，網路影音新聞可信度階層迴歸分析結果顯示，在第一階層迴歸分析中（見**表十八**），「電視採用網路影音素材認知」無法成為參與可信度預測變項。

　　第二階層的迴歸分析中（見**表十九**），「網路使用程度」亦沒辦法預測社會可信度。

　　整體看來，在第一階層中，「電視採用網路影音素材認知」所能解釋的變異量為 1%（見**表十八**）。第二階層再加上「網路使用程度」變項，整體解釋變異量增加為 3%（見**表十九**）。除此之外，經過共線性檢測，所得之 VIF 值在所有的預測變項上皆達小於 2 之標準，顯示沒有共線性之問題。

　　資料顯示，大學生「電視採用網路影音素材認知」、「網路使用程度」沒

有辦法成為預測社會可信度的有效變項。

伍、結論

本研究發現，大學生對「網路影音新聞可信度」與「電視採用網路影音新聞可信度」，普遍呈現較低新聞可信度評價；暴露程度上僅近三成，很少或沒有接觸過電視採用網路影音製作的新聞，可見大學生普遍接觸電視新聞以網路影音所製作的新聞為主；注意程度上以「有點注意」占大多數。

一、電視採用網路影音新聞可信度研究發現

首先，本研究發現電視採用網路影音新聞可信度，須分成「電視新聞採用網路影音專業可信度」，包含可相信、中立、充分消息、正確性與公正性等可信度面向；以及「電視新聞採用網路影音參與可信度」，包含維護大眾知的權利、推動改革、反映意見與維護大眾利益等可信度面向進行探討。

其次，專業可信度研究成果顯示，大學生越注意電視採用網路影音新聞，使用網路時間越長，以及越認同公民新聞、娛樂性質影音素材的大學生會有越高的專業可信度。參與可信度研究成果顯示，大學生使用網路時間越長，以及越認同公民新聞、娛樂性質影音素材，會有越高的參與可信度。此皆印證過去的研究發現，媒介使用與可信度之間存在正相關的關係，閱讀或收看媒介的時間越長，媒介的可信度評價也越高（Cobbey, 1980；羅文輝、陳世敏，1993；羅文輝，2004）。

第三，專業可信度研究發現，大學生越注意電視新聞採用網路影音，使用網路時間越長，越認同娛樂性質的網路影音素材，對專業可信度具預測力，體現出大學生對電視採用網路影音的專業可信度期待，偏向以娛樂性質新聞內容為主，此印證劉蕙苓（2012）的研究發現，網路雖然提供另類素材來源，公共價值卻不高，僅增加了瑣碎無聊的他類新聞（other news）。參與

可信度研究成果顯示，越認同公民新聞網路影音素材，對參與可信度具預測力。其中，網路使用程度皆可同時預測專業可信度、參與可信度，印證羅文輝和陳世敏（1993）的研究，媒介使用是預測媒介可信度的顯著變項。

二、網路影音新聞可信度研究發現

首先，網路影音新聞可信度不同於過去新聞可信度研究的單一面向，亦須分成「網路影音新聞內容可信度」，包含可相信、中立、充分消息、正確性、公正性與尊重隱私等可信度面向；以及「網路影音新聞社會可信度」，包含維護大眾知的權利、推動改革、反映意見與維護大眾利益等可信度面向來探討。

其次，內容可信度研究成果顯示，使用網路時間越長，以及越認同娛樂性質影音素材的大學生，會有越高的內容可信度。不少人宣稱 Web2.0 平台使用者自創內容（user-generated content），得以擴大公民參與。社會可信度研究成果顯示，大學生使用網路時間越長，以及越認同公民新聞影音素材的大學生，會有越高的社會可信度。

第三，內容可信度研究發現，大學生越認同電視新聞使用娛樂性質網路影音素材，越常使用網路，對內容可信度具預測力，整體而言，網路影音越偏娛樂性質，便可獲得越高內容可信度評價。這項結果，正如 Lasica（2003）探討參與式新聞曾提出業餘新聞（amateur journalism）指出，網友的行為不是為了專業，純粹為了好玩。社會可信度研究成果顯示，大學生「電視新聞採用網路影音素材認知」、「網路使用程度」皆沒有辦法成為預測網路影音新聞社會可信度的有效變項。未來社會可信度研究上，應採 Metzger 等人（2003）建議，探討影響網路相關可信度評價的因素時，有必要轉向「使用動機」，探測哪一個動機最能預測「社會可信度」。

參考文獻

■中文部分

BBC（2005）。「照相手機零距離報導倫敦爆炸現場」（2005/7/9）。BBC 中文網。上網日期：2012 年 11 月 1 日，取自 http://news.bbc.co.uk/chinese/trad/hi/newsid_4660000/newsid_4668400/4668423.stm。

中央研究院（2001）。《台灣社會變遷基本調查計畫》。

《中國時報》（2011 年 8 月 14 日）。〈「Ptt、YouTube、臉書」學者：電視台淪為網路書籤〉。

王旭、莫季雍、湯允一（1999 年 6 月）。《媒介表現：關於新聞可信度的討論與測量》。「1999 年中華傳播學會年會暨論文研討會」論文。新竹市：交通大學。

王嵩音（2007）。〈網路使用之態度、動機與影響〉。《資訊社會研究》，12：57-85。

台灣網路資訊中心（2012 年 3 月）「2012 年台灣寬頻網路使用調查」。財團法人台灣網路資訊中心。上網日期：2012 年 12 月 9 日，取自 http://www.twnic.net.tw/download/200307/200307index.shtml。

江海寧（2010）。《當數位科技進入電視新聞室：科技採納、組織創新與效益評估》。政治大學新聞研究所碩士論文。

李如璇（2007）。《誰提供了資訊——論網路無償資訊給予》。政治大學新聞研究所碩士論文。

林照真（2012 年 7 月）。《為什麼聚合？：有關台灣電視新聞轉借新媒體訊息之現象分析與批判》。「2012 中華傳播學會年會」論文。台中：靜宜大學。

洪雅慧（2006）。〈網路電子郵件之「第三人效果」與「第一人效果」〉。《新

聞學研究》，90（1）：1-42。

翁秀琪（1998）。《大眾傳播理論與實證》。台北：三民書局。

陳百齡（2011年7月）。《災難情境下浮現的新興頻道：以莫拉克災情網站
　　為例》。「2011中華傳播學會年會暨論文研討會」論文。新竹市：交通
　　大學客家學院。

陳秋雲（2005）。《網路媒體對新聞產製及專業之影響：個案分析（2000-2005
　　年）》。政治大學新聞學系碩士論文。

教育部（2012）。「102學年度大學網路博覽會」。上網日期：2012年12月8
　　日，取自：http://univ.edu.tw/ AreaView.asp?Area=%A5x%A5_%A5%AB。

張詠晴（2008）。《電視監視器新聞的真實再現與釋義》。政治大學新聞研究
　　所碩士論文。

張樹人（2007）。《媒介使用頻率、資訊搜尋行為與媒介依賴程度對網路政治
　　新聞可信度評估影響研究》。輔仁大學大眾傳播學研究所碩士論文。

黃之怡（2008）。《財經新聞可信度及對投資決策之影響研究》。政治大學傳
　　播學院碩士在職專班碩士論文。

彭慧明（2001）。《報社記者對網路訊息採納態度之初探》。政治大學新聞研
　　究所碩士論文。

彭賢恩（2006）。《政治置入性行銷對新聞可信度之影響——以線上電子報為
　　例》。交通大學傳播研究所碩士論文。

覃逸萍（1992）。《大眾傳播媒介可信度及其相關因素研究：媒介可信度研究
　　方法的探索》。政治大學新聞研究所碩士論文。

管婺媛（2011）。「傳播學者：轉載多 電視新聞淪網路書籤」（2011/8/14）。《中
　　國時報》，A11。

葉恆芬（2000）。《BBS媒體可信度及其影響因素初探研究——以台灣地區
　　BBS使用者為例》。中正大學電訊傳播研究所碩士論文。

劉蕙苓（2012年7月）。《為公共？為方便？電視新聞使用網路影音之研究》。
　　「2012中華傳播學會年會」論文。台中：靜宜大學。

劉于甄（2009 年 7 月）。《你看到了什麼？置入性電視新聞的可信度與注意力研究》。「2012 中華傳播學會年會暨論文研討會」論文。新竹市：玄奘大學。

劉鶴群、林秀雲、陳麗欣、胡正申、黃韻如譯（2010）。《社會科學研究方法》。台北：雙葉（原書 Babbie, E. [2010]. *The Practice of Social Research*, 12e. Calif : Wadsworth Cengage）。

盧鴻毅（1992）。《新聞媒介可信度之研究》。政治大學新聞研究所碩士論文。

賴倪劭（2008）。《網路政治議題參與度與網路政治新聞可信度對大學生政治社會化影響》。輔仁大學大眾傳播學研究所碩士論文。

簡郁琳（2003）。《媒介可信度之評估研究——以網路新聞為例》。文化大學新聞研究所碩士論文。

蕭伊貽（2012）。《電視新聞工作者取用第三方影音素材之研究》。政治大學新聞研究所碩士論文。

鄭瑞城（1991）。〈從消息來源途徑詮釋近用媒介權：台灣的驗證〉。《新聞學研究》，45（3）：39-56。

羅文輝（1995）。〈新聞記者選擇消息來源的偏向〉。《新聞學研究》，50（1）：1-13。

羅文輝、陳世敏（1993）。《新聞媒介可信度之研究》。國科會專題研究計畫成果報告（報告編號：NSC 81-0301-H-004-501）。台北：政治大學新聞研究所。

羅文輝（2004）。〈選擇可信度：1992 及 2002 年報紙與電視新聞可信度的比較研究〉，《新聞學研究》，80（1），頁 1-50。

羅文輝、林文琪、牛隆光、蔡卓芬（2003）。〈媒介依賴與媒介使用對選舉新聞可信度的影響：五種媒介的比較〉。《新聞學研究》，74（3）：19-44。

蘇蘅、王泰俐（2009）。〈電視新聞商業置入廠商身分揭露、產品類型以及置入策略對新聞可信度的影響〉。《廣告學研究》，32（2）：27-53。

■英文部分

Atwater, T. & Fico, F. (1986). Source reliance and use in reporting state government: A study of print and broadcast practices. *Newspaper Research Journal*, 8(1) : 45-46.

Beckett, C. (2008). SuperMedia: the future as "networked journalism", Opendemocracy, https://opendemocracy.net/article/supermedia-the-networked-journalism- future

Berlo, D. K., Lemert, J. B., & Mertz, R. J. (1969). Dimensions for evaluating the acceptability of message source. *The Public Opinion Quarterly*, 33(4): 563-576.

Bogdewic, S. P. (1992). Participant observation. In Crabree, B. F. & Miller, W. L. (Eds.). *Doing Qualitive Research* (pp.53-62). London: Sage.

Bowman, S. & Willis, C. (2003). *We media: How audiences are shaping the future of news and information.* Reston, VA: American Press Institute.

Bruns A (2005). *Gatewatching: Collaborative Online News Production.* New York: Lang.

Burgess, J. & Green, J. (2009). *YouTube: Online video and participatory culture.* Cambridge: Polity Press.

Carter, R. F. & Greenberg, B. S. (1965). Newspaper or television, which do you believe?, *Journalism Quarterly*, 42(1), 29-34.

Cobbey, R. (1980). Audiences attitudes and readership. *American Newspaper Publishers Association News Research Report*, No. 29.

Deuze, M. (2003). The web and its journalisms: Considering the consequences of different types of newsmedia online. *New Media & Society*, 5(2) : 203-230.

Fenton, N. (2010). Drowning or waving? New media, journalism and democracy. In Natalie Fenton (Ed.), *New media, old news: Journalism & democracy in the digital age.* LA, London: Sage.

Fröhlich, R., Quiring, O., & Engesser, S. (2012). Between idiosyncratic self-interests and professional standards: A contribution to the understanding of participatory journalism in Web 2.0. Results from an online survey in Germany. Journalism published online 18 April, 2012.

Gans (1979). *Deciding what a news: A study of CBS Evening News, NBC Nightly News,Newsweek and Time.* New York: Vintage Books.

Gauntlett, D. (2011). *Making is connecting: The social meaning of creativity,* from *DIY and knitting to YouTube and Web 2.0.* Cambridge: Polity Press.

Gaziano, C. & K. McGrath (1986). Measuring the Concept of Credibility. *Journalism Quarterly*, 63(3) : 451-462.

Grabe, M. E., Lang, A., & Zhao, X. (2003). News content and form: Implications for memory and audience evaluations. *Communication Research*, 30(4): 387-413.

Hovland, C. I., Janis, I. L., & Kelley, H. H. (1953). *Communication and Persuasion.*　New Haven: Yale University Press.

Jorgensen, D. L. (1989). *Participant observation: Methodology for human studies.* California: Sage.

Kawamoto, K. (2003). *Digital journalism:Emerging media and the changing horizons of journalism.* Lanham: Rowman & Littlefield Publishers.

Kohring, M. & Matthes, J. (2007). Trust in news media: Development and validation of a multidimensional scale. *Communication Research*, 34(2): 231-252.

Lang, P. G. (2008, August 7). Publicly private and privately public: Social networking on YouTube. *Journal of Computer-Mediated Communication*, 13 : 361-380.

Lasica, J. D. (2003, August 7). What is participatory journalism? USC Online

Journalism Review. Available at: from http://www.ojr.org/ojr/workplace/ 1060217106.php.

Leung, L. (2010). User-generated content on the internet: An examination of gratifications, civic engagement and psychological empowerment. *New Media &Society*, 11(8): 1327-2347.

McManus, J. H. (1994). *Market-driven journalism: Let the citizen beware?* Thousand Oaks: Sage.

Metzger, M. J., Flanagin, A. J., Eyal, K., Lemus, D. R., & McCann, R. M. (2003). Credibility for the 21st century: integrating perspectives on source, message, and mediacredibility in the contemporary media environment. *Communication Yearbook*, 27: 293-336.

Meyer, P. (1988). Defining and measuring credibility of newspaper: Developing an index. *Journalism Quarterly*, 65(3): 567-574.

Newton, J. H. (2009). The guardian of the real: Journalism in the time of the new mind. In Barbie Zelizer (Ed.), *The changing faces of journalism: Tabloidization, technology and truthiness*. London: Routledge.

O'Keffe, D. J. (1992). *Persuasion: Theory and research.* Newbury Park: Sage.

Outing, S. (2005, June 13). The 11 layers of citizen journalism. A resource guide to help you figure out how to put this industry trend to workfor you and your newsroom. Poynter Online. Available at: http://www.poynter.org/content/ content_view.asp?id=83126.

Pavlik, J. V. (2001). *Journalism and new media*. New York: Columbia University Press.

Reese, S. D., Rutigliano, L., Hyun, K., & Jeong, J. (2007). Mapping the blogosphere: Professional and citizen-based media in the global news arena. *Journalism*, 8(3) : 235-261.

Robinson, N. (2009). 'If you had been with us': Mainstream press and citizenjournalists jockey for authority over the collective memory of Hurricane Katrina. *New Media & Society*, 11(5): 795-814.

Rosen, J. (2010, September 6). The journalists formerly known as the media: My advice to the next generation. Jay Rosen: Public Notebook. Retrieved November 1, 2012 from http://jayrosen.posterous.com/the-journalists-formerly- known-as-the-media-m.

Singer, J. B. (1997). Still guarding the gate? The newspaper journalist's role in an online world. *Convergence: The Journal of Research into New Media Technologies*, 3(1): 72-89.

Stavrositu, C. & Sundar, S. S. (2008). If internet credibility is so iffy, why the heavy use? The relationship between medium use and credibility. *Cyber Psychology & Behavior*, 11: 65-68.

Strentz, H. (1989), *News reporters and news sources*: *Accomplices in shaping and misshaping the news*. Iowa City: Iowa University Press.

The Huffington Post (2011, March 11). Twitter, Facebook become vital during Japan earthquake. Retrieved November 1, 2012 from http://www. huffingtonpost.com/2011/03/11/twitter-facebook-become-v_n_834767.html.

Travis L. D. (2008). News on the Net credibility, selective exposure, and racial prejudice. *Communication Research,* 35(2): 151-168.

Valenzuela, S., Park., N., & Kee, K. F. (2008). Lessons from Facebook: The effect of social network sites on college students' social captal. Submitted to the 9th International Symposium on Online Journalism Austin, Texa, April 4-5, 2008.

Ward, M. (2006, March 24). Finding a role in the realm of the blogger. Press Gazette. Retrieved November 1, 2012 from http://www.pressgazette.co.uk/ node/33601.

Ward, S. J. A. & Wasserman, H. (2010). Toward an open ethics: Implications of new media platforms for global ethics discourse. *Journal of Mass Media Ethics*, 25(4): 275-292.

Westiey, B. H. & Severin, W. J. (1964). Some correlates of media credibility, *Journalism Quarterly*, 42(1), 325-335.

Yang, K. C. C. (2007). Factors influencing Internet users' perceived credibility of news-related blogs in Taiwan. *Telematics and Informatics*, 24: 69-85.

Ying, H. (2007). *YouTube: Making money by video sharing and advertising your business for free.* Kitchener, ON: Self-Help Publisher.

無所不在學習環境下
英語新聞影片字幕呈現內容
對學習動機與學習成效之影響

涂家瑋、簡佑宏[*]

摘 要

　　近年來，行動科技逐漸普及至日常生活及教學應用中，改變了以往的學習模式。本文之研究對象為 48 名 18 至 21 歲大學生，在無所不在學習環境中，利用 CNN Student News 英語新聞影片及三種字幕呈現內容來探討無所不在學習對於大學生的學習動機及學習成效的影響。

　　本文發現：(1)無所不在學習環境對利用影片學習英語的學習成效有所助益；(2)字幕呈現內容的不同對學習動機及學習成效皆有顯著性的影響。

關鍵字：無所不在學習、字幕呈現內容、學習動機、學習成效

[*] 涂家瑋（Chia-Wei Tu，第一作者），國立台灣師範大學科技應用與人力資源發展學系碩士班研究生。
簡佑宏（Yu-Hung Chien，第二作者），國立台灣師範大學科技應用與人力資源發展學系助理教授。

The Influence of English News Videos Caption Presentation Content on Learning Motivation and Learning Achievement in Ubiquitous-Learning Environment

Chia-Wei Tu, Yu-Hung Chien

Abstract

In recent years, mobile technology is increasing popularity of daily life and teaching, mobile technology is changing the learning model. The present study subjects were 48 university students between the ages of 18-21. The present study attempts to evaluate the influence of mobile technology, CNN Student News and three different caption presentation content to students' learning motivation and learning achievement in ubiquitous learning environment.

The results indicate that the Ubiquitous learning environment help the English video learner's learning achievement. Furthermore, the different caption presentation content impact on the remarkable growth of learning motivation and learning achievement.

Keywords: ubiquitous learning, caption presentation content, learning motivation, learning achievement

壹、引言

　　隨著行動科技的迅速發展與普及，數位學習、行動裝置（mobile device）及無線網路所構成的無所不在學習環境（ubiquitous-learning environment），讓學習者可以隨時透過行動科技取得教材，突破時間及地理上的限制，讓人們有更多元的學習方式，不被局限於傳統的課堂學習環境。

　　近年來，在全球化潮流的發展下，英語的重要性日益增加，這可從我國將英語視為第一外語，並將英語教學提早至國小實施，其重要性可見一斑。在英語主要的「聽、說、讀、寫」四項技巧當中，應將「聽」列為首位（Ou, 1996；詹麗馨，1999）。由於聽力內容的理解是困難的（Goh, 2000），為使學習者提升對於英語課程的學習興趣與減少學習者的負擔，本文使用多媒體影片及無所不在的學習環境協助學習者學習。Kramsch 和 Anderson（1999）鼓勵教師們使用多媒體教材，來吸引學習者及提升其學習興趣。多媒體以多元化的方式呈現教材內容，提供動態、多樣化的資訊，也可藉由聲光效果提升學習者的注意力，進而加深學習者對多媒體內容的印象。

　　文字、聲音及影像都是常用於英語的多媒體教材，從訊息處理理論的觀點，影片式多媒體學習的教材，利用視覺與聽覺感官提供訊息給學習者，較文字或聲音利用的單一訊息來源頻道豐富許多，且學習者接收到訊息後可同時進行處理，幫助記憶和學習轉移（Mayer, 1997; Mousavi, Low, & Sweller, 1995）。 國內的外語影片常在播放時配上中文字幕，相關的文獻及研究結果顯示，字幕對學習者在聽力理解（Garza, 1991; Markham, 1989）與學習動機之影響皆支持字幕對外語學習的正面提升效用。多位學者認為學習動機是促成英語學習成功的重要因素之一（鍾思嘉、汪敏慧，1999；Oxford & Shearin, 1994），學習動機可能會直接影響學習成效。

　　有鑑於此，本文使用 CNN Student News 新聞影片作為教學內容，並利

用三種字幕增進學習者對於影片內容的理解力。CNN Student News 是美國CNN 電視台專門設計給各國學生的新聞影音串流，每集的長度限制在 10 分鐘，不會因內容過於冗長而使學習者分散注意力。內容是每日國際間的重要消息、新聞與趣聞，讓學習者可由生活化的對話中學習英語。本文之使用環境探討的重點放在學習者、播放影片的載具及使用空間的關係。過往影片教學及字幕的相關研究中，研究環境大多在教室中以靜態方式播放（連寶靜、林朝清、周建宏、王曉璿，2011；Newton, 1995），利用智慧型手機（smartphone）等行動載具所提供的即時互動性與無所不在的特性搭配多媒體影片來進行英語學習的研究較少。然而，行動科技不僅帶來生活層面的益處，也是能有效增進學習的環境（BenMoussa, 2003）。

綜合上述，本文主要探討在不同使用環境中利用英語影片及不同的字幕呈現內容，對於大學生的學習動機及學習成效之關聯及影響，期以作為未來輔助英語教學與自主學習的建議。

貳、文獻探討

以無所不在的學習環境、影片及字幕呈現內容刺激學習者，繼而對學習動機及學習成效產生之影響為本研究架構。文獻探討首先指出無所不在學習可帶給學習者的特性，爾後探討影片學習及字幕呈現內容對學習動機與學習成效的影響以及相關的研究結果。

一、無所不在學習（ubiquitous-learning）

數位學習（e-learning）因網際網路的方便性及便利性而崛起，成為近年來相當普遍的學習方式，大量的資訊在網路上傳播，因而產生了許多應用。但數位學習還是有許多限制，例如需要在固定、有電腦的場域進行學習，還是有時間及空間上的限制。無線網路及行動裝置的發展，讓無所不在的學習

成為可能。無所不在的學習環境建立於現今資訊科技發達的基礎建設下，運用其特性搭配行動載具，更加地不受到空間及地點的限制。Chabra 和 Figueiredo（2002）表示，無所不在學習是讓使用者在任何時間、任何地點與任何行動裝置，進行學習活動。Chen, Kao 和 Sheu（2005）指出，無所不在學習具有主動性、機動性、即時性、互動性、整合性與情境化等六項特性，使無所不在學習可以將學習外語融入日常生活中，讓學生在多重感官刺激的幫助下，可更有效的吸收知識。目前已有許多無所不在學習相關研究，Cavus 和 Ibrahim（2008）利用手機的訊息服務（short message service）在英文單字學習上；賴信川（2005）運用行動載具提升學生的數學空間幾何能力；張謙楣（2005）將行動載具應用於高中國文科的教學情境；許耀升和羅希哲（2007）研究智慧型 PDA 應用於國中自然與生活科技領域教學。以上研究皆顯示，無所不在學習對於學生的學習都是有助益的。

二、英語學習動機

動機是影響學習效益的主要因素之一，Keller（1987）認為，動機是人們對經驗與目標的選擇及將為此所付出的努力程度。而學習動機是一種令人想要學習的動力，屬於動機的一種。Gardner 和 Lambert（1972）從第二語言習得的觀點，認為語言學習動機可分為：整合性動機（integrative motivation）與工具性動機（instrumental motivation）。整合性動機是出於對第二語言的人民和文化產生興趣和好感；工具性動機則是出於為了接受較高等的教育、謀求更好的工作、更高的薪資、閱讀專業資料，或得到更高的社會地位。

學習動機對學生學習所能達到的程度有重大的影響，且不同的動機在不同的情況下會產生不同的影響。若該語言在某個國家扮演的是「外語」角色，即除了在課堂上使用外，教室以外的地方無足輕重時，整合性動機就較有效；若該語言扮演的是「第二語言」角色，也就是在教室以外的溝通媒介，則工具性動機效果較好。不過，他們認為這兩種動機是同時存在的，且都受到學習情境的影響。江惠蓮（1997）針對大學一年級之學生，以全語教學的環境輔以影片

教學，讓學生在學習動機及學習成效上都有所提升；洪美雪（2001）則利用字幕及影片針對高中二年級學生探究學習成效；研究結果顯示，在內容理解、聽力理解及學習態度上，母語字幕組都得到了最佳的學習效益。多數學者認為學習動機是促成語言學習成功的重要因素之一（Oxford ＆ Shearin, 1994；鍾思嘉、汪敏慧，1999），動機會直接地影響學習成效；也有研究發現動機與焦慮之間存在負向關係（MacIntyre & Donovan, 2002），也就是說，動機越高，焦慮感越低，學習態度越趨正面。因此藉由無所不在學習的使用環境進行影片教學，期望能建立學生正向的學習動機，進而提高學習效益。

三、影片、字幕與外語學習相關研究

從 Paivio（1986）提出的二元編碼處理論（dual-coding theory）來看，包含字幕的影片提供視覺與聽覺訊息。根據 Paivio 的主張，記憶中的訊息是由語言系統（verbal system）和視覺系統（visual system）組成，若視覺和語言記憶可相互連結，則可有效的保存記憶。Mayer 和 Sims（1994）進一步提出：口語訊息能夠強化視覺訊息的表現，若兩種訊息同時出現，可有效的提升學習效果。因此，觀看有字幕的影片時，學生可將口語的聽覺與視覺連結，以幫助記憶影片內容。Koskinen、Wilson、Gambrell 和 Neuman（1993）指出，從電視觀看有字幕的影片對於程度中下的閱讀者或語言學習者，能夠提升字彙的學習和理解能力，字幕是引起學習動機的極佳媒介。在 Huang 和 Eskey（1999）的研究中發現，有字幕組的受試者在聽力及字彙測驗皆顯著的得到較高分，且受試者認為字幕可增加內容的理解度、增進聽力。以及讓學習變得較有趣。

綜觀以上研究，大部分研究結果支持有字幕之影片可幫助學生理解內容，字幕呈現內容的語言選擇上，學者 Holobow、Lambert 和 Sayegh 認為使用傳統方法（聽覺標的語、視覺母語字幕）或雙模式（聽覺標的語、視覺標的語字幕）在第二語言學習上皆能提升學習效果。因此，本研究使用母語（中文）、標的語（英語）字幕，以及母語與標的語皆包含的雙語字幕，以探討

字幕呈現內容的不同，是否會帶給學習者不同的影響。

　　但字幕是否會讓學生分散專注力，而無法增進聽力呢？Vanderplank（1988）認為，字幕讓學習者受益的最主要因素，就是可以吸引學習者的注意，使聲音與文字結合，而非分散注意力。

參、研究方法

一、研究架構

　　本文的主要目的是探討在無所不在學習環境下，使用多媒體教材進行學習時，字幕呈現內容對大學學生英語學習動機與學習成效的影響。本文依據二元編碼論，將兩部長度約 10 分鐘的影片教材搭配三種字幕，提供給研究對象視覺與聽覺訊息，並在實驗進行前向研究對象說明影片的資訊，讓研究對象有充足的時間瞭解影片。本文之研究假設如下：

　　假設 1：無所不在學習環境對學習動機後測成績之影響有顯著差異。
　　假設 2：無所不在學習環境對學習成效成績之影響有顯著差異。
　　假設 3：字幕呈現內容對學習動機後測成績之影響有顯著差異。
　　假設 4：字幕呈現內容對學習成效成績之影響有顯著差異。
　　假設 5：無所不在學習環境及字幕呈現內容對學習動機後測成績之影響有顯著差異。
　　假設 6：無所不在學習環境及字幕呈現內容對學習成效成績之影響有顯著差異。

二、研究對象

　　本研究以便利抽樣方式，從校園招募 48 名 18 至 21 歲間之大學生為研

究對象。研究對象的母語皆為中文，受過三年以上英語正式教學，且有操作智慧型手機半年以上的經驗。研究對象將隨機分配至無所不在環境、傳統課堂環境及三種字幕呈現內容共六個組別中，以減少研究對象之英語聽力先備能力可能造成的影響。

三、研究設計

本研究以實驗法進行，在無所不在學習環境中實驗組使用智慧型手機觀看影片，控制組於教室內使用投影機觀看 CNN Student News 影片；實驗組及控制組皆有三種字幕內容呈現方式（中文字幕、英語字幕、雙語字幕），每位研究對象僅需觀看自己字幕組別的影片即可，為受測者間之實驗設計。

實驗組學生可於台灣師範大學校園中庭廣場之草坪任意走動，連接校園無線網路並使用 YouTube 軟體及耳機來觀看影片；對照組學生在教室中不可隨意走動，並依字幕組別觀看由投影機播放之影片。影片教材為 2012 年 10 月 11 日及 10 月 15 日之 CNN Student News，是 CNN 替全世界學生製作的英語新聞平台，週一到週五每天都有由各大國際新聞組成的新聞短片。

(一)自變項

本研究之自變項以在不同環境中使用之載具及字幕呈現內容為主，實驗組在台灣師範大學校園中庭廣場，使用之行動載具為 Apple iPhone 4 智慧型手機；對照組在台灣師範大學科技學院教室，使用之載具為 Epson EB-430 投影機。

三種字幕呈現內容分別為：(1)中文字幕組；(2)英語字幕組；(3)雙語字幕組。中文字幕之字體為細明體；英語字幕之字體為 Arial，兩種語言字級皆為 12 pt，顏色為白色，含有標點符號，擺放位置為影片下方中央，且字幕皆與影片口語同步出現。中文字幕組學生接收影片的訊息及下方出現的中文字幕如圖一；英語字幕組學生接收影片的訊息及下方出現的英語字幕如圖二；雙語字幕組學生接收影片的訊息及下方出現的雙語字幕如圖三。

圖一　中文字幕示意圖

圖二　英語字幕示意圖

圖三　雙語字幕示意圖

(二) 依變項

本文之依變項為學習動機及學習成效，學習動機量表乃是參考 Pintrich、Smith、Garcia 和 McKeachie（1993）所編之 Motivated Strategies for Learning Questionnaire（MSLQ）——「激勵的學習策略量表」中的動機量表部分，包括三大成分：「價值成分」、「期望成分」與「情感成分」，經過語意轉換為適用於本研究的內容修訂而來，共 31 題之「學習動機量表」進行學習動機前、後測的檢測，檢視研究對象學習動機之變化。

本文之英語學習成效測驗採用研究者依據影片內容自編之「英語學習成效測驗」。英語學習成效測驗分為 2012 年 10 月 11 日及 2012 年 10 月 15 日兩則，一則 20 題，測驗聽力理解及內容理解，兩則共 40 題，每題答對得一分，分數的加總即為受測者之學習成效分數。

四、研究流程

實驗步驟分為指導語、解說流程、觀看影片、填寫測驗量表及結束實驗五部分，如**圖四**。

首先，將研究對象隨機分配至實驗組及對照組各三種字幕呈現內容（中文字幕組、英語字幕組與雙語字幕組），共計六個組別中，每位學生觀看兩部英語影片。每位學生在觀看影片前需填寫學習動機前測量表，觀看完第一部影片後，隨即填寫該影片之英語學習成效測驗，完成後才觀看第二部影片及填寫該影片之英語學習成效測驗。影片播放順序為「2012 年 10 月 11 日 CNN Student News」（10 分 30 秒)先，後觀看「2012 年 10 月 12 日 CNN Student News」（10 分 29 秒）。其中實驗組研究對象利用智慧型手機觀看該組之影片及填寫英語學習成效測驗，並可在校園廣場草坪內自由移動；對照組研究對象，以固定座位的方式觀看由投影機播放之影片。當影片播放完成後，對所有研究對象實施學習動機後測量表以評量各項影響。

圖四　實驗流程圖

肆、研究結果

一、樣本敘述統計

　　本文研究對象共 48 人，其中有 23 位男性，25 位女性。年齡部分，18 歲共 23 人，占 47.9%；19 歲共 12 人，占 25%；20 歲共 12 人，占 25%；21 歲共 1 人，占 2.1%。

二、各變項量表信度分析

(一)學習動機量表

　　本文之「學習動機量表」共 31 題，檢測採用李克特五點量表計分方式，經信度分析後，前測信度 Cronbach's α 值為.876，後測信度 Cronbach's α 值為.904，皆具備良好之信度標準。

(二)學習成效測驗

　　本文之「學習成效測驗」共 40 題，分為聽力理解及內容理解兩部分，經信度分析後，信度 Cronbach's α 值分別為 0.71 及 0.73，皆具備良好之信度標準。效度方面，採用專家效度，經由三位專家學者衡量評定測驗題目的適切度，使測驗有良好的內容效度。

三、分析結果

　　本文依變項的量測透過多因子變異數進行分析。實驗結果以 α=0.05 作為顯著差異的標準。由共變量矩陣等式的 Box 檢定未達顯著（M= 25.078, F= 1.468, p=0.108>0.05）可暸解，依變項之共變數矩陣符合同質性假設。

　　在依變數的同質性檢定方面，學習成效分數（F=1.515, p=0.206>0.05）及學習動機後測成績（F=1.132, p=0.358>0.05）的變異數同質性檢定都未達顯著水準，代表都符合變異數的同質性假設。**表一**為組間效果檢定表，學習動機前測與學習動機後測及學習成效分數皆未達顯著差異；播放載具方面，學習動機後測未達顯著〔F（1, 41）= 2.148, p= 0.150>0.05〕，學習成效分數〔F（1, 41）= 14.158, p=0.001<0.05, η= 0.257〕達顯著，代表播放載具整體的 Wild's Lambda 值顯著，與學習成效分數相關。字幕組別中學習動機後測〔F（2, 41）= 8.274, p= 0.001< 0.05, η= 0.288）與學習成效分數〔F（2, 41）= 3.414, p=0.043< 0.05, η= 0.143）達顯著，代表字幕組別整體的 Wild's Lambda 值顯著，與兩者皆有關。

　　在**表二**中可以看出，依變數為學習成效分數時，智慧型手機有正向的顯著性差異（p=0.001<0.05），表示智慧型手機對於學習成效分數的影響高於

表一　組間效果檢定表

來源	依變數	df	F	顯著性	淨相關Eta平方
學習動機前測	學習動機後測	1	2.339	.134	.054
	學習成效分數	1	1.014	.320	.024
播放載具	學習動機後測	1	2.148	.150	.050
	學習成效分數	1	14.158	.001	.257
字幕組別	學習動機後測	2	8.274	.001	.288
	學習成效分數	2	3.414	.043	.143
播放載具 * 字幕組別	學習動機後測	2	1.009	.374	.047
	學習成效分數	2	.449	.641	.021

表二　播放載具之多重比較表

依變數	(I)播放載具	(J)播放載具	平均差異 (I-J)	標準誤差	顯著性[b]	差異的 95% 信賴區間[b]	
						下界	上界
學習動機 後測	智慧型手機	投影機	3.823	2.608	.150	-1.445	9.091
	投影機	智慧型手機	-3.823	2.608	.150	-9.091	1.445
學習成效 分數	智慧型手機	投影機	5.069[*]	1.347	.001	2.348	7.790
	投影機	智慧型手機	-5.069[*]	1.347	.001	-7.790	-2.348

表三　字幕組別之多重比較表

依變數	(I)字幕組別	(J)字幕組別	平均差異 (I-J)	標準誤差	顯著性[b]	差異的95% 信賴區間[b]	
						下界	上界
學習動機後測	中文	英語	1.344	3.175	.674	-5.067	7.755
		雙語	-10.750[*]	3.241	.002	-17.295	-4.204
	英語	中文	-1.344	3.175	.674	-7.755	5.067
		雙語	-12.094[*]	3.237	.001	-18.631	-5.556
	雙語	中文	10.750[*]	3.241	.002	4.204	17.295
		英語	12.094[*]	3.237	.001	5.556	18.631
學習成效分數	中文	英文	.698	1.640	.672	-2.613	4.009
		雙語	-3.410[*]	1.674	.048	-6.790	-.029
	英語	中文	-.698	1.640	.672	-4.009	2.613
		雙語	-4.108[*]	1.672	.018	-7.484	-.732
	雙語	中文	3.410[*]	1.674	.048	.029	6.790
		英語	4.108[*]	1.672	.018	.732	7.484

投影機。從**表二**中也可以得知播放載具對於學習動機後測的分數有影響，但未達顯著差異。

　　表三為字幕組別之多重比較表，當依變數為學習動機後測分數時，雙語字幕對中文與英語字幕有正向的顯著性差異（p=0.002<0.05；p=0.001<0.05），

表示雙語字幕對於學習成效分數的影響顯著高於另兩種字幕；中文字幕及英語字幕未達顯著性差異（p=0.674>0.05），顯現出兩者對於學習動機造成的差異不大。而當依變數為學習成效分數時，雙語字幕也和中文及英語字幕有正向的顯著差異（p=0.048<0.05；p=0.018<0.05），顯示出雙語字幕對於學習成效分數的影響高於另兩種字幕。

伍、結論與討論

一、研究發現

(一)無所不在學習環境對利用影片學習英語是有幫助的

　　本文依 Paivio（1986）提出之二元編碼處理論的概念，在無所不在學習環境的支持下，提供給研究對象視覺與聽覺訊息。根據統計結果，滿足假設2，在無所不在學習環境下，運用新的行動科技進行影片學習之實驗組學生，在學習成效的聽力理解及內容理解表現上顯著優於傳統教室環境的對照組學生。此結果與 Vanderplank（1988）之研究結果相符，字幕呈現的內容可吸引學習者的注意，讓聽覺訊息與視覺訊息結合，而不會分散研究對象的注意力。

　　本文認為，行動載具的螢幕尺寸雖小，但可有效的讓研究對象更為集中注意力，搭配耳機更可使研究對象專注在教材上，導引研究對象快速進入影片內容情境，增進短期記憶效果，以致研究對象之學習成效成績顯著優於對照組。因此學習方式的改變，可能與使用的行動載具有關，行動載具讓研究對象更有效率的學習，而無所不在的學習環境，可以讓教學與學習有更多的彈性與變化空間。

(二)字幕呈現內容的不同對學習動機及學習成效有顯著的差異

　　本文之字幕呈現內容包含「中文字幕」、「英語字幕」及「雙語字幕」三種。統計結果滿足本文假設 3 及假設 4，在聽力理解及內容理解上，雙語字幕對學習動機後測分數與學習成效成績的影響，與中文字幕及英語字幕皆有顯著性的差異。

　　學習成效方面，本文認為雙語字幕同時提供了能讓研究對象理解及學習影片內容的兩種語言。依據 Mayer（2001）的多媒體認知理論，影像、語文及字幕的整合是理解的關鍵，雙語字幕搭配影片可促進訊息整合的有效性，在母語的視覺訊息幫助下，加深對標的語的印象，讓研究對象在學習成效之表現上顯著優於其他組別，此結果也符合 Mayer 和 Sims（1994）所提出的：觀看有字幕的影片時，學生可將口語的聽覺與視覺連結，以幫助記憶影片內容。

　　學習動機方面，雙語字幕雖提供較多的訊息讓研究對象處理，加重了研究對象的負荷，但字幕呈現內容可以有效幫助研究對象理解內容及字彙；且依多媒體認知理論所述，影像、語文及字幕分屬不同的通道，可同時分別處理不同通道的訊息，不會造成單一視覺通道的認知超荷，且可促進訊息整合的有效性。因此，觀看影片時，可幫助研究對象學習吸收及理解，增加了研究對象在學習動機量表中價值、期望及情感成分上的信心，以致研究對象在學習動機方面與其他兩種字幕呈現內容有所差異。此結果也驗證了學習動機是促成語言學習成功的重要因素之一，動機會直接地影響學習成效(Oxford & Shearin, 1994）。

二、假設不成立之原因

　　本文假設 1：無所不在學習環境對學習動機後測成績之影響有顯著差異，不成立。實驗組之學習動機後測平均數為 104.92，雖較高於對照組的 101.54，但在統計上未達顯著差異，且本文未詳細分析學習動機量表中的各

個構面，因此很難判斷其中對研究對象之學習動機造成的影響為何。

　　此外，本文之假設 5：無所不在學習環境及字幕呈現內容對學習動機後測成績之影響有顯著差異，及假設 6：無所不在學習環境及字幕呈現內容對學習成效成績之影響有顯著差異，也皆未成立。本文認為可能造成此結果之原因為實驗設計時的限制，無法讓研究對象自由地體驗無所不在學習環境所帶來的便利性及機動性；且在實驗進行之時，有少數研究對象反映校園無線網路曾數度中斷，連帶造成影片播放時的影音不同步及畫面停頓，也可能會影響研究對象的學習動機及學習成效。

陸、研究限制與建議

　　本文雖力求實驗流程嚴謹完整，但仍可能受到環境及時間等客觀因素影響，導致本研究有未盡周全的地方。由於實驗進行時模擬環境屬室外環境，影響變數眾多，無法全然符合真實使用環境，雖已盡量排除實驗不可控制之外在因素，但仍可能影響到研究對象及結果。研究對象部分，大多為台灣師範大學科技學院學生，若人文或是設計學院學生占多數，則可能會產生不同的結果。

　　未來進行類似研究時，建議將影片教學作為正式教學之輔助教材，或將整體的學習時間拉長，配合課程系統化的進行，相信可以獲得更佳的教學成果。影片及無所不在教學環境也相信適用於自主學習者，若將研究對象變為自主學習者，則可探討更為深入的議題。

參考文獻

■中文部分

江惠蓮（1997）。《看電影學大一英文：「全語教學」的應用》。國立台灣師範大學英語研究所博士論文，未出版，台北市。

洪美雪（2001）。《字幕對外語學習成效影響之探究》。國立成功大學教育研究所碩士論文，未出版，台南市。

張謙楣（2005）。《行動載具在支援高中國文科教室教學情境的應用》。國立台灣師範大學資訊教育學系碩士論文，未出版，台北市。

許耀升、羅希哲（2007）。〈智慧型 PDA 融入國民中學自然與生活科技領域教學之行動研究〉。《科學教育》，296：2-17。

連寶靜、林朝清、周建宏、王曉璿（2011）。〈多媒體之字幕呈現方式在英語學習成效之研究〉。《育達科大學報》，26：1-30。

詹麗馨（1999）。〈英語聽力教學好書導讀〉。《敦煌英語教學雜誌》，20：16-19。

賴信川（2005）。《運用行動載具輔助空間幾何學習》。國立台灣師範大學資訊教育學系在職進修碩士班碩士論文，未出版，台北市。

鍾思嘉、汪敏慧（1999）。〈談英文科學習輔導之策略──以專科學習者為例〉。《學習者輔導》，63：102-111。

■英文部分

BenMoussa, C. (2003, May). Workers on the move: New opportunities through mobile commerce. Paper presented at the meeting of the Stockholm mobility roundtable, Stockholm, Sweden.

Cavus, N. & Ibrahim, D. (2008, August). A mobile tool for learning English words. Paper presented at the 5th International Conference on Electrical and Computer Systems, Lefke, North Cyprus.

Chabra, T. & Figueiredo J. (2002). How to design and deploy and held learning. Retrieved July 8, 2012 from http://www.empoweringtechnologies. net/eLearning/eLearning_expov 5_files/frame.htm.

Chen, Y. S., Kao, T. C., & Sheu, J. P. (2005). Realizing outdoor independent learning with a butterfly-watching mobile learning system. *Journal of Educational Computing Research*, 33(4): 395-417.

Gardner, R. C. & Lambert, W. (1972). *Attitudes and motivation in second language learning.* Rowley, MA: Newbury House.

Garza, T. J. (1991). Evaluating the use of captioned video materials in advanced foreign language learning. *Foreign Language Annuals*, 24(3) : 239-258.

Goh, C. (2000). A cognitive perspective on language learners' listening comprehension problems. *System*, 28: 55-75.

Huang, H. C. & Eskey, D. E. (1999). The effects of closed-captioned television on the listening comprehension of intermediate English as a second language (ESL) students. *Journal of Educational Technology Systems*, 28(1) : 75-96.

Keller, J. M. (1987). The systematic process of motivational design. *Performance & Instruction Journal*, 26(9) : 1-7.

Koshinen, P., Wilson, R., Gambrell, L., & Neuman, S. (1993). Captioned video and vocabulary learning: An innovative practice in literacy instruction. *The Reading Teacher*, 47(1) : 36-43.

Kramsch, C. & Anderson, R. W. (1999). Teaching text and context through multimedia. *Language Learning & Technology*, 2(2): 31-42.

MacIntyre, P. D. & Donovan, L. A. (2002). Sex and age effects on willingness to communicate, anxiety, perceived competence, and L2 motivation among junior high school French immersion students. *Language Learning*, 52(3):

537-564.

Markham, P. L. (1989). The effects of captioned television videotapes on the listening comprehension of beginning, intermediate, and advanced ESL students. *Educational Technology*, 29(10): 38-41.

Mayer, R. E. (1997). Multimedia learning: Are we asking the right questions. *Educational Psychologist*, 32(1): 1-19.

Mayer, R. E. (2001). *Multimedia Learning*. New York: Cambridge University Press.

Mayer, R. E. & Sims, K. (1994). For whom is a picture worth a thousand words? Extensions of a dual-coding theory of multimedia learning. *Journal of Educational Psychology*, 86 (3): 389-401.

Mousavi, S. Y., Low, R., & Sweller, J. (1995). Reducing cognitive load by mixing auditory and visual presentation modes. *Journal of Educational Psychology*, 87(2): 319-334.

Newton, A. K. (1995). Silver screens and silver linings: Using theater to explore feelings and issues. *Gifted Child*, 18(2): 14-20.

Ou, H. C. (1996). The effectiveness of teaching English listening comprehension. *Studies in English and Literature*, 1: 30-39.

Oxford, R. & Shearin, J. (1994). Language learning motivation: Expanding the theoretical framework. *Modern Language Journal*, 78(1): 12-28.

Paivio, A. (1986). *Mental representation: A dual coding approach*. Oxford, England: Oxford University Press.

Pintrich, P., Smith, D., Garcia, T., & McKeachie, W. (1993). Predictive validity and reliability of the Motivated Strategies for Learning Questionnaire (MSLQ). *Educational and Psychological Measurement*, 53: 801-813.

Vanderplank, R. (1988). The value of teletext sub-titles in language learning. *ELT Journal*, 42: 272-281.

第二篇

敘事篇

如何匯流？
數位多媒體新聞敘事策略分析

周慶祥*

摘　要

　　網路的出現使得媒體有了「匯流」的可能性，許多人誤解，認為兩種以上媒體的結合就是多媒體，事實上，真正的多媒體應是匯流媒體與網路特性所進行的匯流，而美歐各媒體新聞產製也正朝著文字、聲音、圖像、動畫等媒體匯流的數位匯流方向發展。本文所指媒體匯流是指將多種媒材在數位平台上進行匯流，採用多媒體、多管道的傳播方式。

　　如何在數位匯流的基礎上，匯流文字、聲音、圖像、動畫等成為真正的數位多媒體新聞，一直是實務界學者學術研究關注的焦點。本研究以媒體匯流理論為基礎，探討新聞網站如何進行多媒體新聞敘事。研究結果顯示，圖像化多媒體新聞是競爭與獲利關鍵，區塊化是數位多媒體新聞布局基礎，新聞網站必須強化社群媒體工具和用戶回饋，員工與主管的數位匯流要再教育。

關鍵字：數位多媒體新聞、數位匯流、媒體匯流、數位敘事策略

*　周慶祥，中國文化大學新聞系助理教授。

How to Converge? Digital Multimedia Storytelling of Taiwan News Websites

Chou, Ching-Hsiang

Abstract

Across the developed world, news companies are transforming their online operations, with text and still images increasingly augmented by a more kinetic mix of media. Video, interactive graphics, and audio are supplementing the more traditional outputs: generated by journalists who are being encouraged to work in new ways for publications chasing audiences choosing to spend more time online, in increasingly multimedia environments.

This paper deals with the work of journalists in newsrooms that produce content. Specifically, the study analyses change in journalistic practice and newsroom workflow in the newsrooms.

The paper provides journalism and interactive media scholars with case studies on the changes taking place in newsrooms as a result of the shift towards multimedia, multiplatform news.

Keywords: digital multimedia news, digital convergence, media convergence, digital storytelling

壹、研究動機與問題

　　世界報業協會（World Association of Newspapers, WAN）發行的一本《2007年世界報業趨勢》，其中用大量的篇幅講到如何「匯流」（convergence）的問題。近年來幾次世界報業協會組織大會或研討會的主題也都在討論如何整合媒體資源，改造編輯部成為一個多媒體中心，面對科技的匯流，全球媒體組織共同關心的問題是，如何進行新聞產製改造，將傳統新聞產製改造成一個能夠適應網路時代需要的多媒體新聞。

　　在過去的十年中，歐洲和美國的媒體公司已開始進行新聞組織內部和外部新聞產製數位化的整合，促成了「媒體匯流」。數位化的新聞產製系統讓記者得以分享和增加多功能數據文件（音頻、視頻和文字），以產製各種平台所需的內容（Fidler, 1997），通過網路提供多媒體匯流的基礎，促使網路新聞用戶的增長（Deuze, 2004; Klinenberg, 2005）。例如美國《聖彼德堡時報》的網路互動特別報導就製作了一系列優秀的多媒體深度報導，其中一篇關於聖彼德堡一條黑人街道的報導集報紙文字、廣播聲音、電視圖像以及互動圖表等多種敘述方式於一體，不僅使受眾得到多方面的資訊，更使受眾感官得到了全方位的享受。CNN自1999年開始推行的全球新聞資源整合計畫（Worldwide newsgathering），利用「多媒體處理平台Media360」將採訪訊息分類並儲存至數位資料庫中，而電視採訪記者則在採訪完新聞後，上傳至此一數位平台供各媒體使用取材（李宗嶽，2002）。2004年，Global Voice網站以匯聚、策動與彰顯全球網路對話為目標，由各地編輯選擇當地重要議題，擷取當地部落客（blogger）代表性觀點，寫成言簡意賅的導讀文章，讓網友迅速掌握要點，同時插入照片和影音資訊，並且在文中設立多個超連結，連到代表性觀點的原始網站，讓對特定觀點有興趣的網友能夠點閱。2005

年，美國新聞記者兼技術人員荷洛瓦提（Adrian Holovaty）從芝加哥市政府取得犯罪資料，並將資料與Google地圖混搭（mashup），做成EveryBlock網站，讓民眾可以依照犯罪種類、街道、地區及日期查找，隨時瞭解身邊的治安情況（Jarvis, 2009: 42）。

當新聞機構充分利用兩個重要媒體特徵（背景和連續性）在網絡上說故事時，多媒體故事被包裝在一個「故事包」中，「故事包」從數據庫提供了故事的背景資料，並與其他資源連接，CNN網站、華盛頓郵報，NPR以及MSNBC.com的多媒體網站就成功使用多媒體新聞吸引了網路使用者的眼球。

對於一個多媒體新聞中，說故事者會同時接觸到視頻、靜態圖片、音頻、圖形、動畫和文字等媒體。說故事者最關心的是，這些媒體如何進行匯流？例如，什麼是故事中最好的影片？什麼是故事中最好的靜態照片？具有視頻音頻效果是否最好？還是文字合併靜態照片效果最佳？作為故事的一部分，何種圖形能彰顯傳播的效果？這個故事是否需要地圖？如何確保訊息在每個媒介是互補的，而不是多餘的？這些思考都影響多媒體新聞是否能成功吸引眼球。

媒介研究從20世紀90年代中期的趨勢一直只是專注於實際的機構實踐，產製過程已成為新聞組織研究中最有趣的部分（Boczkowski, 2004; Cottle & Ashton, 1999; Helland, 1995[1993]; Hemmingway, 2004, 2008; Küng-Shankleman, 2000; Sand & Helland, 1998; Schultz, 2006; Ursell, 2001; Ytreberg, 1999）。而核心研究主題則是環繞於科技的發展以及媒體公司的建立；其中主要的一項是新科技對媒體組織以及媒體工作者工作實踐所造成的挑戰與如何產出的過程。換句話說，如何描述新聞實踐與不同的新聞產製間的關係？尤其是數位匯流下如何匯流文字、聲音、圖像、動畫等形成為真正的多媒體新聞。由於主流新聞機構並未充分利用多媒體新聞，網路新聞並沒有被多媒體化所驅使，因此，研究多媒體網絡新聞是一個較新的議題，本研究的成果將有助於多媒體新聞敘事策略提出新思維，從而展現「組織脈絡」下之

多媒體敘事圖譜。

貳、文獻探討

　　媒體學者描述數位匯流經常以資訊系統的匯流來看，一方面講的是通訊傳播與媒體科技，而另一方面是社會和文化的匯流。正如 Bolter 和 Grusin（1999: 225）所說：數位匯流意味著數位科技在我們的文化當中擁有更廣的多樣性。

一、數位匯流的概念

　　由於數位化技術的發展，通訊服務、資料及資訊被全方位服務網（full service）統一整合，必須靠眾多產業的密切配合，包括資訊提供者（如電子媒體、平面媒體、線上公司、音樂製作者）、設備與軟體的設計及製造商、網路建造與經營者，以及使用者的共同參與（謝奇任、唐維敏、甘尚平譯，1997）。歐盟「綠皮書」（Green Paper）將數位匯流定義為「同樣類似的服務由不同的網路提供」。

　　數位匯流涉及產業匯流、媒體匯流，以及個人化媒介科技匯流。科技匯流是媒體匯流概念最習以為常的起始，發生在基礎結構（傳輸連結：如光纖、微波、衛星等）或傳輸工具（以新方式被傳輸的內容，如電視的網路或網路播送）兩個層次。在此概念之下，數位匯流強調了超文本、超連結、互動的數位特性。而網路媒體也得以在數位匯流的基礎上產製豐富的數位敘事文本。本文數位匯流（digital convergence）的概念是指以數位化的資訊平台將不同的媒材進行匯流，亦即是數位化的媒體匯流概念。

二、媒體匯流模式

　　媒體匯流（media convergence）概念最早由美國麻薩諸塞州理工大學的浦爾教授提出，其本意是指各種媒介呈現出多功能一體化的趨勢。Quinn 在提到媒體匯流的定義是，努力朝向全面接軌的理想實現，媒體匯流的關鍵人物是編輯，他必須評估每一個新聞事件的價值以進行最適當的分配（Quinn, 2005b: 32）。Dailey 等人（2005）則認為，媒體匯流是團隊的記者協力合作的計畫、報導，從而產製一個故事，並決定哪一部分的故事最適合平面、廣播或數位形式。因此，有學者將「媒體匯流」的新聞又稱為「多樣化新聞」（multiple-journalism），主要是指將多種媒介的新聞傳播活動整合進行，採用多媒體、多管道的方式傳播新聞，網路的出現，使新聞敘事形式的匯流成為可能。

　　為了澄清媒體匯流的不同含義，Gordon提出了五個媒體匯流的觀點：所有權、策略（跨平台的交叉推廣和內容分享）、結構（組織結構和功能變化）、資訊蒐集（多平台）和呈現（Gordon, 2003: 61）。

　　Deuze（2004）定義了兩種多媒體匯流的類型，第一種是跨媒體匯流，亦即電子郵件、簡訊、印刷、廣播、電視、手機等媒體平台的匯流。另一種指媒材的匯流，亦即口頭和書面文字、音樂、移動和靜止圖像、圖形動畫等兩個或更多媒體格式的互動，和利用「例如超文本元素」所形成的媒材匯流。

　　不同於Deuze的媒材匯流與跨媒體匯流，Dailey等人（2005）以垂直軸和水平軸來定義媒體匯流新聞。垂直軸表示從開始到結束的產製過程中，連結建立多元技能之概念（Bromley, 1997; Cottle & Ashton, 1999）。多元技能記者在文本中展現了許多產製新聞稿的功能，例如，從採訪、攝影、錄影、寫稿、編輯影片與照片都一手包辦。記者和學者都經常形容這些人為「背包記者」（Gordon, 2003; Stone, 2002），或神探（Quinn, 2005a: 31），或俗語「樣樣通，樣樣鬆」（Huang et al., 2006; Singer, 2004; Tanner & Duhe, 2005)。這種垂直軸的新聞產製被批評為：同時做太多的事情會樣樣通，樣樣鬆（Cottle & Ashton, 1999: 34），這種垂直軸的多技能記者不是真的很擅長什麼。

　　水平軸的媒體匯流指由不同的媒體平台組成新聞故事，可實踐於印刷、廣播、電視、網路和手機媒體，亦稱為跨媒體軸的媒體匯流。此一匯流模式亦同樣被貼上「樣樣通，樣樣鬆」的標籤。

　　Kolodzy（2006: 10）進一步提出工作軸和內容軸同時存在的跨媒體新聞模型。工作軸由不同形式的跨媒介實踐組成，描述內容是如何在媒體機構和新聞角度建立的多平台被發布與創造，它包括單一記者多平台新聞（記者產製相同的新聞在兩個或更多的平台上）、新聞數據庫新聞（單一記者將存在的新聞報導創造一個新的版本放在不同的平台）、內部平台協調（記者或編輯從不同的平台上共享訊息，協調特定新聞的涵蓋效果）、內部平台產製（要求記者將特定的新聞報導在不同平台上廣泛合作復以共享新聞內容與題材）。這四種平台的新聞可能於不同平台雙邊協調，他們可能依賴近用資訊、新的題材，以及記者們於數位生產系統（ENPS, Digas, Quantel）共享以產製出新的新聞。但Kolodzy（2006）強調，媒體匯流的方式發生在多元的新聞編輯室，它並沒有任何一種範本被認為是最好的模式，尤其是媒材內容的匯流，更需要視不同的情況運用不同的模式。究竟台灣的新聞網站在跨媒體平台上如何進行匯流？不同的媒材又如何進行內容匯流?數位多媒體的匯流模式與敘事策略是什麼？研究探討上述問題前，必須先瞭解傳統多媒體與數位多媒體的差異，才能進一步討論數位多媒體的敘事策略。

三、數位多媒體敘事策略

　　傳統媒體大致區分為文字、聲音、圖像等三大種類：文字是最普遍的媒材；聲音則包含了配樂、音效、語音、旁白等，能傳達文字或影像所無法表現出的意涵，營造出特別的氣氛或模擬出真實的效果；而圖像分為靜態圖像（例如圖形、圖表、照片、圖畫等）與動態圖像（如動畫、影片、視訊）兩種類型，傳統多媒體是指兩種以上媒體素材的融合。而數位多媒體與傳統多媒體最大的差異在於數位多媒體擁有傳統多媒體沒有的數位特性，數位多媒體新聞就是建構在數位匯流基礎上的多媒體數位敘事形式。因此，數位多媒

體新聞的敘事策略必須思考數位匯流特性，才有助於吸引網友的眼球，提高新聞的點閱率。而數位匯流的特性就是超文本連結與互動生，正是豐富多媒體新聞文本和多樣敘事的基礎，唯有利用數位匯流的超文本、超連結、互動特性，媒體組織才得以開創出嶄新的數位多媒體敘事形式和文體。

(一)超連結數位敘事

對於新聞網站而言，超連結包含了內部連結與外部連結兩種連結形式，內部連結是指在同一網站與其他相關內容的連結，而外部連結則包括和坐落在網路上其他信息內容的連接。就功能而言，每一個超連結可以連結另一篇文章，另一個網站，另一個空間，形成各種可能性，例如關鍵字加入超連結；以連結原典、論據或參考文獻而言，如同學術論文的註腳；意義建構亦即正文和超連結目標文章共同建構新的文本意義。此外，就連結的內容而言，亦包含了RSS feed、圖片新聞（slideshow）、資訊圖像（infographic）、新聞部落格、討論區、線上投票、PDF格式文件、線上問卷調查、郵件等。

超連結可以讓資訊容量增加，藉由連結多個空間，並將內容和意義建構分散在多個空間，再相互組合。但過去的研究表明，只有極少數網路新聞媒體使用外部連結（Deuze, 2003），新聞網站如有外部連結，多半是連結至集團相關網站或非競爭媒體間的連結為主（Oblak, 2005）。Cohen（2002）指出，外部超連接較少被使用的主要原因是，這些外部連結將使既有的瀏覽者「逃脫他們的網站」。研究也指出，新聞網站內部連結比外部連結更頻繁使用，尤其是數位電子報（Oblak, 2005）。對新聞網站而言，外部連結意謂讓網友離開自家的網站，減少流量與降低點閱率，但涉及資訊的完整性與著作權問題，卻又不得不以外部超連結進行文本敘事時，網站經營者和編輯是如何思考此一難題，這是本文主要研究問題之一。

(二)超文本數位敘事

數位多媒體的另一個主要特性是超文本（hypertext，另譯多向文本、超文字），指透過電子聯繫，將分散在網路各處的相關資訊片斷連接起來，以

便網友取用。因此，超文本有兩大不可或缺的要素：一是網路，二是非線性。數位超文本必須兩者之間相互為用，缺一不可（鄭明萱，1997）。

Nelson（1981: 0/2）創造出超文本這個詞，他定義超文本為「非順序式書寫」，雖然多數學者視超文本為合併的敘事多媒體。Nelson 認為超文本是一種非依時間順序的寫作，文本有許多分枝，並允許網友選擇。Landow（2006）將非線性或多重敘事和多聲樂（多角度）視為定義超文本的特點。Manovich（2001）描述超文本故事為資料庫中的敘事，包括資訊的片斷，可以重新組合成新的模式。Goode(2009: 1296)建議現在的新聞產製和消費應與 Manovich 的數據庫結構類似，讓數據不斷地轉移、集聚、導航、重新配置、定製和看似無限的排列。

超文本最好的呈現形式是在螢幕上，透過一系列不同區塊文本的連結，可使讀者產生不同的閱讀路徑。例如可以藉由超文本讓媒材自我演化，一張張照片用超連結串成可以自動播放的幻燈秀（slideshow），地圖上一個個資訊框藉由超文本連結成可以自動播放的動態地圖（如 Google 地球），超文本藉由超連結，可以讓敘事動線從線性轉為多向（鄭明萱，1997）。這種非線性超連結的資訊會包含文字、照片、聲音、錄影、動畫和圖表等媒材，形成多型態的新聞敘事方式（Dailey et al., 2005: 5）。

超文本的連結，網友可以自行決定點閱新聞文本的順序、速度、範圍、形式，表面上網友擁有選擇權，事實上，網友的連結仍在網站編輯的設計中，對於這些不同型態媒材如何藉由連結形成超文本？何種超文本連結最能達到點閱效果？網站經營者與編輯自有其一套思考邏輯，此一思考邏輯是什麼？這也是本文主要的研究重點。

(三)互動數位敘事

互動功能是數位媒體與傳統媒體在新聞功能上最大的差異，數位匯流的超文本特性，賦予了新聞文本有互動敘事的可能，傳統線性敘事之情節可透過互動而改變，同時也賦予使用者和不同觀點與角色互動的可能。Zeng & Li

（2006）分析美國報紙網上互動提出了互動內容和人際互動兩種互動類型。
Deuze（2003）則描述三種互動類型：(1)瀏覽互動：用戶選擇如何通過內容
瀏覽進行互動（例如選擇類別、關鍵字搜索、列印）；(2)功能互動：即用戶
可以與其他用戶或內容的生產者進行互動（例如聯絡作者、接觸其他人、轉
發消息、發布消息、回應消息）；(3)客製化互動：網站可以依用戶的喜好和習
慣客製化內容，用戶可以上傳自己的內容（例如網友照片或自己的心情故事）。

　　互動是數位媒體與傳統媒體最大的不同，關鍵在將閱聽人視為主動者
（prosumer）而非被動的閱聽人，開放網友自行決定閱聽行為，允許網友參
與內容產製。在網路傳播過程中，網友藉由互動而不再被動地依照傳播者設
定的動線來接收資訊，並藉由回應、引用、改作、共同編寫（如維基百科）
等方式參與新聞內容的建構。

　　儘管互動是數位多媒體敘事相當重要的特性，但研究指出，多數新聞網
頁雖然都設有互動的功能，但都只是儀式性的使用而不太能有效地利用這種
互動的機會（Oblak, 2005; Schultz, 1999）。究竟新聞網站如何看待與網友的
互動？如何讓互動功能對網站產生加分作用？這是本文的第三個研究重點。

　　綜合上述文獻可知，網路新聞是建構在網路特性上的媒材匯流文本，此
一文本並朝向多媒體方向發展，媒體組織如何藉由網路特性進行媒材匯流達
到更好的傳播效果，如何建立跨媒體平台的多媒體匯流模式，使多媒體新聞
報導得以發揮吸引眼球的目的？本文提出如下的五個研究問題：

問題一：台灣新聞網站使用哪些多媒體元素？不同新聞網站是否會有差
　　　　異？

問題二：台灣新聞網站如何使用超連結呈現多媒體新聞？

問題三：台灣新聞網站如何進行超文本的媒材匯流？

問題四：台灣新聞網站如何使用互動連結和看待與網友的互動關係？

問題五：台灣新聞網站在跨媒體平台上如何進行匯流？如何改造傳統編
　　　　輯室成為數位多媒體中心？

參、研究方法

　　為瞭解新聞媒體組織如何呈現多媒體新聞？使用了哪些多媒體素材？不同新聞媒體組織在多媒體新聞呈現之差異為何？本研究採取簡單的內容分析進行研究。至於新聞媒體組織如何使用超連結？如何進行超文本的媒材匯流？如何使用互動連結和看待與網友的互動關係？如何在跨媒體平台上進行匯流？如何改造傳統編輯室成為數位多媒體中心？本文採用深度訪談法進行研究。

一、內容分析媒體

　　本研究選取的新聞媒體組織均以投入人力經營網站的新聞媒體為主，包括蘋果日報電子報、聯合新聞網、中時電子報、雅虎奇摩網站（入口網站）、東森新聞雲（網路原生報）、天下、遠見新聞網（雜誌網站）和中央社（通訊社）。自由時報電子報與電視媒體網站，其內容主要來自母媒體的資料轉貼，缺乏內容的經營，因此不列入本研究分析的對象。

二、內容分析類目

媒材	超連結			互動	
	連結功能	連結形式	連結內容	互動功能	客製化功能
文字（text） 圖片（picture） 幻燈照片（slideshow） 影音（video & audeo） 資訊圖像（infographic） 動畫（animation）	關鍵字連結 關鍵字搜尋	內部連結 外部連結	相關新聞 社群媒體 新聞部落格 討論區 線上投票 RSS feed	聯絡我們 轉寄消息 發布消息 回應消息 列印	個性化內容

三、深度訪談對象

編號	職稱	服務單位	訪談時間
N1	網路新聞主管	蘋果日報網路中心	2013.4.12
N2	影音部主管	聯合線上有限公司	2013.4.19
N3	事業部主管	聯合線上有限公司	2013.4.19
N4	內容部主管	聯合線上有限公司	2013.4.19
N5	編輯部主管	中時電子報	2013.4.13
W6	數位中心主管	中央社數位中心	2013.4.12
W7	網站企畫編輯	雅虎奇摩網站	2013.4.16
W8	新聞部記者	東森新聞雲	2013.4.16
M9	數位中心主管	天下雜誌	2013.4.14
M10	數位中心編輯	遠見雜誌	2013.4.16

肆、研究分析

一、文字傳達新訊息，幻燈照片和影音最吸睛

　　文字是媒體組織在呈現新聞時最基本的媒材，因為文字不占網路資源，又能即時傳送大量資訊給網友，所以文字是新聞網站最基本的媒材，尤其是沒有母媒體支持的網路原生報都盡量以文字呈現。

　　東森新聞雲網站的經營，沒有平面媒體，屬於網路原生新聞製，強調最新、最快、最大量的新聞網，所以靜態的文字新聞會優先上傳，例如美國波士頓爆炸案，要求記者蒐集各種資訊，短時間立即上傳20條相關新聞。（W8）

　　遠見網站對於媒材的使用以文字優先，遠見網呈現的內容主要以文字為

主，亦即部落格化的網路經營，希望給網友大量的資訊，而且文字比較不占網路資源。其次是照片，然後是影音，較少圖表和動畫。（M10）

聯合新聞網鼓勵報社記者隨時發短稿，並訂有獎勵制度，達到報社訂的標準給獎金，獎金從一則 500 元到 1,000 元不等。（N4）

奇摩是入口網站，網友進入奇摩網站主要是想看最新最完整的資訊，所以奇摩的資訊強調的是快，對於需要搶時效的新聞會由自家記者撰寫，其餘大多來自新聞授權和外電。

照片是新聞網站另一基本媒材，由於照片點閱率相當高，所以網站對照片的使用，除了搭配文字使用外，甚至會另成一個照片專區供點閱；有些網站更會將照片重製成幻燈片故事自動播放，讓一張張的靜態照片串成動態的幻燈故事。但幻燈故事需要較多的網路資源，更需要花時間去重製，有些網站受限於條件與人力，除非是重大新聞或有必要性，否則盡量減少幻燈故事的製作。

我們（中央社）會盡量使用照片，主要是圖點閱率很高，尤其是影劇照片瀏覽量大（例如小S和韓星照片），尤其是有露點照片點閱率更大，但中央社不敢放這種照片，照片最吸睛，但中央社最大的困難是無法大量提供最新的照片。此外，「以文搭圖」已是最基本模式，即使該則文字報導沒有即時的新聞照片，編輯也會佐以「示意圖」代替，提升該則新聞的點閱率，也強化該則新聞與讀者的互動。有新聞圖片的搭配會讓網路新聞呈現更加生動活潑與多元。（W6）

照片具有很好的點閱率，所以東森新聞雲會盡量上傳照片，甚至在首頁開了一個slideshow的欄目，六張照片一組自動轉換，點閱率很高。（W8）

幻燈圖像故事（slideshow）是遠見網站相當重視的部分，只要是雜誌封面故事和重要內容，以及適合做幻燈故事的素材，都會做成slideshow，因為slideshow在網站的點閱率也相當高。（M10）

聯合新聞網對於slideshow的製作，主要的考量是影音記者未到現場，但

平面記者到場時，會以數張照片組成slideshow，彌補缺乏影音之遺憾。其次是現場畫面太血腥，以影音呈現會有爭議時就使用slideshow。（N4）

影音新聞是新聞網站爭取點閱率的必備媒材，新聞網站都設置有影音新聞專區。奇摩的影音有各電視台的授權使用，為了增加點閱率，將具有吸引力的影音新聞另闢「爆新聞」的專欄。聯合新聞網更是投入大量人力成立影音事業部，同時也要求集團各報系的記者必須每月提供一定數量的影音新聞，並將影音新聞的露出與否列為考核的項目。

> 奇摩新聞有來自電視媒體的影音新聞，網友對影音新聞具有很好的點閱率，所以奇摩在首頁另開一個「爆新聞」專欄，選擇一些重要的影音新聞放入「爆新聞」。（W7）
>
> 聯合報系加強了影音新聞的經營，並在2010年前成立影音事業部，並採取關鍵績效指標（key performance indicators，簡稱KPI）。在KPI指標下，聯合報系的記者每月至少要發三則影音新聞，列入績效考核，為了提升影音發稿品質，後來再改為每月必須有三則影音被採用。網站的影音新聞不同於電視台，主要強調新聞的新與快，不特別去強調完整性，所以記者傳回總公司的是一段段的新聞影片（BS影音），而不是電視台完成剪接與配音的完整帶（sot帶）。（N2）
>
> 中時電子報新聞網站擁有集團中視公司與中天電視的影音支援，所以不要求記者配合影音製作。中時電子報豐富的影音新聞資源與《中國時報》的新聞照片，使得中時電子報在網站經營上強調影音與圖片的活化。（N5）
>
> 《蘋果日報》雖然有壹電視影音的支援，但為了配合多媒體新聞的需求，仍要求每位記者都隨身帶有攝影機，除了提供文字內容外，同時也提供影音新聞。（N1）
>
> 中央社網站新聞來源設有影音新聞中心，負責專題新聞影音製作，中央社同時鼓勵記者做stand（現場報新聞）。（W6）

資訊圖像與動畫是新聞網站較少使用的媒材，主要是這兩種媒材花時間又花人力，尤其是動畫更需要技術支援，蘋果日報網站有動新聞的支援，所以是新聞網站中唯一常態性提供動畫的新聞網站。而資訊圖像的發展已由單純的靜態統計圖表到動態的圖像，新聞網站只有在新聞專題或重大新聞時才會製作靜態的資訊圖表，而天下雜誌網站除了資訊圖表外，更提供互動性的資訊圖像，成為該網站的重要特色（見**圖一**及**表一**）。

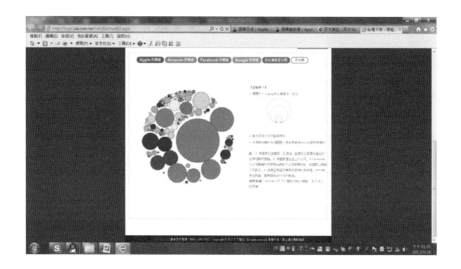

圖一　《天下》雜誌在互動資訊圖像的使用

資料來源：天下雜誌網站 http://www.cw.com.tw/subchannel.action?idSubChannel=298。

表一　新聞網站對媒材使用情況

媒材／媒體	蘋果	聯合	中時	央社	奇摩	東森	天下	遠見
文字（text）	○	○	○	○	○	○	○	○
照片（picture）	○	○	○	○	○	○	○	○
幻燈照片（slideshow）	○	○	×	○	○	○	○	○
影音（audio & video）	○	○	○	○	○	○	○	○
資訊圖像（infographic）	○	○	×	×	×	×	○	×
動畫（animation）	○	×	×	×	×	×	○	×

圖表占用網路太多資源,因此,《遠見》雜誌很多統計圖表到了網站後,大多予以刪除。(M10)

聯合新聞網對於圖像的製作主要是考慮有無必要性,如果我們覺得此一新聞缺少圖像會無法呈現故事的完整性,這時我們就會去製作。(N2)

中央社會依需要製作資訊圖表,甚至做簡單的動畫,但這些都很花時間,除非主管交代,不然美編和記者是不會主動去要求製作。(W6)

有趣的動畫可以增加轉貼與分享,創造影響力,同時把複雜的資訊用動畫來傳輸重要的概念。天下網站有時會製作動畫來傳輸一些複雜的概念,例如新聞報導用洋芋當早餐會製造很多胖小孩,天下網站就製作一個有趣的動畫來傳輸正確的飲食觀念。(M9)

網路地圖是熱門的敘事工具,可以允許網友拉近拉遠、上下左右移動,還能嵌入文字、圖像、語言、超連結,形成一個敘事平台,我們(天下網站)會視新聞內容的必要性做地圖式的資訊圖像設計。(M9)

二、超連結是必要設計,外部連結、關鍵字連結較少使用

新聞網站超連結的使用,在連結方式上大多以內部連結為主,外部連結會使網友離開自家網頁,降低網站流量,因此,網站盡量不進行外部連結。但如果是連結到自己集團網站,或可節省網路資源(例如影音連結),或是涉及著作權等因素才會進行外連結。在連結內容上,延伸閱讀、相關新聞、社群媒體、部落格、討論區、RSS 是一定會有的連結,線上投票只有少部分新聞網站會使用。而連結的功能以關鍵字連結較少被使用(見**表二**)。

網站最花錢的就是頻寬,所以聯合新聞網對於外部超連結的使用原則是:需要大量頻寬的新聞就使用外部連結,例如影音新聞就上傳到smart TV,或連結到YouTube等網站,不需要太大頻寬的就盡量使用內部連結。(N3)

表二　新聞網站的連結使用情況

連結內容／媒體	蘋果	聯合	中時	央社	奇摩	東森	天下	遠見
連結方式								
內部連結	○	○	○	○	○	○	○	○
外部連結	○	○	○	○	○	○	○	○
連結內容								
相關新聞	○	○	○	○	○	○	○	○
社群媒體（分享）	○	○	○	○	○	○	○	○
新聞部落格	○	○	○	○	○	○	○	○
討論區	○	○	○	○	○	○	○	○
線上投票	×	○	×	○	○	×	○	×
RSS feed	○	○	○	○	○	○	○	
連結功能								
關鍵字連結	×	×	×	×	×	×	○	×
關鍵字搜尋	○	○	○	○	○	○	○	○

基本上，天下網站大多數的內容都會使用超連結，這已經是網路新聞必要的產製原則。超連結以內部連結為主，有關鍵字搜尋和關鍵字連結，需要連結的內容都進入集團的資料庫去撈。外部連結使用的時機都是因為外部作者有提到一些網站內容，這些內容需要靠外部連結瀏覽內容，這時才會進行外部連結；或者相關內容是來自集團其他媒體機構，這時也會進行外部連結。（M9）

遠見網站超連結大多使用在延伸閱讀和相關文章連結，主要是以內部連結為主，外部連結只有內容授權的時候才會進行外部連結。（M10）

東森新聞網非常重視超連結功能，甚至規定每條新聞要設有5條延伸閱讀的超連結，主要是連結至內部的資料庫。外部連結的主要考量是避免用到公司網路資源，具有極高點閱率的YouTube和台大PTT電子報都是主要的連結對象，記者都會主動在PTT貼文讓有興趣的網友連結到東森

網站，以創造點閱率。（W8）

奇摩有豐富的資料庫，所以相關新聞的超連結都以連結到內部的資料庫
為主，外部的連結以特定的合作對象為主。（W7）

三、多媒體新聞的超文本連結全由經驗判斷

新聞網站的媒材匯流是以「文字配照片」最常用，主要是這兩種媒材最
普遍，「文字配圖表」是平面報紙常運作的模式，此一模式對新聞網站而言
仍是很「夯」的呈現模式。「文字配影音」或「文字配幻燈照片」也會依新
聞內容而有不同作業模式，有單純以影音方式呈現單則新聞，但會加一段稿
頭；或單純以幻燈照片方式呈現，但會加上標題，吸引網友點閱；有些網站
新聞會以影片配字幕卻不加聲音，主要是方便上班族用看的來瀏覽新聞。

蘋果日報在網頁呈現上會使用大幅照片再配上文字新聞，或以標題連結
集團媒體的壹電視動新聞。（N1）

天下雜誌網站媒材聚合的思考，主要是以文字配照片。（M9）

遠見網站對於影音和文字的組合使用，公司的要求是所有影音都要配上
文字，主要是有些網友上班時不方便有聲音，所以會關靜音，只看影像
和文字。（M10）

遠見網站對於幻燈照片、影音、圖表或動畫的聚合使用，則考慮議題的
需要性，以及時間是否足夠。大多數有時效性的新聞都因為時間因素而
只呈現文字和照片，無法配合其他媒材使用。

超文本媒材的呈現主要有兩種方式：一種是在同一網頁上組合兩種以上
的媒材；另一種是以超連結方式去匯流不同的媒材形成超文本，這兩種方式
的運作並沒有一定的模式。基本上，有足夠時間與人力的網站會以重製方式
呈現超文本內容，但此一方式並不一定能創造更多的點閱率，反而是利用簡
單的連結所形成的超文本也能創造點閱率。如何進行超文本的操作，新聞網

站經營者大多從經驗中去摸索學習。

> 遠見網站對於超文本的使用原則是，媒材的連結必須是內容相關，文字
> 配合照片必須看照片品質，而且要考慮組合後是否具有吸引力。對於超
> 文本的使用，會以文字加照片的幻燈照片為主，因為網友喜歡看圖勝於
> 文章，所以能做幻燈故事的都會盡量去做。（M10）

> 我們聯合報系擁有豐富的資料庫，同時擁有文字、照片、圖表、動畫與
> 影音等媒材，這些媒材可以經由重組成為多媒體的新聞，而組合的考量
> 是「有無必要性」，亦即單一媒材的解釋性夠不夠，如果新聞需要加入
> 照片或影片或動畫才能充分解釋新聞，這時主管會要求加入必要的媒
> 材，讓新聞更完整，更有解釋性。例如一則新聞提到某一款車子可以自
> 動入庫和停車，在眼見為憑下就會加入影音媒材；又如墜機事件無法拍
> 到事件過程就會以動畫呈現，而有些意外事件畫面過於血腥，會以一組
> 照片的slideshow來呈現，這些文本的組合呈現多以超連結方式完成。
> （N4）

四、互動設計可增加點閱率、流量與停留時間

數位匯流的超文本特性賦予新聞文本有互動敘事的可能，新聞網站經營
者肯定網站互動設計的功能，認為可以增加網友的點閱率、停留時間與流
量。但在互動設計與強調的項目上各有不同，例如東森新聞雲強調互動功能
和瀏覽功能，雅虎奇摩則強調社群互動、民調互動、網友意見等，中時電子
新聞網站則特別經營社群媒體APP與粉絲團的互動內容（見**表三**）。

> 聯合新聞的網友論壇，原先是單獨設一個區域，後來改在每則新聞之後
> 設新聞回應，讓使用者針對新聞進行回應與轉貼至個人臉書與部落格，
> 達到互動目的。（N2）

> 蘋果網站把想得到的互動設計都設了，特別是粉絲團的經營，蘋果成立

表三　新聞網站互動功能的使用情況

互動／媒體	蘋果	聯合	中時	央社	奇摩	東森	天下	遠見
功能互動								
聯絡我們	○	○	○	○	○	○	○	○
轉寄消息	○	○	○	○	○	○	○	○
發布消息（投稿）	○	×	×	○	×	○	×	×
回應（讚 心情 點評）	○	○	○	○	○	○	○	○
列印	○	○	○	○	○	○	○	○
客製化互動								
個性化內容	×	×	×	×	×	×	×	×

了許多紛絲團社群，並固定舉辦活動。（N1）

對於互動設計，天下雜誌網站採UGC（user generated content, 使用者創作內容）設計，內容包含了按讚、分享（facebook）、轉貼、留言、聯絡作者（e-mail）等連結。（M9）

　　客製化的互動是新聞網站中一個特殊設計，大多不太使用，即便有此一設計也都是屬於業務要求或辦活動時才會採用。客製化互動不被列為常態的經營項目，主要是此一項目相當花人力，同時涉及內容的版權問題。

客製化的互動涉及到版權使用與正確性問題，聯合新聞網通常不使用。遠見網站認為客製化的互動只有在辦活動時才會設置。（N4）

天下雜誌網站對於客製化的內容，過去曾在「超越六十」的企劃中曾邀請使用者在網路上製作自己的年表，回顧自己的生活史。（M9）

在一些重要的議題上，東森新聞雲較會設計客製化的互動，例如林書豪網頁，或者重大水災會請網友直接上傳水災的照片與文字內容。（W8）

中央社的客製化互動屬業務行銷範圍，例如中央社有「訊息服務」區塊設計，客戶可以上傳自己的內容，這是一種為客戶量身訂做的客製化服務。（W6）

五、多媒體新聞需要跨平台溝通與資源分配

　　如何確保訊息在每個平台或媒材上的匯流是互補的，而不是多餘的，並不是一件容易的事。為了讓網友從不同載具管道看到「相關」的內容，新聞網站會整合網站可能的媒體資源，進行跨平台的匯流，將資源充分整合、分配與重複再製。新聞網站在資源整合上多半設有一個資源分配、溝通與分享的組織（或稱大編輯平台、數位中心、數位小組或網路新聞組等），此一網路組織具有協調機制，訂定新聞分配的標準作業流程（SOP），但溝通協調能力視組織的位階與主管對匯流瞭解程度而有不同的效果。

> 聯合報系集團為整合資源，特別成立大編輯台，做法是將報系所有的新聞單位均進入大編輯台提供資源共享，各媒體資源之分配則由大編輯台的匯流總編輯負責協調。（N3）
>
> 天下雜誌網站配合數位匯流的作業流程另成立網路部，並劃分為藝術團隊、技術團隊、電子商務團隊、網路編輯團隊、影音團隊與多媒體團隊，各個工作團隊分別製作出整合的多媒體專題內容，再經由主管審核後進入平台供點閱瀏覽。（M9）
>
> 中時電子報下設數位產品事業部，專責新聞產製與管理，其中技術中心負責影音新聞，視創中心負責美編，編採中心、娛樂中心、理財中心負責一般新聞供應。（N5）
>
> 蘋果日報新聞網隸屬《蘋果日報》編輯部（原先委外由資訊公司代為編輯），2009年在編輯部下設網路中心，網路中心下設動新聞、即時新聞（有專屬編輯）、企劃編輯（負責網站製作），其中，動新聞由主管開會決定，再委外製作。（N1）
>
> 中央社曾有意改造，有人提議成立大編輯台。但目前是呈現二元運作模式，由總編輯領導的新聞部與事業單位的數位中心分頭進行，數位中心下設：(1)數位組訊息平台（負責主網頁新聞）；(2)編輯服務（負責Yahoo

等入口網站新聞編輯）；(3)系統開發（APP等程式開發）；(4)視覺創意（負責美編、字幕、特效），中間有設立溝通機制與重大新聞通報機制。（W6）

遠見雜誌網站為數位匯流作業設立數位技術中心，數位技術中心有數位編輯、數位業務。數位技術中心除了提供技術支援外，另供應影音內容。（M10）

六、多媒體新聞發展的挑戰

數位多媒體新聞的產製目前已逐漸走出技術的困境，新聞網站所面臨的挑戰多半與人的因素有關。對經營者而言，多媒體新聞意味著人力的增加（成本增加）、資訊平台的協調（人的溝通）、專業技能的訓練（記者再訓練）。解決這些問題其實也不是很難，最難的是，這些問題解決了，新聞網站是否就可以獲利，這是很難回答的問題，也因這些疑慮，新聞網站對於多媒體新聞的產製也就趨向保守。

(一)專業技能再訓練

記者需要有採編與製作影音新聞的技能，但對傳統紙媒的記者而言，缺乏影音新聞的製作概念，不知道影音新聞要如何拍；其次是影音新聞價值判斷與紙媒新聞不盡相同，紙媒記者在採訪記者會的內容時常忘記影音還需要相關人士的訪談影音，這種新聞聯想的概念，紙媒新聞記者通常需要再訓練。（N2）

(二)記者抗拒與溝通

數位匯流的改革中面臨了心理與技術轉型的瓶頸，要求駐地記者提供影音新聞，對記者而言，被認為是工作時間變長，工作量加重，等同減薪，因而有抗拒心理。而數位匯流下形同資源被稀釋，因而懷有本位主義，

這些都要溝通與化解。（W6）

數位時代，記者面臨了多項技能的挑戰，記者不一定要樣樣精，但要樣樣通，但樣樣通也代表著錯誤率高，而樣樣通的記者卻不一定想樣樣做，加上有些技術部門並非網站的編制單位，所以事權分散，組織內部溝通變得很困難。（W8）

多媒體內容的處理者需要有程式設計的概念、還要會剪接影音，同時要有文字處理和照片修圖能力，為了節省經費，這些工作通常都是集中在少數人來做，想做的人都是心有餘而力不足。（W6）

(三)投資效益思考

多媒體新聞的經營在技術上困難度不高，但需要投入的資源卻相當大，對於多媒體資源的投入是否能獲得相對獲利回報？以及擅長文字報導的平面記者如何擁有影音拍攝技術？如何培養影音說故事能力？這些都需要媒體工作人員再訓練，新聞網站仍有很大的成長空間待努力。（N2）

伍、研究結論與討論

一、圖像化多媒體新聞是競爭與獲利關鍵

文字與照片是網路新聞最基本的媒材，主要原因是文字不占網路資源，又能即時傳送大量資訊，照片則是點閱率相當高，所占之資源又不會太大。然而，在數位匯流的時代，隨著閱讀習慣的改變，圖像化的內容會更受到歡迎，因此，數位多媒體新聞就成為網站競爭的重點，尤其是影音新聞與幻燈故事具有很高的點閱率，所以成為數位多媒體新聞主要的呈現方式。

不過，幻燈故事和影音新聞需要較多的網路資源，更需要花時間去製

作，有些網站受限於條件與人力，除非重大新聞或必要性，盡量減少製作。資訊圖像與動畫是新聞網站較少使用的媒材，由於這兩種多媒體素材產製既花時間，又花人力，同時涉及技術問題（例如互動資訊圖像與動畫），只有少數新聞網站有能力產製。

　　美國和歐洲主流媒體網站在產製網路新聞過程中，多媒體格式變成新聞網站的標準目錄，包括了音頻幻燈片和互動訊息圖像。一些網路新聞多媒體的研究發現，音頻幻燈片的產製有一半皆由美國報紙網站所做（Bergland et al., 2008）。音頻幻燈片結合了靜態攝影與聲音旁白，可以說是「新的」網路多媒體新聞形式。由於音頻幻燈片是具有強大敘事能力的工具，可以讓個人講述自己的故事，逐漸被主流網站廣泛使用（Lillie, 2011）。

　　由於多媒體圖像化呈現是數位多媒體發展趨勢，對一些擁有豐富影音資源以及報紙的豐富照片的媒體，如果能配合網站視覺創意中心的技術，朝圖像呈現的方向產製音頻或互動資訊圖像，以及動畫新聞，將有助於網站競爭與獲利。

二、區塊化是數位多媒體新聞布局基礎

　　數位匯流基本上是建構在網路的特性上進行匯流，也就是網路文本在數位匯流下具備了超連結、超文本、互動性與多媒體的特質，在這些特質基礎上，新聞網站在資訊的布局以「區塊化結構」、「連結點布置」以及「多媒體的內容組合」為基礎，而這三者之間又是環環相扣。

　　Kolodzy（2006）指出，網路寫作的基本原則就是要有區塊化的概念。所謂區塊化新聞結構，是指以「區塊」來轉化傳統新聞的「段落」概念，而區塊化的數位文本內容須靠超連結來進行，區塊化的文本可能是照片、影音或圖表的多樣化媒材，此一區塊文本藉由連結也就形成了多媒體的文本內容。

　　台灣新聞網站的新聞寫作與呈現普遍缺乏區塊化的概念，所以網路新聞的呈現只能做媒材的組合，而無法善用超連結進行媒材的匯流，創造數位多

媒體更好的視覺效果。

　　如何進行區塊化的多媒體連結，讓數位多媒體文本有最佳的瀏覽效果，Artwick（2004）認為記者在寫新聞時，一開始著手報導就必須思考多媒體與互動性。Kolodzy（2006）也認為，數位內容寫者在構思內容時要確保互動性及多媒體是其展列訊息時最重要的思考。當多媒體新聞媒材進入網路編輯時，藉由區塊化、超連結與多媒體三面向的結合，形成 Quinn（2005）所談數位文本寫作的「多媒體心態」（the multi-media mindset）。

三、強化社群媒體工具和用戶回饋

　　網路工具豐富，表現形式能夠以過去做不到的形式呈現，也能開創敘事新局，例如：開放網友參與編寫，讓新聞、資料庫、社會行動間的界線趨於模糊，開展在地議題的新探討模式。2000 至 2008 年間，nytimes.com 增加了其用戶反饋選項，讓觀眾分享照片幻燈片和多媒體資料包在社群網站上。Goode（2009）認為這樣的「後設新聞學」工具，有可能使觀眾參與議題設定的過程，作為社群媒體的評論和新聞評鑑服務，網友亦能夠當發布消息的守門人。

　　台灣新聞網站在互動性的設計上，欠缺了網友參與創造內容的互動設計，尤其是客製化的互動更是缺乏。分享新聞給 facebook 上的好友是否會激發觀眾閱讀更多的新聞，是否藉由批判或參與瞭解更多的事件，仍有待觀察。然而，社群媒體提供了新聞網站一個另類互動的討論空間，值得再強化與擴增互動內容。

四、員工與主管的數位匯流再學習

　　數位時代的媒體匯流強調數位的整合，擁有傳統母媒體支持的新聞網站擁有豐富的資料庫可以提供各種媒材，如何運用文字、照片和影音等媒材匯流成數位多媒體新聞？如何讓這些豐富的媒材炒成一盤好菜？需要懂得數位匯流的人才。

　　Wickert 和 Herschel　（2001）認為，訓練能夠讓員工的知識和技能基礎變廣，使員工能執行新的任務，或是使既有的工作內容執行效率更佳。如果數位媒體的經營者與編輯要獲得工作所需的數位技能，就必須要安排專業訓練。

　　重大新聞如何整合各項資源進行數位多媒體新聞報導，需要有經驗的數位工作室主管去指揮整合。但有些數位媒體主管是來自傳統媒體，對數位匯流的智識與技能不足，對新聞的數位整合欠缺創新整合的領導能力，形成組織內部工作的無力感，因此，數位匯流時，不只是第一線記者需要專業技能訓練，數位工作室的主管亦同樣需要再學習。

五、媒材匯流效果再研究

　　廣播只能用聲音敘事，報紙只能用圖文敘事，電視雖有多媒體卻缺乏互動性，數位媒體則高度開放，既能兼用文字、圖形、影像、動畫、音訊、視訊等多種媒材敘事，也能進行各種媒材的匯流，更能開放網友進行互動。如何讓新聞內容能以最適合的媒材表現？媒材如何匯流才能提高瀏覽與點閱效果？台灣新聞網站的工作者僅藉由經驗與流量判斷，需要藉由理論知識再思考。

　　學者 Sweller 等人（1998）與 Mayer 等人（2001）曾提出多媒體學習理論，指出「有關聯的文字與圖畫出現在螢幕中的距離，近優於遠」（空間接近原則），「有關聯的文字與圖畫出現在螢幕中的時間，同步優於非同步」（時間接近原則），「內容加入有趣卻無關的文字、圖畫或聲音會妨礙傳播效果」（連貫性原則），「動畫加旁白的組合方式優於動畫加文字」（形式原則），以及「動畫加旁白優於動畫加旁白加文字」（重複原則）。這些理論是否在數位多媒體新聞中也具有相同的效果，研究者認為值得再研究，並將研究成果供實務界參考。

參考書目

■中文部分

李宗嶽（2002）。《跨媒體新聞作業平台建置之研究——以東森「大編輯台」為例》。國立政治大學廣播電視學系所碩士論文。

謝奇任、唐維敏、甘尚平譯（1997）。《整合媒介、資訊與傳播》。台北：亞太圖書出版股份有限公司（原書 Baldwin, T. F., McVoy, D. S., & Steinfield, C. W. [1996]. *Convergence: Integrating media, information & communication.* Thousand Oaks, Calif.: Sage）。

鄭明萱（1997）。〈媒體觀與閱讀理論〉。《多向文本》（頁 34-59）。台北：揚智。

龐文真、林麗冠譯（2009）。《Google 會怎麼做？》。台北：天下文化（原書 Jarvis, J. [1996]. *What Would Google Do?*, New York: HarperCollins）。

■英文部分

Artwick, C. G. (2004). *Reporting and producing for digital media.* Iowa: Blackwell.

Bergland, R., Crawford, L., Noe, S., & Ellsworth, M. (2008). Multimedia features and newspaper websites: A 2007 content analysis of daily newspapers. *Paper presented to the Convergence and Society Conference. Columbia*, SC: October.

Boczkowski, P. J. (2004). *Digitizing the news: Innovation in online newspapers.* Cambridge, MA: MIT Press.

Bolter, J. D. & Grusin, R. (1999). *Remediation: Understanding new media.* Cambridge, MA: The MIT Press.

Bromley, M. (1997). The end of journalism? Changes in workplace practices in the press and broadcasting in the 1990s. In Michael Bromley & Tom O'Malley (Eds.), A Journalism Reader (pp.330-361). London: Routledge.

Cohen, L. (2002). Online journalism as market–driven journalism. *Journal of Broadcasting & Electronic Media*, 46(4): 532-548.

Cottle, S. & Ashton, M. (1999). From BBC newsroom to BBC newscentre: On changing technology and journalist practices. *Convergence: The International Journal of Research into New Media and Technologies*, 5(3): 22-43.

Dahlgren, P. (1996). Media logic in cyberspace: Repositioning journalism and its publics. *Javnost / The Public*, 3(3): 59-72.

Dailey, L., Demo L., & Spillman, M. (2005). The convergence continuum: A model for studying collaboration between media newsrooms. *Athlantic Journal of Communication*, 13(3): 150-168.

Deuze, M. (2003). The Web and its journalisms: Considering the consequences of different types of news media online. *New Media & Society*, 5(2): 203-230.

Deuze, M. (2004). What is multimedia journalism? *Journalism Studies*, 5(2): 139-152.

Dimitrova, D. V., Connolly-Ahern, C., Williams, A. P., Kaid, L. L., & Reid, A. (2003). Hyperlinking as gatekeeping: Online newspaper coverage of the execution of an American terrorist. *Journalism Studies*, 4(3): 401-414.

Dijk, V. T. A. (1988). *News as discourse*. Hillsdale, NJ: L. Erlbaum Associates.

Fidier, R. F. (1997). *Media morphosis: Understanding new media*. California: Pine Forge Press.

Goode, L. (2009). Social news, citizen journalism and democracy. *New Media & Society*, 11(8): 1287-1305.

Gordon, R. (2003). The meanings and implications of convergence. In Kevin Kawamoto (Ed.), *Digital journalism: Emerging media and the changing horizons of journalism* (pp.57-73). Lanham, MD: Rowman & Littlefield.

Helland, K. (1995[1993]). Public service and commercial news: Contexts of production. Genre Conventions and Textual Claims in Television. Rapport nr. 18. Institutt for medievitenskap, Universitetet i Bergen.

Hemmingway, E. (2004). The silent heart of news. *Space and Culture*, 7(4): 409-426.

Hemmingway, E. (2008). *Into the newsroom: Exploring the digital production of regional television news.* London: Routledge.

Huang, E., Davison, K., Shreve, S., Davis, T., Bettendorf, E., & Nair, A. (2006). Facing the challenges of convergence: Media Professionals' concerns of working across media platforms. *Convergence*, 12(1): 83-98.

Jarvis, J. (2009). Networked journalism. Buzzmachine. Retrieved March 13, 2011 from http://www.buzzmachines.com/2006/07/05/networked-journalism/.

Klinenberg, E. (2005). Convergence: News production in a digital age. *The Annals of the American Academy of Political and Social Science*, 597(1): 48-64.

Kolodzy, J. (2006). *Convergence journalism: Writing and reporting across the news media.* New York: Rowman & Littlefield.

Küng-Shankleman, L. (2000). *Inside the BBC and CNN: Managing media organisations.* London: Routledge.

Landow, G. (2006). *Hypertext 3.0: Critical theory and new media in an era of globalization.* Baltimore, MD: Johns Hopkins University Press.

Lillie, J. (2011). How and why journalists create audio slideshows. *Journalism Practice,* 5(3): 350-365.

Manovich, Lev (2001). *The language of new media*, Cambridge, Mass.: MIT Press

Mayer, R. E., Heiser, J., & Lonn, S. (2001). Cognitive constraints on multimedia learning: When presenting more material results in less understanding. *Journal of Educational Psychology*, 93(1): 187-198.

McAdams, M. (1995). Inventing on online newspaper. *Interpersonal Computing and Technology*, 3(3): 64-90.

Moe, H. & Syvertsen, T. (2007). Media institutions as a research field. Three phases of Norwegian broadcasting research. *Nordicom Review*, 28 (Jubilee Issue): 149-167.

Nelson, T. (1981). *Literary Machines*. Swarthmore, PA: Self-Published.

Nelson, T. H. (1987). *Computer Lib/ Dream Machines*. Seattle, Wash: Microsoft Press.

Oblak, T. (2005). The lack of interactivity and hypertextuality in online media. *International Communication Gazette*, 67(1): 87-106.

Quinn, S. (2005a). Convergence's fundamental question. *Journalism Studies*, 6(1): 29-38.

Quinn, S. (2005b). *Convergent journalism: The fundamentals of multimedia reporting*. New York: Peter Lang.

Ryan, M.-L. (1991). *Possible worlds, artificial intelligence, and narrative theory*. Bloomington, Ind.: Indiana University Press.

Ryan, M.-L. (2001). *Narrative as virtual reality: immersion and interactivity in literature and electronic media*. Baltimore, MD: Johns Hopkins University Press.

Sand, G. & Helland, K. (1998). *Bak TV-nyhetene: Produksjon og presentasjon i NRK og TV2*. Bergen: Fagbokforlaget.

Schultz, T. (1999). Interactive options in online journalism: A content analysis of 100 U.S. newspapers. *Journal of Computer-Mediated Communication*, 5(1). at http://onlinelibrary.wiley.com/doi/10.1111/j.1083-6101.1999.tb00331.x/ abstract, accessed 12 December 2006.

Schultz, I. (2006). *Bag nyhederne - værdier, idealer og praksis.* Fredriksberg: Samfundslitteratur.

Singer, J. B. (2004). Strange bedfellows? The diffusion of convergence in four news organizations. *Journalism Studies,* 5(1): 3-18.

Stone, M. (2002). The backpack journalist is a mush of mediocrity. Online Journalism Review, April 2. URL (accessed November 19, 2007): http://www.ojr.org/ojr/workplace/1017771634.php.

Sweller, J., Van Merrienboer, J. J. G., & Paas, F. G. W. C. (1998). Cognitive architecture and instructional design. *Educational Psychology Review,* 10(3): 251-297.

Tanner, A. & Duhe, S. (2005). Trends in mass media education in the age of media convergence: Preparing students for careers in a converging news environment. *Studies in Media & Information Literacy Education,* 5(3): 1-12.

Ursell, G. D. M. (2001). Dumbing down or shaping up? New technologies, new media, new journalism. *Journalism,* 2(2): 175-196.

Wickert, A. & Herschel, R. (2001). Knowledge-management issue for smaller business. *Journal of Knowledge Management,* 5(4): 329-337.

Ytreberg, E. (1999). Allmennkringkastingens autoritet: Endringer i NRK Fjernsynets tekstproduksjon. Dr.art.-avhandling. Institutt for medier og kommunikasjon, Universitetet i Oslo.

Zeng, Q. & Li, X. (2006). Factors influencing interactivity of internet newspapers: A content analysis of 106 U.S. newspapers' web sites. In Xigen Li (Ed.), *Internet newspapers: The making of a mainstream medium.* London: Lawrence Erlbaum Associates.

憂鬱症青年患者的微博書寫分析

——以「走飯」等微博為例

任喆鸝[*]

摘　要

微博作為中國大陸當前最流行的即時網路社群傳播工具，在匿名的網路環境當中，青年憂鬱症患者在微博書寫憂鬱情緒。本研究主要對青年憂鬱症患者微博中出現頻率較高的面向進行內容分析，探求其對「死亡」的想像、對「生命」的寄望及「自我」的認知，還會探究家庭和社會對患者的影響，及他們對家庭和社會的回饋。

通過微博對青年憂鬱患者的前沿性觀察，關注他們在微博書寫中暴露的特質，為心理疾病的書寫敘事提供研究依據。

關鍵字：青年、書寫、微博、憂鬱症患者

---

[*] 任喆鸝，國立政治大學新聞所碩士研究生。

Analysis of Micro-blog Writting by Young Patients with Depression

Candice Yam

Abstract

In 2012, an internet friend called "Rice" in her Sina micro-blog released "I have depression, so I want to die without important reasons. You do not have to care about my leave. Bye now!" Subsequently it was confirmed by the local police that the girl who released this micro-blog and was a college student in Nanjing had died. We are very sorry to hear this news. The girl's death is very regretful accident.

Micro-blog is currently the most popular real-time communication tool of the network community in Mainland. In an anonymous network environment, many patients with depression like "Rice" are willing to express their real thoughts and treatment by micro-blog. This study focuses on narrative contents which appear frequently in the micro-blogs of patients with depression. Respectively coded 1000 micro-blogs meeting linguistic request are employed for the study, and analysis of frequently-used words is made on the basis of their contents. By analysis of frequently-used words, it is found out that besides nonsense words like prepositions, words relating to emotion are used in high frequency. According to the context of these words, these high frequency words are analyzed in many respects, such as their imagination for "death", their hope for "life", and their desperation for "themselves". From these, we can explore their thoughts, and know what topic they care about, because the patients with tendency of suicide tend to express their feelings and thoughts by micro-blog. In addition, both the micro-blog intonation and its interaction are simply coded, in order to acquire intonation and interactive information.

Through forward observation on young melancholic patients by micro-blog, more attention will be paid to what they care about, the narrative respects mentioned in micro-blog and their self-construction. This will also provide research basis for writing narrative of mental illness.

Keywords: Young, writing, micro-blog, depressed patients

壹、研究動機

　　研究顯示，在中國大陸，自殺是15至34歲人群第一位重要的死亡原因，其中15至24歲占自殺總人數的26.64%（嚴紅虹、劉治民、王聲湧、彭輝、楊光、荊春霞，2010），大學生則是該年齡段中的主要群體。2006年10月31日，北京清華大學化工系研究生洪乾坤在福建泉州墜樓自殺身亡，據瞭解，他生前就患有抑鬱症，不善於與人交流，問題無法宣洩。2004年，北京高校因自殺死亡的學生有19名，2005年又有15名北京高校學子走上了不歸路（葉鐵橋、馬俊岩，2006）。

　　田旭升、王維宏、程偉（2009）通過對廣州某高校大學生進行分層隨機抽樣調查得出，大學生憂鬱情況與自殺意念呈顯著相關，並指出憂鬱症患者中有10%至15%的人由於沒有得到治療、治療效果不佳，或是接受了錯誤的治療而走上自殺的絕路，人們往往羞於承認自己患有精神疾病而對疾病不予重視。

　　2012年3月18日上午10點54分，網友「走飯」在她的新浪微博中發布了最後一條訊息：「我有抑鬱症，所以就去死一死，沒什麼重要的原因，大家不必在意我的離開。拜拜啦。」3月19日凌晨江寧公安線上發布微博證實，發布該條微博的是在南京高校就讀的女生已經遺憾去世（李彥、郝多，2012）。微博作為中國大陸當前最流行的即時網路社群傳播工具，普及度甚廣。由中國互聯網路資訊中心發布的《第28次中國互聯網路發展狀況統計報告》顯示，至2011年上半年，中國大陸微博用戶數量從6,331萬增至1.95億，半年增幅達208.9%，而微博在線民中的普及率從13.8%增至40.2%，微博已成為人們的一種生活習慣（高舒、劉萍，2012）。

　　在匿名的網路環境當中，不少憂鬱症患者如「走飯」[1]願意把自己最真實

---

[1] 「走飯」新浪微博 http://www.weibo.com/xiaofan116。

的想法和治療情況通過微博表達。疾病與治療都含有一定的敘事性，對患者的文本能夠加以陳述或分析深具意義（李宇宙，2003）。目前，就「疾病誌」（pathography）敘事的研究主要限制在身體疾病的範圍，本文欲以「走飯」等4位憂鬱症患者在新浪的微博為研究對象，研究憂鬱症青年患者在微博書寫中的正負面向和關注的話題等，探究青年憂鬱症患者的世界觀和人生觀，探討心理疾病的微博敘事。

　　本研究主要對出現在憂鬱症患者微博中出現頻率較高的敘事面向進行內容分析，如在他們對「死亡」的想像、對「生命」的寄望及「自我」的認知裡探索他們的所思所想，還有他們所在意的話題。因為自殺傾向所導致的對父母的愧疚感，對「身體髮膚受之父母」的認知，對自身各個部分的情感體現，對社會的觀感，以及通過患者的微博書寫，感受父母、社會對他們患病的反應。通過對憂鬱症患者的前沿性觀察，關注他們所在意的議題和微博中提到的敘事面向和自我構建，為心理疾病的書寫敘事提供研究依據。

貳、文獻探討

一、微博與其影響力

　　微博，又稱微型博客（micro-blog），是一種允許用戶即時更新簡短文本並可公開發布動態消息的微網誌，在英語的世界裡，140字只傳達了一個訊息（Sagolla, 2009）；在微博裡，中文足夠傳遞一個思想。相較於傳統部落格，微博以「短、靈、快」為特點，不用長篇大論，只需三言兩語，便可記錄某刻的心情、某一瞬的感悟，或者某條可供分享和收藏的資訊，即時表達迎合社群的快節奏生活。微博可以看作是傳播部落格的迷你精簡版，突破失控的限制，將資訊在最短時間內最大範圍地傳播（趙璐，2012）。

　　就個人的微博而言，影響力一定程度取決於關注真實的粉絲量，而不是通過金錢交易獲取的。如果你有100粉絲，你就宛如一個小眾編輯；如果你

有1,000粉絲，就像街頭海報；當你達到1萬，就會有創辦雜誌的成就感；如果你有10萬，相當於一個地方性的報紙；當粉絲數量達到100萬，微博影響力相當於全國性的媒體。如今，微博的媒體影響力可以輕易擴及到其他網路新聞，並透過網絡新聞影響其他平面媒體（李開復，2011）。

研究中指出，使用Twitter會導致數位落差的出現（Hargittai & Litt, 2011），由此推論，微博亦會出現同樣的狀況。在中國大陸使用微博的人不一定都選用新浪微博，也可能選擇其他微博，如騰訊微博或者是飯否；部分相對落後地區的人也許比較少使用微博，也有的人並不使用微博，微博雖然有巨大的影響力，但它的影響力不具有全面性。

二、微博、部落格和臉書的比較

從互動模式的角度，臉書是雙向互動的社交網路；微博則是以信任為基礎的單向關注，也可互相關注；而部落格傾向於單向表達，只能單向關注，不能雙向關注。從核心價值的角度，部落格作者單向表達其觀點和思想，讀者可以和部落格作者互動，但相互之間確實獨立的；微博是基於知名度的立體式社交和分享平台（高舒、劉萍，2012），你可以「關注」任何人，跟真實社會不一定要有直接關係；臉書則是大型交友互動社交平台，作用主要是跟真實世界認識的人通過虛擬世界保持聯繫為主（李開復，2011）。從傳播性的角度，微博的傳播性最強，臉書次之，部落格最弱（見**表一**）。

表一　微博、部落格和臉書的比較

社群工具	互動模式	核心價值	傳播性
微博	以信任為基礎的單向關注，也可互相關注	基於知名度的立體式社交和分享平台	強
部落格	只能單向關注，不可雙向關注	單向表達觀點和思想	弱
臉書	雙向互動的交際網路	大型交友互動社交平台	一般

註：根據文獻整理所得（資料來源：高舒、劉萍，2012；李開復，2011）。

　　由上可見，微博在傳播中有其特殊性。它沒有部落格文筆和邏輯的門檻，也沒有臉書的實名限制，微博是一種以瀏覽和搜索為主要閱讀模式的資訊獲取方式。在微博的互動中，人既可以是資訊來源，也可以是資訊傳播者，還可以是資訊使用者，它便於使用者傳播訊息，建立人與人之間的關係（高舒、劉萍，2012）。在匿名的條件下，不曝光於社交圈令使用者擁有一定程度的隱私（岳麗君，2004），也不是部落格中單向的自說自話。

三、疾病與網路書寫

　　每一件事都可以經由經驗者的情感和觀點訴說，能夠訴說再現的成為一項「敘事」。「疾病誌」寫作記事是敘事的一種，旨在描繪疾病，治療、甚至死亡的個人經驗，是一種關於「我」的書寫（李宇宙，2003）。由於網路的相對匿名性與在多元社會互動的條件下，使得網路使用者可以描繪不同版本的「我」，人們在現實社會背後有機會展現不同自我的可能（Turkle, 1995）。

　　在網路空間中，符號指稱具有主觀性和任意性的特徵，比如在微博，你可以使用自己的真實姓名，也可以使用暱稱，這為網路空間的互動創造了一個重要的條件因素，即可選擇的虛擬身分（黃華新，徐慈華，2003）。而Higgins（1987）則區分出「理想我」、「期望我」以及「真實我」的三種概念，除了「真實我」以外，其他的兩個概念都涉及自我的期望與可能。可見，自我書寫性質的網路空間提供給人們一個重新自我建構的機會（陳憶寧，2011）。

　　由上述可見，網路使用者在網路中會表達不同面向的自我，被分為「理想我」即個人期待未來想要擁有的特質，「期望我」則是個人認為必須擁有的特質，以及最接近自我的原貌「真實我」。疾病敘事同樣是在患病後，詮釋「我」的方式，透過不斷的陳述和定位當下的自己而建構自我，或重新擁有自己的過程（Mann, 1991）。無論是「真實我」、「期望我」或「理想我」其意念不是憑空產生，都是基於原本自我意識的構建，與自我的社會生活經歷和世界觀人生觀存在直接的關聯。

　　由此，本研究的第一個關於內容分析的研究問題：青年憂鬱症患者是如何在網路中構建自我的？他們是如何看待自我的？

四、網路中疾病書寫的雙重心理救贖

　　疾病經驗和治療經驗的寫作是和痛苦及死亡威脅抗爭的一部分，也是一種自我的靈魂治療行動，力挽自己被疾病宿命和死亡恐懼所摧殘的尊嚴（李宇宙，2003）。Pennebaker（1997）則是用實驗不斷證明：創傷的揭露的確比壓抑更能促進心理健康，而揭露的方式可以透過書寫。

　　由病人書寫疾病中不但飽含個人對病苦和恐懼的獨白，還有和自己以及治療的對話（李宇宙，2003）。匿名的書寫環境，不涉及現實生活圈子的書寫，更為感情的宣洩解除了後顧之憂（岳麗君，2004），所以在使用網路空間書寫的時候，匿名性會使網路使用者更真實地表達自己的需要，從而在關係中獲得同情與理解（Derlega & Chaikin, 1977），而不會擔心群體間和社會評價，可以讓一些人宣洩被壓抑的情緒，獲得一定的心理治療效果。

　　由此可以推出第二個研究問題：青年憂鬱症患者是如何通過書寫描繪和認知當下的治療狀況？又是如何通過書寫疾病自我療癒？

　　閱讀他人的網路書寫亦是一個自我認同的過程，自我認同也可以理解為同一性（Breuer & Freud, 1895）。讀者在閱讀自己或他人的網路書寫過程中，發現了自己想說而又沒有說出來的話，如同失戀者聽傷感音樂的帶入，進而產生了一定程度的共鳴。網路書寫在對現實中壓抑情緒的釋放過程，同時也表達了自我。絕症和憂鬱症患者，利用書寫的方式與有過同樣經歷的人彼此傾訴相互幫助，使他們意識到自己並不孤單，成為病理治療的有效補充（胡敏，2010）。

　　由此推論，網路書寫從寫作者本身以及閱讀者而言，都是對心理的一種慰藉。書寫本身便具有宣洩情緒的心理治療效果，閱讀者則是通過共鳴的方式獲得心理安慰。網路書寫中心理撫慰的對話模式是雙重且互動的，該特性亦在傳播性與互動性極強的微博書寫中得到充分的體現。

相較於醫者，患者可能遠比醫者自身還要仔細聽取和閱讀醫者對疾病狀態的陳述（李宇宙，2003）。可見，研究憂鬱症患者的書寫有其學理的重要性。疾病誌書寫的真實性可給醫者提供治療依據，而病人對醫者和家人認識他們痛苦的期許，也可以通過書寫更深入地被瞭解。機械式的科學，準確地讓現代醫學觀察、預測和掌握健康與疾病，但還是有更多無法治癒的情境，在疾病敘事大量輸出的背景下，病者和社會需要從對醫學科學的失望中重新贖回某些主體性，或者可以說疾病和治療的所有權（McLeod, 1997）。

第三個研究問題為：青年憂鬱症患者在微博中的互動趨於什麼狀態？其他憂鬱症患者如何從書寫中獲得認同和撫慰？

五、青年憂鬱症患者與其自殺傾向

曾有專業心理人員質疑兒童是否會得憂鬱症（Rie, 1966），因為兒童憂鬱症像是帶了面具似地將憂鬱症狀隱藏起來，被稱之為「掩飾性」憂鬱症（Toolan, 1975）。然而這不在本研究談論的範圍內，本研究針對高中至大學畢業後約三年間的青年患者，研究對象主要為15至24歲之間。班波瑞德（Bemporad, 1978）相信青少年的憂鬱症已經進入成人的尺度，無論是在自我表現、自我判斷、時間觀念，以及內在衝突感的層面上。

學者Harvey M. Ross指出成年人的憂鬱症跡象很明顯，其中大部分患者會遇到的症狀包括：「生活似乎永遠是絕望的」、「當我必須立刻採取行動時沒頭腦卻是一團糟」、「我緊張並且經常很神經質」、「生命好像不值得去活」及「夜晚我無法入睡」等。不少疾病都會伴隨出現病態性憂鬱，而嚴格的憂鬱症定義是以憂鬱來表現，即以憂鬱為主的疾病。比如：癌症所導致的憂鬱，它不屬於憂鬱症的範疇，存在病態性憂鬱只是癌症病態的「副產品」。真正能稱之為憂鬱症的，大概只有「重度憂鬱症」、「輕度憂鬱症」、「復發性短暫性憂鬱症」和「情感性低落症」（陳俊欽，2004）。

與同樣是心理疾病的強迫症相異，飽受憂鬱症折磨的患者比正常人更容易自殺，大部分憂鬱患者曾經嘗試過或者有明確的自殺計畫，有70%的人會

產生自殺的念頭。精神疾病自殺占全部自殺者的30%至40%，因憂鬱症自殺者占全部精神疾病自殺的25%（田旭升、王維宏、程偉，2009）。

　　Orbach（1989）認為「無望感」是自殺行為最重要的因素，憂鬱症絕非自殺的先行必要因素，但憂鬱症凸顯自殺的危險。Abramson、Metalsky和Alloy（1989）則提出了憂鬱症的「無望理論」，當個體認為負性事件將發生，而自己對之毫無辦法，他就會變得無望，從而導致憂鬱。由此推論，在患者感到對生活「無望」時，會產生自殺的傾向，而憂鬱症的外顯狀態是相對明顯的。若網路使用者在網路書寫中表達「真實我」存在憂鬱症的外顯徵兆，則有可能患有憂鬱症，甚至可能會有自殺的想法。

　　可以推出第四個研究問題為：青年憂鬱症患者在疾病書寫中的語調是怎樣的？他們如何看待死亡和生命？

六、青年憂鬱症患者的微博書寫

　　與癌症患者正面書寫部落格（陳憶寧，2011）的情緒相異，憂鬱症患者的心理面向充斥著悲觀和負面情緒（孔繁鐘，2009），折磨他們的不是化療的疼痛和日益虛弱的身體，而是無法逾越的心理障礙。

　　現階段在中國大陸雖然憂鬱症的患病率較高，但大致只有三分之一的程度較重的憂鬱症患者到專業醫療機構尋求診斷治療，大部分的憂鬱症患者沒有得到恰當的診斷和治療（蕭世富，2002）。青年憂鬱症患者在遇到心理疾病問題時，由於現實社會對精神疾病的標籤化，常致使患者自我評價認知偏差，家長對心理疾病的治療缺乏足夠理解，且受媒體及專家教授渲染「自我心理調節」觀念的影響。對於這些被快速標籤的患者來說，能夠真實地表達出自己的感受彌足珍貴（蔡美娟，2011）。部分青年患者在自我封閉和不被理解中書寫微博，一定程度真實反映他們不為人知的一面，適度的自我暴露，總能讓他們心靈感到如釋重負（胡敏，2010）。

　　從需求的功能看，根據馬斯洛需求理論，人的需求可以分為五個層次，包括低層次的生理需求和安全需求，以及相對高層次的社交需求、尊重需

求和自我實現需求。微博的出現，滿足了人們高層次的基本需求（李開復，2011）。從網路互動的功能看，社會支援分為經濟支援和感情支援，網路空間的特徵，使得網路互動中感情支援功能凸顯（岳麗君，2004），給生活在孤獨與絕望中的憂鬱症患者對陌生人說話的機會。微博相對於其他社群媒體有較強的匿名性和互動性，可以敞開心扉訴說自己內在的痛楚，尋求安慰和理解。

南京去世的大學女生網友「走飯」在新浪的微博一定程度上實現其自我價值，截至11月4日9點15分，她的微博擁有127,796名粉絲，相當於一份地方性報紙的影響力。憂鬱症患者存在兩個本質的負性自我圖式：一為依賴性，一為自我指責，看問題常比正常人悲觀，但同時比正常人更為現實和準確（郭文斌、姚樹橋，2003）。「走飯」細膩而真實的文字抓住了許多病友的敏感神經，不少患者在留言中表示在她的微博中找到了真實的自己，以至於在她自殺半年後，還是有網友固定在微博緬懷她的離開。

由此可推第五個研究問題為：被家人、朋友和社會快速標籤的情況下，青年憂鬱症患者是如何看待家人（特別是父母）、朋友和社會的？

參、研究方法

一、分析對象和抽樣

前面討論過本研究只探討以憂鬱為主的疾病，不包括「病態性憂鬱」（陳俊欽，2004）。又由於不同年齡層的人患病情境不盡相同，中年憂鬱以婦女為主，而造成老年憂鬱症的危險因素包括：睡眠困難、親人過世的悲慟、女性、身體失能及過去的憂鬱症（朱哲生、葉慶輝，2010），與之前探討的青少年憂鬱有明顯差別，故本研究的母群為青年憂鬱症患者。通過觀察影響力較大的新浪名博且被證實為憂鬱症患者「走飯」的新浪微博，在評論中尋找多次回覆且有憂鬱特徵的疑似患者，進入疑似患者的微博中「搜索他說的

話」，輸入「憂鬱」、「心理醫生」、「阿普唑侖」及「百憂解」等與憂鬱相關的關鍵字，檢視搜索結果並界定疑似母體的患者身分，待觀察確認後再根據「關注她的人同時關注了」的類目中，以滾雪球（snowball sampling）方式蒐集目標母群體的成員，共計19個母體樣本，包括患者本人及患者家人記錄患者病情的微博，再對既定微博進行檢視和篩選，以獲得代表性樣本母體。

二、預定樣本

本研究採取內容分析法檢視青年憂鬱症患者微博的內容。憂鬱症主要包含兩種，即重度憂鬱症（major depressive disorder）與輕度憂鬱症（dysthymic disorder）（孔繁鐘，2009）。基本上，憂鬱是一種精神狀態的改變，一般而言是可逆性的，不管是外在壓力或內在因素，輕度憂鬱症和重度憂鬱症之間一定程度上可以互相轉換（蘇東平，2004）。由此推論，輕度憂鬱症和重度憂鬱症之間主要是憂鬱程度的不同，對研究的面向沒有差異，在取樣的時候，定位在15-24歲的青年憂鬱症患者即可。考慮到樣本容量的局限性無法歸納出男女之間的性別差異，因此限制為兩男兩女，旨在歸納其共通特徵。

微博屬於快速更新內容的網站，對取樣的挑戰較大，包括研究對象可能刪除微博貼文，內容更新快速，內容的分層過於豐富等（McMillan, 2000）。微博內容也面臨著這一難題，140字的限制使其在微博的發布程式簡易，不同個性的使用者一年內的微博數量在兩位數至四位數間不等，由於研究對象主要關注將微博作為日常書寫平台的患者，所以擷取使用頻率較高，至少有400條微博的母體，並將以確定既定患病時段內的微博取樣。

在檢視研究對象微博的過程中，部分憂鬱症患者的書寫不屬於之前所探討的「疾病誌」的敘事手法。同時發現字數較少的微博通常沒有具體的含義，如「嗯」、「早班結束」、「早安」等描述日常生活的簡短字彙，所以本研究將樣本的長度限制為超過10個字以上且有具體含義的微博。

篩選研究目標母體要求：

　　1.行文中確診為不同程度的憂鬱症患者。

　　2.行文中確定研究對象歲數在15至24歲之間。

　　3.微博使用率較高，一定時間內有微博1,000至2,000條。

　　4.樣本微博字數超過10個字以上且有具體含義。

　　5.由於取樣限制，性別分別取樣兩男兩女。

　　經過篩選，過濾微博使用率較低和沒有接受治療僅有憂鬱傾向的研究母體，預設代表性微博「走飯」為樣本母體之一，另通過分別編碼男性和女性的微博，隨機抽樣男生抽出2名，女生1名，最後獲得代表性樣本母體4個，微博名分別為「走飯」（女）、「蛻蛻蛻變」[2]（女）、「明再也回不去」[3]（男）和「只知道一點兒」[4]（男）。由於本研究偏向研究憂鬱症患者在微博書寫中的主題內容和情緒面向，將從4個代表性樣本母體中共抽樣1,000則微博進行分析。在進行取樣當日，即2013年1月3日當天之前，在患憂鬱症期間內所發表的微博內，每個微博主擷取250則最新微博，且確認其文章主體符合「疾病誌」之敘事。若最新的微博沒有具體含義或轉發評論，則略過該則微博，而往前一則擷取，直至擷取滿250則，再換一微博主以同樣方式擷取，直至擷取滿1,000則，同時進行編碼。「只知道一點兒」樣本微博編碼為A0001-A0250，「走飯」樣本微博編碼為B0251-B0500，「明再也回不去」樣本微博編碼為C0501-C0750，「蛻蛻蛻變」樣本微博編碼為D0751-D1000（截至2013年1月3日）。

---

[2]「蛻蛻蛻變」微博 http://weibo.com/u/2109221074。

[3]「明再也回不去」微博 http://weibo.com/u/1829666480。

[4]「只知道一點兒」微博 http://weibo.com/u/2638894533。

三、分析類目

表二　微博整體變項

變項內容	欲知何事
1.起始時間	是否處於憂鬱症患病期間
2.性別	無
3.微博條數	截至 2012 年 1 月 3 日的微博條數
4.匿名性	是否匿名微博

表三　微博內容變項

變項內容	研究原因
1.語調：負面、中性和正面	微博的情緒表達
2.治療類別：就醫、用藥和心理諮商	就醫及用藥的進程
3.價值傾向	青少年憂鬱症患者的價值取向如何
・對死亡的看法	對自殺的想法／是否有自殺傾向
・對生命的看法	憂鬱症患者所認為的生命是什麼
・自我建構	如何看待自我
4.聚焦面向	他們都在關注什麼
・父母	自殺傾向所導致對父母的愧疚感 臆想自己死後父母擔憂的認知 映射父母對自己患病的看法
・情感	在友情和愛情中的他們是否悲觀絕望
・未來	是否認為自己尚有未來／未來的規劃
・社會	對社會的認同 感受社會對自己的認知
・社群互動	微博社群互動中的角色

肆、初步研究結果

本研究在新浪微博的平台上總共蒐集了 4 個以不同程度的憂鬱病患為微博主的微博，每一個微博抽出最近發表的微博 250 則，總共 1,000 則微博。研究將對既定語料中的 60,649 個字，即 36,418 個詞語進行詞頻統計，擷取語料中與「情緒」、「自我」、「生死」、「父母」和「社會」相關的詞語，捨去「對等連接詞」、「數量副詞」、「時態標記」、「專有名詞」、「地方詞」、「位置詞」、「介詞」、「代名詞」、「分類動詞」等詞（高台茜、倪珮晶，2003，轉引自張寶芳、劉吉軒、蘇蘅，2008）。

表四　詞頻統計軟體輸入

ID	詞語	出現次數	頻率（%）	ID	詞語	出現次數	頻率（%）
201	絕望	27	0.0741	226	開始	23	0.0632
202	起來	27	0.0741	227	可	23	0.0632
203	如此	27	0.0741	228	們	23	0.0632
204	笑	27	0.0741	229	明天	23	0.0632
205	越來越	27	0.0741	230	其	23	0.0632
206	總	27	0.0741	231	人生	23	0.0632
207	不到	26	0.0714	232	身體	23	0.0632
208	累	26	0.0714	233	條	23	0.0632
209	怕	26	0.0714	234	晚上	23	0.0632
210	強迫	26	0.0714	235	幸福	23	0.0632
211	已	26	0.0714	236	永遠	23	0.0632
212	別	25	0.0686	237	自我	23	0.0632
213	發現	25	0.0686	238	出	22	0.0604
214	母親	25	0.0686	239	段	22	0.0604
215	之後	25	0.0686	240	呵呵	22	0.0604
216	最後	25	0.0686	241	媽	22	0.0604
217	從	24	0.0659	242	失眠	22	0.0604
218	大家	24	0.0659	243	是不是	22	0.0604
219	的話	24	0.0659	244	小	22	0.0604
220	孩子	24	0.0659	245	找	22	0.0604
221	開心	24	0.0659	246	不敢	21	0.0577
222	想法	24	0.0659	247	解決	21	0.0577
223	月	24	0.0659	248	精神	21	0.0577
224	回	23	0.0632	249	明白	21	0.0577
225	或許	23	0.0632	250	社會	21	0.0577

　　由於中文斷詞統計軟體的限制，同義詞無法被歸納在一起，本研究將手動歸納在同一個面向中，如「父母」、「媽媽」、「爸爸」和「母親」等將會被歸納在同一個面向內。出現次數表示在語料中重複出現的次數，頻率指語料中重複出現的次數和語料詞語數的比值（見**表四**）。歸納統計詞頻後，本研究將還原相關詞語的上下文進行微博書寫分析和歸納，進行青年憂鬱症患者的脈絡分析。

一、建構自我

　　通過詞頻分析可以看出，青年憂鬱症患者在微博書寫中離不開「自我」，自我意識清晰，如「我」（詞頻序號：2，出現頻率：364.11%）、「自己」（詞頻序號：5，出現頻率：122.74%）、「自我」（詞頻序號：237，出現頻率：6.32%）。但在檢視上下文的過程中，發現青年憂鬱症患者對自我評價較低，在微博中時常用負面的詞語書寫「自我」，如「自卑」（詞頻序號：284，出現頻率：5.22%）、「孤獨」（詞頻序號：465，出現頻率：3.02%）和「寂寞」（詞頻序號：710，出現頻率：1.92%）。「蛻蛻蛻變」在微博中寫到：

> 懦弱　膽小　敏感　多疑　模仿　興奮　恐懼　焦慮　自閉　強迫　幻想沈入二入入迷　偽裝　自我　惡習　人格　內在　破碎　重生　等待那一天（微博編號：D0765，詞頻序號：237 自我，出現頻率：6.32%）

> 其實我很自卑，其實我很孤獨（微博編號：D0998，詞頻序號：284 自卑，出現頻率 5.22%；詞頻序號：465 孤獨，出現頻率 3.02%）

　　在憂鬱症的折磨中，患者陷入了自我矛盾當中，他們在肯定自己的同時否定自己，期望會有所改變。舉例來說，「只知道一點兒」說道：

> 記得我有個特質就是特別懂得理解別人，這肯定是我的一個優點，但在我目前的病態思維模式下，卻更多的使我陷入深深的自卑中（微博編號：A0081，詞頻序號：284 自卑，出現頻率 5.22%）

也有認為現實和幻想的割裂使他們無法面對如今的自己。「蛻蛻蛻變」說道：

> 自卑　是不是因為太過自大的要求自己無所不能　悲觀　是不是潛意識太過樂觀的憧憬未來　現實與幻想　落差太大就會很掙扎吧　界定於中間不至於生出太多痛苦　姊說　你是不是認為自己跟平凡人不一樣　才無法面對如今的自己　二元對立　激烈的人性的兩面　我自知該慢慢的接受（微博編號：D0776，詞頻序號：284 自卑，出現頻率 5.22%）

二、疾病書寫

(一)治療狀況

通過對「治療」（詞頻序號：10，出現頻率：2.75%）、「藥」（詞頻序號：530，出現頻率：2.75%）、「醫生」（詞頻序號：669，出現頻率：2.21%）和「醫院」（詞頻序號：751，出現頻率：1.92%）的檢索，發現患者多受「失眠」（詞頻序號：242，出現頻率：6.04%）困擾，進而檢視了「睡」（詞頻序號：104，出現頻率：13.45%）和「睡眠」（詞頻序號：520，出現頻率：2.75%），4 位青年憂鬱症患者皆有被失眠折磨的現象。「只知道一點兒」在微博中寫道：

> 【抑鬱症復發】好久不寫微博了，是不敢寫了！總覺得自己天馬行空的想法會被人恥笑，現在好，自己有任何想法後都會馬上否定自己，覺得自己成為了一個廢人而自己又好無辦法，這幾天更是凌晨兩三點鐘就再也睡不著了，這是怎樣的一種痛苦的感覺啊！（微博編號：A0085，詞頻序號：104 睡，出現頻率：13.45%）

「走飯」也寫道：

> 我每晚都很使勁的想睡著，然後就把我的右耳壓得很疼（微博編號：B0271，詞頻序號：104 睡，出現頻率：13.45%）

「蛻蛻蛻變」有時候會睜眼到天亮，她說：

閉眼 睡 睡 睡 爭取睡著 這段時間每天睡兩三個小時 失眠越來越嚴重 有時候乾脆到天亮（微博編號：D0770，詞頻序號：104睡，出現頻率：13.45%）

「明再也回不去」長時間通過服藥來緩解失眠，他寫道：

今天又失眠了，光是安定和ZPKL還是不給力，一點點的聲音都會影響到我睡眠。於是開燈，找原因，帶上隔音耳塞，換個床頭再睡，反覆嘗試。這是一種病，叫焦慮症和神經衰弱的毛病，對，還有強迫症，經常會糾結於常人無關緊要的小事，糾結再糾結。整個一神經病。我草…（微博編號：C0627，詞頻序號：520睡眠，出現頻率：2.75%）

「阿普唑侖」和「佐匹克隆」均有抗焦慮和催眠的作用，但隨著服用次數增多，用量也會增多，且有一定的副作用，可見，患者「明再也回不去」已經服用了一段時間，他在微博中寫道：

得起了，有點噁心，好長時間沒有早起了，很不適應。昨晚還是沒有睡好，三顆阿普加半粒佐匹吞下去，還是拖到快兩點才睡（微博編號：C00543）

三顆阿普吞下去感覺好多了，焦慮明顯緩解，以後不會再有吃藥這種意外發生了 希望可以睡個好覺 晚安（微博編號：C0552）
左匹吃了感覺沒啥感覺，不吃吧阿普又不能搞定，還是吃吧，我輸了（微博編號：C0558）

吞了三顆阿普半顆ZPKL沒啥睡意，不行，我得開著手電筒找找睡眠藏哪兒了，乖，別躲了，明兒六點要起床的（微博編號：C0615）

由於安眠藥在內地的劑量管制，他有時候只能和醫生醫院博弈，他對現

時的醫療制度感到不滿意：

> 換了個時間以為會遇不到那位醫生，省的她會看電腦裡面上次開藥的時間，結果還是她。她說下次不到二十天再來開藥就限制你的藥量了，我向毛主席保證一顆藥都沒浪費都在肚子裡（微博編號：C0631）

> 阿普一次只能開一個禮拜的量，問，答：醫院規定，精神藥物限量控制。……有意義嗎？正常人你花錢請他也不會吃，需要的天天離不開，控制的意義何在？你不賣這藥物了，那些失眠抑鬱者的病就會好了？莫非這樣可以變相增加了掛號費的收入？本來一個月掛三次號，現在等於要掛五次，恩，醫院牛逼（微博編號：C0603）

在病友群中得知「元認知治療」的「蛻蛻蛻變」去大連進行了三個月治療，但她並未痊癒，她認為：

> 它並不是個神奇的心理療法　而只是給你一個喚醒你的內在力量治癒自己的可能　總之　一切靠自己　元認知並不是你想像中的模樣　大多數抑鬱症患者像撞南牆一樣找尋解決方法　殊不知　出口都在自己內在　元認知有用嗎　但也可能沒用　它是最理智最利於自己成長的　只要你願意把拯救自己的意識交給你自己（微博編號：D0869）

> 元認知可以讓優秀的人更優秀　但不是萬能藥　並不適用於每個人　畢竟成長環境多重複雜　性格使然　我正在慢慢還原我的感受　努力表達　也學會了分辨誰和我是一樣的　之前替別人著急　如今想著自己　也理解了之前不能理解的人事物　上不上班並不能衡量　就像尚於博一樣　元認知對於他並不適用　即使他足夠優秀（微博編號：D0820）

通過對患者微博的分析，部分患者會在微博中書寫「疾病誌」，他們會在微博中透露自己服藥的劑量、醫患關係，以及所嘗試不同的治療，包括：運動、服藥和心理調節等，對於醫療研究有一定的參考價值。在 4 位患者的

微博中，可以看出他們對失眠的折磨感到無力，通過服用「阿普唑侖」和「佐匹克隆」等幫助睡眠和鎮靜的藥物來緩解失眠，僅有一位嘗試憂鬱症的治療，也以失敗告終。

可見，在所研究的憂鬱症患者中，沒有一位在接受適合他們的治療，或是在服用治療憂鬱症的藥物，對應前面提及的「由於沒有得到治療、治療效果不佳，或是接受了錯誤的治療而自殺」是有跡可循的。

(二)疾病書寫的心理救贖

通過檢索「真實」（詞頻序號：270，出現頻率：5.49%）、「努力」（詞頻序號：170，出現頻率：8.79%）和微博（該詞沒有被詞頻統計軟體收錄，但總計出現 39 次，出現頻率約為 10.71%），通過擷取上下文與相鄰微博，探究憂鬱症患者對自己在微博書寫疾病的作用。在患者「蛻蛻蛻變」接受「元認知治療」期間，她每天都在微博上書寫治療心情，對於微博書寫日記，她說道：

> 現在我比較願意寫日記記錄生活中的點點滴滴，哪怕是一個小小的細節，欣喜或悲傷，自信或沮喪，或許彷徨過，迷茫過，痛苦過，都是我人生的一筆財富，彌足珍貴，在工作中慢慢磨練自己吧，適當的逼一逼自己，一定會很快的康復，單純在家思考再多也是沒用的（微博編號：D0925）

> 一個多月 陪伴我的只有日記 問題接連不斷 得到與失去 我已分不清現實和幻象 在確定與不確定之間徘徊糾結 只有身體強烈的疼痛感 原來我還真實的生活在大連 人生的方向 珍惜與放下 成長了理智了客觀了卻失了可貴的勇氣 心的距離 生生的割裂開來 沒有任何聯絡 這個世界誰是誰的過客 又有誰待誰認真過（微博編號：D0819，詞頻序號：270 真實，出現頻率：5.49%）

患者「明再也回不去」則把自己最心底的話寫在微博中：

一天吐槽一次，説明這一天過得還行（微博編號：C0513）

我注意了下，只要一天發博超過五次以上，那麼註定是痛苦和難以忍受的一天（微博編號：C0524）

好了。吐槽完了，這是我的心結，我把它放在這兒。我要告訴自己我是多麼愛我的母親，我是多麼恨我的父親。但是這一切都已成事實，不會改變。剩下的問題就是我的了。我得去承受。無論以後我是繼續活著或者放棄，但這些都是我內心最真實的東西（微博編號：C0515）

患者「走飯」在失眠夜總是靠寫微博和回覆微博打發時間：

現在的夜晚都很好過，是發幾條微博就能過去的夜晚。哦前提是有評論可以回（微博編號：B0442）

　　由上可見，病患在微博的疾病書寫中飽含了個人對疾病的看法和治療過程中與自己的對話。匿名的書寫環境，讓病患更無後顧之憂的訴說心底話而不至於鬱結心中；同時，書寫微博讓憂鬱症患者在失眠夜裡與網友的互動間存在安撫的慰藉，也是一種娛樂。

三、病友互動

　　在微博書寫中，微博主均不透露自己的真實姓名。從表面上看，憂鬱症患者雖然選擇匿名，但絲毫不影響病友之間的交流，這些微博主都可以與來訪者互動，在 1,000 條微博中，其中 449 條有評論，而 173 條得到微博主的回覆，回覆率約為 38.53%。可見，青年憂鬱症患者並不抗拒與人在微博中互動。

　　通過對「抑鬱症」（詞頻序號：151，出現頻率：9.89%）和「抑鬱」（詞頻序號：165，出現頻率：9.06%）的檢索，觀察到「只知道一點兒」認為憂鬱症病友之間的互相幫助是很有必要的，因為病友之間更能相互理解，他寫

道：

> 自述幹什麼都沒有興趣，注意力渙散，甚至不能做任何事。卻在苦苦尋覓心理學知識，不如同好的有抑鬱傾向的朋友們互幫互助，人人都是研究抑鬱症的高手，但是卻解決不了自身的問題，不如互相解決別人的抑鬱的問題，豈不是多方共贏的好事情？（微博編號：A0069）

「明再也回不去」認為憂鬱症和憂鬱情緒不一樣，他在微博書寫中是這樣認知憂鬱症的：

> 抑鬱症焦慮症的病人和人們通常所說的「要堅強」、「要放下」的自以為抑鬱的人最根本的區別：前者是莫名的無原因的絕望和心慌，毫無徵兆，並同時影射到身體器官，發抖，冷汗，心悸，胸悶，肌肉僵硬，不以環境和情緒為轉移。而後者只是純情緒化的，一個安慰一個微笑一覺以後就可以自癒（微博編號：C0506）

一位名為「我的抑鬱老公」的回應文為：

> 你的症狀和我老公很像，你有服藥嗎？（2012-11-13 01:01）

「明再也回不去」回覆「我的抑鬱老公」：

> 還沒有，焦慮一直有，但是從 10 月以後身體反應變得明顯，藥物只是阿普和左匹克隆，下個月準備看醫生，我不確定心臟方面是不是有問題？（2012-11-13 01:10）

在患者「蛻蛻蛻變」接受治療期間的病友互動熱絡，一直有病友在微博為她打氣，也不乏詢問治療狀況的，她寫道：

> 外面電閃雷鳴下雨，肚子也很痛，勉強跟著錄音做了放鬆，思維飄了很遠，姊姊說的話一直在耳邊徘徊。她說：父母從小一直關愛我勝於她，

我卻感覺不到，總認為他們偏心，也許是抑鬱症的緣故，後來與姊姊聊到笑得肚子痛緩不過來，也只有在老師和她面前我才這麼開心，而對於其他人，我始終融入不進去（微博編號：D0969）

一位病友「陌納海」的回應文為：

不如換一個想法看看：「我試著融入他們／她們吧，說不定我也會感覺不錯！」親愛的加油，我們都會一直陪伴你，在岸上等你，守候著你，然後一起前行！（2012-6-4 19:45）

「蛻蛻蛻變」在微博中感謝了幫她募款使她有機會去大連接受治療的朋友：

二元對立的世界裡　不僅僅只有黑和白　用平和的心態看這個世界的是非對錯　不是看不到黑暗　而是選擇光明　不是單純　而是歷經痛苦的掙扎後還能堅持做自己　始終傳達一份善良的正能量　這類人　是最幸福的吧　幸運的是我遇到了很多溫暖的人　感謝你們　沿途的風景　我只能邊走邊忘（微博編號：D0838）

由上可見，微博中的憂鬱症病友互動屬較為熱絡的，病友之間相互鼓勵，相互理解。病友家屬與病人交流，從中認知家屬的病症也是常態，甚至為經濟狀況不佳的病友募集治療費用。但為什麼患者極少尋求家人的溫暖，而是選擇在小圈子中相互陪伴，相互取暖，在後面的研究中將會探討。

四、看生命和死亡

(一)他們如何看生命？

在微博的書寫語調上，1,000 則微博中，以負面的語調最多，占 61.9%；其次為中性語調，占 28.3%；正面語調最少，占 9.8%。在編碼的過程中，負面書寫的情況很明顯，在檢視的過程中發現，患者在描述自己生活時大多數

情況是負面的，而在鼓勵自己時才截取一些積極正面的語段在微博中。

在詞頻統計中「焦慮」（詞頻序號：30，出現頻率：28.56%）是第一個出現的與情緒相關的詞語。第二個與情緒相關的就是「痛苦」（詞頻序號：68，出現頻率：18.67%），之後依次排列為「喜歡」（詞頻序號：82，出現頻率：17.02%）和「快樂」（詞頻序號：126，出現頻率：11.26%）。但是在分別檢視「喜歡」和「快樂」所在上下文中，含「喜歡」的微博樣本一共 37則，其中有 21 則是負面語調，12 則是中性語調，4 則是正面語調；含「快樂」的微博樣本一共 32 則，其中 19 則是負面語調，10 則是中性語調，3 則是正面語調。在含「喜歡」或「快樂」的微博樣本中，負面語調所占比率為57.97%，正面語調僅占 10.14%，略高於整體水準。由此可見，憂鬱症患者在微博書寫中會用正面詞彙表達負面情緒，在正面詞彙面前他們是被動的，舉例來說，「只知道一點兒」在微博寫道：

> 歡迎回到現實世界，它很糟糕，但你會喜歡的──《老友記》（微博編號：A0006）

「明再也回不去」在微博中寫道：

> 誰可以借給我一些快樂？謝謝（微博編號：C0553）

還有若干負面詞彙常出現在患者的微博書寫中，「恐懼」（詞頻序號：146，出現頻率：9.89%）、「壓抑」（詞頻序號：170，出現頻率：8.79%）。「害怕」（詞頻序號：173，出現頻率：8.51%）和「絕望」（詞頻序號：201，出現頻率：7.41%）

「蛻蛻蛻變」在微博中表達她對生命的留戀和絕望：

> 其實我很留戀這個世界，越留戀，越絕望（微博編號：D0924，詞頻序號：201，出現頻率：7.41%）

（二）他們如何看死亡？

在詞頻統計中，與「死」（詞頻序號：93，出現頻率：15.38%）和「自殺」（詞頻序號：446，出現頻率：3.3%）反覆出現在患者的微博書寫當中，已自殺身亡的患者「走飯」認為死是一件讓人興奮的事情：

> 我一聽到別人跟我說「你得趕快行動起來了」這句話我就想立即衝出馬路被車撞死（微博編號：B0323，詞頻序號：93 死，出現頻率：15.38%）

> 不能執著的幻想我死後所有人的表情，就算是一臉冷漠也使我興奮的睡不著覺（微博編號：B0355，詞頻序號：93 死，出現頻率：15.38%）

> 最近的生活樂趣完全寄託在購買自己的遺物上了（微博編號：B0475，詞頻序號：93 死，出現頻率：15.38%）

「明再也回不去」在微博中一直倒數一個合適的日期，他將自殺作為脫離痛苦的最後拯救，他寫道：

> 鬱症的幾年間一直以自殺作為最後的拯救，當我知道焦慮症這個病症的時候，我對所有的一切產生恐慌，環境、人群、空氣，包括死亡，什麼都害怕什麼都心慌，我艸 扛不住啊（微博編號：C0511，詞頻序號：93 死，出現頻率：15.38%）

在這期間他反覆在生和死之間掙扎，自己與自己進行死亡的對話，病重的時候他想放棄：

> 想死，就這麼會兒 過去就好了只是想一下 恩（微博編號：C0643，詞頻序號：93 死，出現頻率：15.38%）

有時候他又看似想開了，他寫道：

> 再也不會輕易提到死、自殺這些字眼了，挺 SB 如果有一天撐不下去

了，直接走人。不想死的這些日子我會學會珍惜和感恩，畢竟我還活著，世上還有那麼多不想死的人死了，相比而言還有什麼值得我無休止的抱怨嗎？生命本身沒有快樂和痛苦，它一直都在那裡，出生到死亡，一個自然規律而已（微博編號：C0597，詞頻序號：93 死，出現頻率：15.38%）

　　他不只一次對死亡進行猜想和實踐，在死亡的邊緣遊走，他在微博中寫道：

我的左手死死的掐住我的脖子，我的右手拚命扳著左手。我累了（微博編號：C0718，詞頻序號：93 死，出現頻率：15.38%）

　　病患蛻蛻蛻變在微博中也經常書寫死亡，她害怕死，但卻又想死，一直處在矛盾當中，她寫道：

活著多好啊　因為我很怕死　也僅於此　像你們一樣多好　不會在意那麼多　還拚命的逼自己不讓任何人看出來　我確實做得很好　差點連自己也欺騙了　壓抑人性　最後變成了現在這樣　實在可笑（微博編號：D0759，詞頻序號：93 死，出現頻率：15.38%）

　　她害怕自己的死對父母造成的傷害，她雖然絕望但對生命還有留戀，她寫道：

大多數絕望的人　想自殺卻一直糾結著　實際是不能承擔帶來的後果　輿論的指責　父母的孤苦無依　還有不可挽回的生命　或許內心還存有一絲留戀　等到自己內心強大了　有方向了　不論是哪條路都會毫不猶豫的走下去　生或者死　它都會冷靜的抉擇　看淡外在的一切　在乎他的在乎　堅信他的堅信　並為之努力　他就是快樂的（微博編號：D0864，詞頻序號：93 死，出現頻率：15.38%）

　　由上可見，憂鬱症患者對死亡是嚮往的，這種嚮往來源於對生活的絕

望、恐懼和壓抑，但卻不是完全的生無可戀。心理上的痛苦對他們的折磨超越求生的慾望，但他們在內心深處是有所牽絆，對父母的愧疚，對生活本身的期盼。

五、被標籤下的人生

(一)面對父母

在詞頻統計中，「母親」（詞頻序號：214，出現頻率：6.86%）、「媽」（詞頻序號：241，出現頻率：6.04%）、「父親」（詞頻序號：394，出現頻率：3.57%）、「父母」（詞頻序號：420，出現頻率：3.30%）、「爸爸」（詞頻序號：599，出現頻率：2.20%）和「家庭」（詞頻序號：625，出現頻率：2.20%）出現在青年憂鬱症患者的微博書寫中，可說父母對於患者的影響至關重要。此影響來源於三個方面：一是父母是憂鬱症患者不走上自殺道路的主要牽絆；二是家庭對憂鬱症的理解與否對患者的影響；三是對於一些患者而言，父母是他們患憂鬱症的起因。「走飯」在自殺前一天最後一條微博寫的是她打電話給母親，滿是對母親的愧疚：

> 我特別不孝每次跟我媽打電話我都在哭，我一點點都不強大，我就想躲誰胳膊底下睡懶覺（微博編號：B0252，詞頻序號：241 媽，出現頻率：6.04%）

她多次在微博中提及媽媽，可見她最不捨的是媽媽，她寫道：

> 沒辦法在我媽面前不邋遢，怕我收拾的妥妥的她該不要我了（微博編號：B0426，詞頻序號：241 媽，出現頻率：6.04%）

> 我媽好久沒給我打電話了，我又開始擔心她不擔心我了（微博編號：B0469，詞頻序號：241 媽，出現頻率：6.04%）

「蛻蛻蛻變」對自己患憂鬱症很內疚，她覺得自己很失敗，讓父母失望，

但父母的不理解讓她痛苦，她寫道：

> 邊緣性 活著的份量 爸媽你們太辛苦了 如果沒有生下我 你們會好過很多 我太失敗了 唯一放不下的人 呵呵 這都是命 能怨誰 天下父母心 誰都理解 但別用道德觀束縛我（微博編號：D0756，詞頻序號：241媽，出現頻率：6.04%）

> 媽媽常說 不是為了你們 我早就離開家了 不忍心拋下你們 我把一切的希望都放在你們身上 好像這是普遍每個家庭父母說話的模式 從小我就帶著仇恨和期望艱難的活著 即使在努力 心理上已經無法支撐 到如今 我仍然無法面對那些親戚 內心總有一個聲音說 你很失敗很失敗 他們在嘲笑你 看不起你 對你很失望（微博編號：D0795，詞頻序號：241媽，出現頻率：6.04%）

患者「明再也回不去」在微博中寫他父親如何認知他身上的憂鬱症狀：

> 所以我的父親或者親戚都會指著我說，這孩子做事優柔寡斷，缺乏信心，生活懶惰，整天無精打采，沒出息。我以前嘗試向他們傾訴，但是後來知道無望也就保持沈默了，我的痛苦只有我知道（微博編號：C0577，詞頻序號：394父親，出現頻率：3.57%）

患者「蛻蛻蛻變」很難得到家人的認可，她只能安慰自己認可自己：

> 今天跟姊打電話 說了那番話 她不認可 我掛了電話 我當時會很受傷 內心在說：最關鍵的是你自己認不認可你自己 你才會反應激烈 拚命的反駁 掩飾你內心受傷的小孩 今天出奇的冷靜 坦然 因為我有了自己的方向 做自己 不需要別人的證明 未來的路 也只有自己走 外界的聲音其實沒有那麼重要（微博編號：D0862）

「明再也回不去」在微博寫下了他最深刻的記憶，也是他認為憂鬱症的

根源——他無法走出失去母親的痛苦和艱辛的童年，他斷斷續續地寫道：

轉眼 10 年過去了，母親走了 7 年，父親也快 60 了，脾氣和性格改變了很多，每次回去他會陪我晚上吃完飯到東邊的田頭散步聊天。他會做飯給我吃，不再跟我發脾氣不再和我發生爭執，可是我還是忘不掉在我十多歲的時候，我沒做錯什麼他當眾對著我的屁股就是一腳，那一刻我很傷心。過了這麼多年我還是忘不掉（微博編號：C0521，詞頻序號：214 母親，出現頻率：6.86%）

昨天太累了，零點就睡了，藥又吃斷了，迷迷糊糊醒來幾次，一直在做夢，夢到母親生病那會兒，夢到她愛我，然後她靜悄悄走了，我哭著叫著到處找她。最後夢醒了，我抽泣了會兒，胸口很悶，她的離去是對我一生的懲罰，我很難過，我走不出來（微博編號：C0530，詞頻序號：214 母親，出現頻率：6.86%）

無助，焦慮，恐懼……媽 妳要在就好了（微博編號：C0686，詞頻序號：241 媽，出現頻率：6.04%）

我所有的幸福都源自母親的給予，來自我在蘇北上中學的那會兒，她包餃子給我吃，她接我晚自習，她在煤油燈下陪我猜貼在牆上報紙上的某一個字，她省吃儉用讓我學駕照，她的一生就是為我活著。而這些幸福我是後知後覺，所以痛苦（微博編號：C0700，詞頻序號：214 母親，出現頻率：6.86%）

2005 年 7 月 10 日的下午，一整天都在下著暴雨，母親昏迷了兩天後，她睜開了眼睛，躺在床上虛弱的說不出話來，呼吸有些急促。她朝我看著，眼淚一直在眼眶中打轉，我崩潰了，跑到自己的房間嚎啕大哭，旁邊的親戚說：明，過來，你要守在你媽媽身邊。從此我們不再相見（微博編號：C0704，詞頻序號：214 母親，出現頻率：6.86%）

別怕，明！媽媽在天上看著我（微博編號：C0730，詞頻序號：241 媽，出現頻率：6.04%）

兄弟喝酒的時候跟我說：如果你媽在，你現在不是這個模樣。我說恩。（微博編號：C0746，詞頻序號：241 媽，出現頻率：6.04%）

(二)面對社會

在詞頻統計中，「社會」（詞頻序號：250，出現頻率：5.77%）和「政府」（詞頻序號：325，出現頻率：4.39%）也是青年憂鬱症患者書寫微博的一部分，主要表現在兩個方面：一個是患者自身對政府和社會現實的評論趨向悲觀；另一個主要體現憂鬱症在被曲解的社會環境下憂鬱症患者的恐懼和不安。

患者「只知道一點兒」對人際關係感到悲觀：

微博是社會社交關係的縮影。看上去似乎人人平等，其實，同樣是眼睛往上看，看那幾個對自己有用的人，揣摩他們的心理，看是否有能被自己利用的東西。而真正有見地的觀點，早已淹沒在茫茫人海中。人類社會就是這個樣子人們都喜歡討好別人，唯獨不喜歡討好自己，人一輩子也該摘掉面具，做一回自己了（微博編號：A0189，詞頻序號：250 社會，出現頻率：5.77%）

患者「明再也回不去」也寫道：

呵呵　這個社會醜陋的一筆　包括你和我　這個垃圾場（微博編號：C0570，詞頻序號：250 社會，出現頻率：5.77%）

我的父親總是怨天尤人，抱怨命運不公。我一直反駁他，社會不公這是每個人都要面對的，客觀存在，要想改變只得靠自己。以前我是為了反駁他而反駁，現在我是真正理解了這個道理（微博編號：C0722，詞頻

序號：250 社會，出現頻率：5.77%）

「蛻蛻蛻變」在微博中承認她無法對人訴說她的憂鬱症：

我多麼羨慕那些能夠表現自己病症的人　我一點都不敢　現實中　我做任
何事都在害怕別人是不是在議論我嘲笑我　我是不是不正常　任何事任
何話事先都會思前想後都必須天衣無縫　不敢發表自己的意見　害怕得
罪任何人　害怕任何人失望　小心翼翼的活著　我必須拚命的說話　拚命
的討好別人　不能表現出緊張恐懼（微博編號：D0788，詞頻序號：146
恐懼，出現頻率：9.89%）

都問我去哪裡，去幹什麼？我該怎麼說，難道說有抑鬱症，你們能理解
嗎？如果我去那邊無聲無息如你們所願消失了（微博編號：D0999，詞
頻序號：110 理解，出現頻率：12.91%）

　　憂鬱症患者在標籤下掙扎，面對家人，他們無法被理解；面對社會，他
們也感到無力，對家人的低被認同感和對社會的低認同感讓他們心生悲涼。
在微博中，患者記錄下了對家人之間的情感和對社會真實的寫照。

伍、討論與建議

　　本研究以初探性質描繪青年憂鬱症患者微博，並對微博進行內容分析，
重點在於理解患者的微博書寫。本研究總共蒐集了 4 個以憂鬱症患者為微博
主的微博以及 1,000 則微博。青年憂鬱症患者有較為強烈的自我意識，但對
自我評價普遍較低，多陷入自我矛盾當中，對自身肯定的同時也進行否定，
認定「期望我」和「實際我」相差懸殊，從而導致的自卑傾向。在匿名的網
路環境中，部分患者會書寫「疾病誌」，他們會在微博中透露自己服藥的劑
量、醫患關係以及所嘗試的不同治療，對於醫療研究有一定的參考價值。患
者在書寫「疾病誌」的同時，也獲得了一定的心理治療效果，展現了他們真

實的一面，也宣洩了被壓抑的情緒。憂鬱症患者在微博中有相對獨立的互助圈子，認為憂鬱症患者瞭解憂鬱症，憂鬱症患者治療憂鬱症，微博的書寫和互動對於病友和病友家屬都是一種情感支持。

憂鬱症患者在書寫生命時趨向悲觀，多用負面語調，即便是使用正面詞語，書寫內容也多趨向負面，飽含對生活的絕望和對生命的恐懼。憂鬱症患者對死亡是嚮往的，但卻不是完全的生無可戀。心理上的痛苦對他們的折磨超越求生的慾望，但在他們內心深處是有所牽絆、對父母的愧疚及對生活本身的期盼，可說父母的角色對於患者的影響至關重要。這種影響來源於三個方面：一是父母是憂鬱症患者不走上自殺道路的主要牽絆；二是家庭對憂鬱症的理解與否對患者的影響；三是對於一些患者而言，父母是他們患憂鬱症的起因。青年憂鬱症患者甚少割裂個人與社會的關係，他們對社會、對政府的評價也趨於悲觀，這種負面多來源於自身經驗的解讀，社會對憂鬱症的曲解和忽視使他們無法大膽在現實生活中傾訴，轉而寄託在微博這一平台中。在實務和學理的交互方面，在疾病敘事大量輸出的網路背景下，醫者可以確實從病者的文本中協助病者尋回某些疾病治療的主體性和所有權，不僅僅是量表式的判斷和機械式的用藥，更多的是對病者的關懷。

本研究的限制主要在樣本的數量無法明確男女之間的差異，由於中文斷字軟體的落後，無法歸納同義詞和近義詞以獲得更準確的詞頻分析。在研究的過程中，碰到憂鬱症患者刪微博自殺導致的重新篩選研究對象和抽樣的情況。在學理方面，由於個人學術背景的限制，對憂鬱症的界定和觀察仍有缺陷。

青年憂鬱症患者敏感、悲觀和易輕生的特質應引起社會的更多關注，本研究作為憂鬱症後續研究方向的前沿觀察，證實了青年憂鬱症患者的微博書寫是一種關於「我」的書寫且含有敘事性，對能夠加以陳述或分析深具意義，微博可為心理疾病的書寫敘事提供依據。

參考文獻

■ 中文部分

孔繁鐘（2009）。《DSM-IV-TR 精神疾病診斷準則手冊》。台北：合記（原書 American Psychiatric Association [2000]. *Quick Reference to the Diagnostic Criteria from DSM-IV-TR.* USA, NV: Golden Valley）。

田旭升、王維宏、程偉（2009）。〈憂鬱症與自殺〉。《現代生物醫學進展》，9：327-329。

朱哲生、葉慶輝（2010）。〈老人憂鬱症〉。《台灣老年醫學暨老年學雜誌》，3：1-9。

朱靜宇譯（1994）。《戰勝憂鬱》。台北：業強。

李宇宙（2003）。〈疾病的敘事與書寫〉。收錄於蔡篤堅（2007）。《人文、醫學與疾病敘事》。台北：記憶工程。

李彥、郝多（2012）。「南京抑鬱症女生自縊　生前預設微博遺言作別」（2012/3/20）。人民網江蘇視窗。上網日期：2014 年 6 月 13 日，取自 http://js.people.com.cn/html/2012/03/20/ 91473.html。

李開復（2011）。《140 字的驚人力量：李開復談微博改變一切》。台北：天下遠見。

岳麗君（2004）。〈網路互動的社會功能分析〉。《學術交流》，4：226-227。

金星明譯（2000）。《歇斯底里症研究》。台北：知書房（原書 Freud, S. & Breuer, J. [1895]. *Studies on Hysteria.* New York: Basic Books）。

胡敏（2010）。〈博客寫作的雙重心理救贖〉。《阜陽師範學院學報（社會科學版）》，3：109-111。

高台茜、倪珮晶（2003）。〈華語文網路言論負向情緒用詞檢核軟體研發〉，第三屆全球華文網路教育研討會（ICICE2003）論文集，393-402。

高舒、劉萍（2012）。〈Web2.0 時代博客、輕博與微博的比較研究〉。《圖書館學研究》，3：42-43。

張寶芳、劉吉軒、蘇蘅（2008）。《政治部落格的情緒世界——2008 年總統候選人部落格之情緒用辭分析》。「2008 中華傳播學會年會」論文。

郭文斌、姚樹橋（2003）。〈認知偏差與憂鬱症〉。《中國行為醫學科學》，2：111-113。

陳俊欽（2004）。《憂鬱與憂鬱症》。台北：健康世界。

陳憶寧（2011）。〈「我」即是來源：癌症部落客的書寫研究〉。《新聞學研究》，106：99-134。

黃華新、徐慈華（2003）。〈符號學視野中的網路互動〉。《自然辯證法研究》，19：50-65。

葉鐵橋、馬俊岩（2006）。〈清華研究生自殺事件調查：抑鬱症成為校園殺手〉（2006/11/27）。《中國青年報》。上網日期：2014 年 6 月 13 日，取自 http://news.sina.com.cn/c/ 2006-11-27/021311621702.shtml。

趙璐（2012）。〈微博互動的社會功能〉。《青年文學家》，11：113-116。

蔡美娟（2011）。〈書寫自療：深度書寫作為一種方法〉。《應用心理研究》，49：137-175。

蔡篤堅（2007）。《人文、醫學與疾病敘事》。台北：記憶工程。

蕭世富（2002）。〈憂鬱症的中國社區康復模式〉。《中國臨床康復》，17：2513-2522。

譚天、吳佳真譯（1998）。《虛擬化身：網絡世代的身分認同》。台北：遠流（原書 Turkle, S. [1995]. *Life on the screen: identity in the age of the Internet.* New York: Simon & Schuster）。

嚴紅虹、劉治民、王聲湧、彭輝、楊光、荊春霞（2010）。〈大學生憂鬱及相關因素分析〉。《中華疾病控制雜誌》，14：257-259。

蘇東平（2004）。〈憂鬱症的再度檢視、省思和建議〉。《聲洋防癌之聲》，106：23-24。

■英文部分

Abramson, L. Y.; Metalsky, G. I.; Alloy, L. B. (1989). Hopelessness depression: A theory-based subtype of depression. *Psychological Review*, Vol 96(2), Apr 1989, 358-372.

Bemporad, J. (1978). Psychodynamics of depression in children and adolescents. *Severe and Mild Depression*. New York: Basic Books.

Breuer, J. & Freud, S. (1895/1995). Studies on Hysteria. In James Strachey (Ed.) *The Standard Edition of the Complete Psychological Works of Sigmund Freud*. London: Hogarth Press, Vol.2, xxxii, pp. 1–335

Derlega, V. L. & Chaikin, A. L. (1977). Privacy and self-disclosure in social relationships. *Journal of Social Issues*, 33: 102-115.

Draucker, C. B. (2005). Interaction patterns of adolescents with depression and the important adults in their lives. *Qualitative Health Research*, 15: 942-951.

Hargittai, E. & Litt, E. (2011). The tweet smell of celebrity success: Explaining variation in Twitter adoption among a diverse group of young adults. *New Media & Society*, 13(5) : 824-842.

Higgins, E. T. (1987). Self-discrepancy theory. *Psychological Review*, 94: 1120-1134.

Mann, D. W. (1991). Ownership: A pathography of the self. *British Journal of Medical Psychology*, 64:211-223.

McLeod, John. (1997). *Narrative and psychotherapy*. London: Sage.

McMillan, S. J. (2000). The microscope and the moving target: The challenge of applying content analysis to the World Wide Web. *Journalism and Mass Communication Quarterly*, 77(1): 80-89.

Orbach, I. (1989). Familial and intrapsychic splits in suicidal adolescents. *American Journal of Psychotherapy*, July XLIII(3), 356-367.

Pennebaker, J. W. (1997). *Opening up: The healing power of expressing emotion.* New York: Guilford.

Rie, H. E. (1966). Depression in childhood: A survey of some pertinent contributions. *Journal of the American Academy of Child Psychiatry,* 5: 653-685.

Turkle, S. (1995). *Life on the screen: Identity in the age of the Internet.* New York, NY: Simon & Schuster.

Ross, H. M. (1994). *Fighting Depression.* New York: McGraw-Hill.

Sagolla, D. (2009). *140 characters: A style guide for the short form.* Hoboken, NJ: John Wiley and Sons.

Toolan, J. M. (1975). Suicide in children and adolescents. *American Journal of Psychotherapy,* 29: 339-344.

第三篇

結構篇

國際關係建構主義理論的分析

——以《聯合報》與《自由時報》對中國大陸國家形象建構為例

張家琪[*]

摘 要

本論文主旨是以國際關係建構主義理論（constructivism）為研究途徑，探討台灣《聯合報》與《自由時報》兩大報對於中國大陸國家形象建構的情形。

本研究最主要的目的是希望瞭解台灣兩大報對中國大陸形象的建構，是否是因媒體自身的「理念」（idea）與「社會意識」使然，或者還是受到外在因素（兩岸政策、國際對中國大陸觀念等因素）的影響？兩大報對於中國大陸形象的建構，依據國際關係「建構主義」理論而言，其所建構的敵人、朋友、對手的形象是否是國家身分（identity）形成過程中，成為國內因素的重要原因之一。

本研究將以批判論述分析（critical discourse analysis）對於「汶川大地震」和「大陸對台灣農業產品開放登陸與贈送貓熊」兩新聞事件進行研究。從中瞭解《聯合報》與《自由時報》所建構的中國大陸的國家形象是否源自於兩大報的各自理念，進而建構了行為主體（agent）的身分和認同，並與身分和認同一起共同塑造國家利益、意識型態和價值觀。這些意識型態和價值觀同時也不斷被它們強化，在經過兩岸關係一系列的事件和事件累積的效應與互動過程中，進一步形成台灣民眾對中國大陸「共有的理念」（shared ideas）與「共有的知識」（shared knowledge）。經強化與固化後，他們的「集體認同」

---

[*] 張家琪，國立嘉義大學中文系兼任助理教授。

（collective identity）是否視中國大陸為友好的國家、對手或朋友的形象；反之，視中國大陸為不友好或敵人的形象。而共有的理念若成為國家利益的導向，是否會產生溫特（Alexander Wendt）所說的霍布斯文化、洛克文化和康德文化無政府文化的結構？

關鍵字：國際關係建構主義理論、中國大陸國家形象、《聯合報》、《自由時報》、敵人形象、對手形象、朋友形象

The Viewpoint of Constructivism on International Relations: The United Daily and the Liberty Times in relation to the construction of China's National Image

Chang Chia-Chyi

Abstract

This paper explores Taiwan's media influence on the shaping of China's national image using research approach "the Constructivism in International Relations." on two major newspapers — the *United Daily* and the *Liberty Times*.

The purpose of this research is to determine the propelling factors behind the Taiwan's two major newspaper in the shaping of China's national image, to decide whether it is solely based on the two media's own ideas and social consciousness, or based on external factors, such as the Cross-Strait policy or the international views upon China? During China's national identity formation process, according to the National Relations Constructivism theory, did the images of "enmity", "friendship" or "rivalry" of China play a crucial factor in domestic Taiwan?

The paper will use "critical discourse analysis" to study "the Wenchuan earthquake", "Taiwan agricultural products be opened landing Chinese mainland and be given gift Panda" of news event. It will learn about the Chinese image construction whether that originated from the two major newspapers' own ideas, an identity was formed on "the agent", and an identity was cast on China; together with these identities, the Taiwanese shaped their national view points, ideology, and value system. At the same time, the ideology and values will be continuously strengthened by the "images" of mainland China through a series of Cross-Strait policy events, relevant effects, and interactions. Taiwanese people further developed "shared ideas" and "shared knowledge" toward mainland China. With repeated strengthening and solidifying, the Taiwanese have formed a "collective identity" about China, either as a country of friendliness, rivalry, an image of a friend, or an image of enemy if the collective identity is negative. Will these shared ideas guide Taiwan's national value to product Alexander Wendt, therein gave generates to the Habbisian Culture, the Lockean Culture, and also the Kantian Culture's structure of the culture of anarchy?

Keywords: constructivism in international relations theory, Chinese national image, *United Daily*, *Liberty Times*, the image of enmity, image of friendship, image of rivalry

壹、前言

　　雖然自 1987 年台灣政府開放大陸探親，人員與經貿的往來日益頻繁，但是雙方的政治氣氛並沒有顯著的改善，敵視與對立的態度依然存在（李銘義，2006，頁 3）。其次，台灣民眾對大陸的形象，在台灣長期反共教育的陶冶，民進黨去中國化政策和中國大陸對台灣多次的文攻武嚇之下，仍有不少民眾對中國形象持負面的看法，認為大陸政府對於台灣並不友善。台灣民眾對中國大陸不具好感的仍居多數。

　　依據中央研究院 2003 年「台灣地區社會變遷基本調查」，比較台灣民眾對台灣、中國和亞洲三個對象的感情方面顯示，台灣民眾對台灣的感情沒有保留，31.7％回答「很有感情」，49.3％回答「有感情」，15.7％表示「有點感情」。換言之，有96.7％的受訪者對台灣有正面的感情認同。令人意外的倒是台灣民眾對亞洲感情竟然強過中國大陸，台灣人對中國大陸表示有感情的比率是 26.5％，低於對亞洲有感情的41.5％。台灣人對中國大陸的感情強度只有對亞洲的六成四，更只有對台灣的二成七（蕭新煌，2008：59）（見**表一**）。

　　依據台灣陸委會 2008 年 1 月 6 日所公布的「2007 年兩岸關係各界民意調查綜合分析」顯示，台灣人民對大陸政府及人民的觀感方面，調查結果顯示，有五至七成的民眾對大陸政府不具好感，同時亦有超過半數的民眾對於

表一　台灣人民對台灣、中國與亞洲的感情

	很有感情	有感情	有點感情	完全沒有感情	無法選擇	（n）
台灣	31.7	49.3	15.7	2.1	1.1	（2013）
中國	1.5	6.0	19.0	67.6	5.6	（2011）
亞洲	1.1	9.1	31.3	49.1	9.0	（2009）

資料來源：蕭新煌（2008），〈20 年來「台灣認同」與「中國印象」的辯證〉（頁64）。游盈隆（編），《近二十年兩岸關係的發展與變遷》。台北：海峽交流基金會。

大陸人民印象不好。台灣的海峽交流基金會在 2007 年 11 月所公布的民調指出，1987 年 11 月開放老兵探親之後，到 2007 年為止已經有 650 萬名台灣民眾造訪中國大陸。在兩岸開放交流二十年之際，海基會針對 1,076 名台灣民眾進行民意調查，結果發現對大陸人民印象好的占 33%，認為不好的占 55%。調查還發現，70%的受訪者對大陸政府的印象不好（海峽交流基金會，2007）。

即使國民黨馬英九執政，兩岸有更緊密的交流，但台灣民眾對於中國大陸形象仍持負面的印象居多。根據台灣《聯合報》在 2010 年與 2011 年所做的「兩岸關係年度大調查」顯示，台灣民眾對於大陸人民印象要比政府印象好得多。對於大陸人民印象，2010 年調查認為「好」的為 38%；「不好」的為 47%。在 2011 年，「好」的為 40%，比 2010 年上升了 2 個百分點；「不好」的為 45%，下降了 2 個百分點。台灣民眾對大陸政府的印象，2010 年認為「好」的為 33%；不好的為 54%。到了 2011 年，「好」的為 29%，下降了 4 個百分點；「不好」的為 56%，下降了 2 個百分點（聯合報民調中心，2011）。

為什麼台灣民眾形塑了日益鞏固的「台灣認同」？台灣民眾對於大陸人民形象超過半成不具好感，對於大陸政府形象不具好感的甚至達到七成。除了蕭新煌（2008）認為仍然對專制的中國大陸卻依舊心懷恐懼和不信任之外，是否還有其他的原因？

本研究認為具有守望（surveillance）、協調（correlation）、傳遞（transmission）等功能的大眾傳播媒體，在兩岸關係上，扮演了舉足輕重的角色（Schramm & Porter, 1982）[1]。若沒有傳媒的仲介和居間聯繫、報導與擔負橋樑的角色，兩岸關係也難以進展。北京雖然在政策上正步步改善它在台灣人民心目中的形象，但是能否獲得台灣記者與媒體的青睞？台灣的媒體又

---

[1] 已故的美國政治學者拉斯威爾（Harold Lasswell）認為傳播有三大社會性功能，分別是(1)環境的守望；(2)結合社會來適應環境；(3)文化傳統的傳遞。社會學者狄福勒指出：「傳播行為是一種手段，用來解說團體規範、執行社會控制、分配社會責任、反映人們的期望等，使所有的社會進展可以繼續不輟……」轉引自 Schramm 和 Porter（1982），頁 26-27。

是如何建構北京的形象？這確是值得吾人深入探討的問題。

其次，由於本研究限於篇幅與時間，僅能選擇《聯合報》與《自由時報》兩家立場各異的報紙作為分析的對象。一般而言，在兩岸關係與政治立場，《聯合報》是「反獨反共反李反扁」的「大中國」立場，反共產黨專制，但不反對中國文化（田習如，2000）。《自由時報》的國家認同具有「獨派」的影子，且在國家認同的新聞處理上，也是以台灣利益為優先。也因此，每當國內外發生重大事件時，《自由時報》往往咬緊《中國時報》與《聯合報》，在言論上進行猛烈的攻擊，強調對方是統派報紙，強化自己是獨派報紙，凸顯了該報與兩大報在立場和風格上極大化差異（王天濱，2003，頁415）。總之《自由時報》是「反共反統親獨親李」，本土意識濃郁的報紙（田習如，2000）。

那麼，這兩報的讀者政治傾向為何呢？根據學者蕭怡靖（2006）利用「政治大學選舉研究中心」與「台灣選舉與民主化調查」（TEDS）的五次立法委員選舉結束後，所進行的民意調查訪問資料在2004年的研究發現，《聯合報》的讀者則有將近四成的比率（38.9%）認為該報偏向「泛藍」，更僅有0.5%的讀者認為偏向「泛綠」，另有四成五的讀者認為該報紙並沒有政黨偏向（45.5%）；反觀《自由時報》的讀者則有高達四成五的比率（45.6%）認為該報偏向「泛綠」，僅有1.1%的讀者認為偏向「泛藍」，另有41.1%的讀者認為該報並沒有政黨偏向。

至於在統獨立場上，《聯合報》讀者主張「統一」的比率明顯高於主張「獨立」，但兩者間的差距有逐年減緩的趨勢，從1992年的25.9%下滑至2004年的16.3%。而《自由時報》讀者的統獨立場最傾向「獨立」，尤其在2004年時兩者的差距最大，傾向「獨立」比傾向「統一」高出25.4%（蕭怡靖，2006）。

本研究認為，會造成不少的台灣民眾對大陸形象觀感不佳，除了國民黨政府反共內戰體制內打了「心裡的內戰」、民進黨執政時期「去中國化」等台灣內在因素影響之外，而在外在影響，譬如中共對台部署飛彈，威嚇台灣，

或封鎖台灣外交空間等等舉措亦可能是一個主要因素。依據國際關係建構理論（constructivism）來說，上述種種舉措，或者是因為行為主體者（agency）（兩岸）的互動所建構，而造成了「理念」（國家形象）的變化，也造成國家間敵友的「身分」（identity）（形象的正負面）的改變？或者是說對於中國大陸形象的好壞，是否由台灣媒體本身的觀念建構而來，而直接影響了台灣人民對中國大陸的觀感？這點應是值得吾人深入探討的問題。

職是之故，本研究試圖以國際關係「建構主義」理論來瞭解對中國大陸形象的建構，是否是因《聯合報》與《自由時報》兩大報自身的「理念」與「社會意識」使然？或者還是受到外在因素（兩岸政策、國際對中國大陸觀念等因素）的影響？換言之，對於中國大陸形象的建構，是由台灣兩大報本身「理念」建構而來？或者是由外在因素所使然？顯然的，不同立場的媒體，可能也有不同的情況，分析其中的差異，是本研究主要的研究目的[2]。

由於本研究僅為初探性的研究，難以做兩大報長時間與大樣本的量化分析，也難以選擇多個大陸與兩岸事件有關的新聞作為分析的對象。本研究僅能立意選擇國際媒體對大陸較有正面評價的「汶川大地震」與大陸向台灣示好的「大陸對台灣農業產品開放登陸與贈送貓熊」兩新聞事件進行研究[3]。

---

[2] 在大眾傳播理論而言，媒體的「議題設定」（agenda setting）與「真實社會的建構」（social construction of reality）會影響閱聽人對於真實世界的瞭解。前者是媒體會告訴人們「該想什麼」（what to think about），替人們建構「社會環境」；後者可控制「類型化基模（typification schemes）的建構」形成閱聽人腦中的圖畫（Baran & Davis, 2009: 278-279, 313）。
本研究並非要探討記者與媒體是如何建構閱聽者腦中的圖畫，或者制定何種議題。本研究旨在瞭解台灣媒體是如何建構中國的形象，他們在平面媒體所呈現的是什麼樣的中國形象？不論政治、經濟、文化等形象，是正面還是負面？為什麼會有這樣的結果？是什麼因素造成？但個人深信媒體所塑造的形象會影響閱聽者的觀瞻，相關的實證研究證明，媒體仍有它的長期效果。

[3] 2008 年 5 月 12 日大陸四川省汶川縣發生芮氏規模 8.0 的大地震，由於大陸做到了生命至上、以人為本、決策快速、資訊透明、救援開放的各種措施，頗受國際輿論的好評。美國《洛杉磯時報》發表評論說，中國處於痛苦和哀傷之中。地震展示了一個新的中國，一個富有同情心又極具競爭力的中國。英國《泰晤士報》的評價是「中國的領導人的反應速度和關注堪稱楷模」。法國《法新社》（AFP）描述道，中國總理溫家寶不斷出現在國家電視台畫面中，他把小嬰兒抱在懷裡，為地震受災民眾帶來希望（縣祥、柯健，2009）。香港著名的財經學家郎咸平指出：「汶川大地震是整個事件的轉折點，西方媒體對中國的批評少了很多，他們也不再講西藏的問題。」（郎咸平，2009：92）。

貳、理論依據與文獻探討

一、理論依據

　　不同於國際關係現實主義將「國家形象」著重在權力和影響力，也不同於自由主義認為一國的國際聲譽是因為國際行為主體間進行合作的必然要求，建構主義所強調的國家形象是取決於國家間敵友的「身分」（identity），並非全是權力和實力[4]。其次與現實主義和自由主義不同的是，建構主義認為國際結構不單是物質現象，還是理念現象，在物質世界之外，還存在一個意義（meaning）與知識的世界，或者說存在一個主體間（意識相互聯繫）的世界（intersubjective world）──由「共有的理念」（shared ideas）所組成的世界（李少軍，2005）。

　　這個世界包含了行為主體（agency）對其周圍世界的解釋和理解，其具體體現就是政府之間、政治精英之間、學術界之間，以及人民大眾之間的各種觀念交流和思想交鋒。正是通過這樣的理念互動，「國家」之間會形成對他方一定的「看法」和「態度」，而這種「看法」與「態度」的總和，就構成了國際體系的主觀結構（Hoffman, 1999）。

　　從上述的解說我們可明顯的看出，建構主義理論有兩個基本原則：(1)人類關係的結構主要由共有理念，而不是物質力量決定的；(2)有目的的行為主體的身分和利益是由這些共有理念建構而成的，而不是天然固有的（秦亞

---

[4] 建構主義雖未直接提及「國家形象」，但以「集體自尊」（self-esteem）視為國家的利益。溫特（Wendt）在喬治和基歐漢（George & Keohane）所提出的三種國家利益──生存、獨立、財富（或稱生命、自由、財產），再加上「集體自尊」第四種利益。溫特指出：「集體自尊指一個集團對自我有著良好感覺的需要，對尊重和地位的需求。」溫特並指出：「集體自尊也可以通過多種方式表達。一個關鍵的因素是：集體自我形象是正面的還是負面的。這一點部分地取決於與有意義的他者之間的關係，因為自我是通過移位於他者才能認識自我的。負面的自我形象往往是通過自己認知到的、他國的蔑視和侮辱而產生的（秦亞青譯，2000：294-296〔Wendt（1999）原著〕）。

青譯，2000：1〔Wendt（1999）原著〕）。

那麼什麼是共有的理念？在此要說明的是，建構主義認為國際體系除了物質結構之外，還存有社會結構。所謂結構的物質方面，是指各行為主體在一定社會中所處的相對位置，以及它們之間物質的實力分配狀況；社會結構指的是行為主體行為的文化內容，譬如構成社會主流特徵的信仰、規範、理念和認識等。建構主義認為社會結構有三種基本成分：分享的知識、物質資源以及實踐。具體的說，行為主體之間對理解、期待和知識的分享程度造成行為主體之間關係的性質，分享程度越高，行為主體彼此更為相互信賴。物質資源通過行為主體所處的分享的知識結構而獲得含義，一定的含義系統確定行為主體對其周圍的物質環境做出一定的反應和理解（倪世雄，2004：224）。建構主義大師亞歷山大‧溫特（Alexander Wendt）認為：「對於人類的行為來講，只有通過共用的知識結構，物質資源才被賦予含義。」（Wendt, 1995: 73）

相同的，國際社會中的國家和社會中的個人類似，國家作為國際社會中的成員，彼此之間進行社會性的交流和互動，也會建立「共有的理念」。這些共有的理念成為國家理念的一部分，塑造者或再造國家對自我身分和別國身分的認知（秦亞青譯，2000：198-206〔Wendt（1999）原著〕）。

除了「共有的理念」，「身分」也是建構主義的核心概念之一。什麼是「身分」呢？其實，identity 一詞，在英文中含有「身分」、「特性」、「認同」等多種含義，在不同的學科有不同的用法。溫特將「身分」作為有意圖行為主體的屬性，認為它可以產生動機和行為特徵。溫特並進一步指出，身分從根本上說是一種主體或單位層次的特徵，根植於行為主體的自我領悟。但是，這種自我領悟的內容常常依賴於其他行為主體對一個行為的再現與這個行為主體的自我領悟這兩者之間的一致，所以身分也會有一種主體間或體系特徵。溫特並舉例說明表示，約翰可能認為他是一個教授，但是他的學生不這樣認為，那麼他的身分在他與學生的互動中就「不起作用」。換言之，兩種觀念可以進入身分，一種是自我持有的理念，一種是他者持有的理念。身分

是由內和外在結構建構而成的（秦亞青譯，2000：211-281〔Wendt（1999）原著〕）[5]。

溫特在其所著的〈集體身分形成和國際性國家〉（Collective identity formation and the international state）一文中，曾區分了國家的集體和社會兩種不同的身分。其中集體身分是指構成國家行為主體內在的、自行組織的特性，這種身分總是有物質的基礎，對國家來說就是指國民與領土。社會身分是指國家行為主體從他者的視角出發賦予它自己一系列意義。與集體身分單一性不同的是，社會身分具有多樣性（Wendt, 1994: 384-396）。總而言之，建構主義本質上不同於現實主義的地方就在於，前者超越對單純國家行為的研究，而是從本體論來論述國家的身分和利益，並依國家的身分和利益來考慮國家的政策和行為。更重要的是，若說現實主義是將「國際威望」意義上的對外影響力界定為一種純粹的政治影響力，那麼，建構主義則把「國際威望」這種「強權力」弱化成「軟權力」（soft power），也就是一種誘導型、向內吸納式（co-optive）的吸引力（attraction）和一種國格魅力（李智，2005：66）。

由於建構主義認為國家的身分不是外生賦予的，而是在進程中確定的，所以，就為動態考察國家形象提供了重要理論依據。溫特認為由國家之間交流和互動，建構而來的「共有理念」可稱之為「無政府文化」，不僅可以對國家行為產生因果作用，而且可以建構國家身分[6]。溫特將無政府文化分為三種，分別是霍布斯文化、洛克文化和康德文化。所謂霍布斯文化就是以「人人為敵」的「敵人文化」；洛克文化是「自己生存也讓他人生存」的「對手文化」；康德文化是「非暴力、互助」的「朋友文化」（秦亞青譯，2000：313-322〔Wendt（1999）原著〕）。

---

[5] 溫特指出，在哲學層面上，身分是使事物成為該事物的因素。由於這個定義含義太廣了，所以他將身分作為有意圖行為體的屬性（秦亞青譯，2000：281-282〔Wendt（1999）原著〕）。

[6] 溫特認為國家通過交流和互動建構起來的共同知識的外在表現，若國家經過交流和形成互動所形成的「共有理念」是「相互認為對方可以自治」，其結果就是「沒有中央政府」，也就是「無政府」。「共有理念」是文化的一種，所以「共有理念」也就是「無政府文化」（秦亞青譯，2000：198-206〔Wendt（1999）原著〕）。

　　不管是「敵人文化」、「對手文化」還是「朋友文化」同樣是文化事實，是在其他國家認知的基礎上，在國家間互動中形成的。在國家形象也可做如是觀，換言之，一國的國家形象也可是由該國與其他國家之間的無政府文化類型決定的。霍布斯文化塑造敵人形象，洛克文化塑造競爭者（對手）形象，而康德文化塑造朋友形象（楊永斌，2009）。

　　依據建構主義行為主體和結構相互建構的邏輯，國家間的文化是行為主體之間實踐互動的結果。在國家間形象的建構方面，同樣的也可如此推論。假若海峽兩岸建構的共有理念是互不承認生存權的敵人，所產生的就可能是敵對的形象；若是既可以自治、彼此競爭，又不能被消滅，很可能就是對手的形象；若所建構的共有觀念是國家既有主權，又彼此友好，也就可能建構為朋友的形象。

　　建構主義使我們瞭解到國家形象並非全由物質力量或實力所決定，它具有社會建構的特徵，並且，從本源上而言，國家形象可通過行為主體不斷活動建構出來，並得到一些模式化的社會實踐而不斷維持和加強（胡曉為，2011：103-106）。其次，依據語言建構主義而言，論述（discourse）可以建構社會事實，它可透過語言與符號再現（repretation）某些非物質性事物的功能事實（譬如「貨幣」，我們不能從其物理屬性看出這一東西，而需用語言和符號將其意義再現出來）（Searl, 1995：76-77）。 國家形象亦是如此，它是非物理性的東西與概念，需透過語言與符號再現產生。相同地，國家形象需透過傳播媒體再現與反映，才可能形成一國或國際社會對於另一國家總體的評價和看法。誠如文化研究學者霍爾（Hall, 1997：61）所言，再現是一種過程，通過它，一種文化中的大眾成員以語言（廣義的定義為任何調配符號的系統，任何意指系統）而生產其意義。

　　依國際關係建構主義而言，國際關係中的事實是由社會建構而成。國家形象作為國際關係中的一種社會事實，同樣具有社會建構的屬性（秦亞青譯，2000〔Wendt（1999）原著〕）。從上述說明可知，因語言符號在社會建構中具有核心的地位和作用，並與一定的價值與意義體系連結一起，並由媒

體再現了特定的意識型態和價值觀，才能塑造有關他者對某國國家形象上的評價與看法。因此，比較上述三種國際關係理論對國家形象的分析而言，筆者認為講求國家形象是「共有理念」的建構主義，要比講求權力和影響力的現實主義、講求國際行為主體間進行合作必然要求的自由主義，較適合分析台灣媒體建構中國大陸國家形象的情形。因此本研究決定採取國際關係建構主義作為本研究的理論依據。

二、文獻回顧

　　研究建構主義的我國學者莫大華在所著的《建構主義國際關係理論與安全研究》一書表示，在我國學者逐漸引介以及運用在個案研究上，使得建構主義漸漸為人所知（莫大華，2003：396）。他同時建議地表示：

> 建構主義或是建構主義式的安全研究觀點能否運用於台海兩岸關係的
> 研究上，例如台灣集體認同的形成過程、兩岸各自主權的社會建構過
> 程、兩岸協議規範與規則的形成及適用、兩岸學者知識社群的形成與建
> 立、兩岸各自的安全觀等等議題，皆是值得研究的議題。（莫大華，2003：
> 396）

　　除了莫大華，大陸學者楊丹偉在其所寫的〈建構主義與中國政府對台政策的調整〉一文中也表示：「建構主義的理論，契合了以和平發展為基調的兩岸關係的發展趨向，為兩岸重新思考兩岸的身分和相互關係、加強兩岸之間的互動、發展兩岸的集體認同提供了重要的理論依據。」（楊丹偉，2009：123）

　　然而有關兩岸新聞的交流，或者有關中國國家形象的研究，以建構主義途徑研究的論文，除中國大陸有相關的研究論文之外，台灣可說非常的罕見。本節先討論中國大陸有關的論文，再討論台灣研究的論文。

(一)大陸研究方面

中國大陸對於國際關係的建構主義研究和發展，近十多年來可說如火如荼。為何大陸會對建構主義「情有獨鍾」，據大陸學者郭樹勇的分析，主因出於：「建構主義在中國的樂觀前途，不僅因為中國具備了使建構主義上升為主流理論的社會土壤，還因為它能夠在世界秩序、中國和平崛起以及台灣問題方面有著較強的解釋力。就國際政治而言，伊拉克戰爭、朝鮮核危機、美日同盟、美歐關係、國際反恐、民族分裂主義等，實際上都從一個側面反映了各國之間的意識型態、文化和觀念體系的衝突與合作。離開了社會學視角，就不可能對之進行全面深入的把握。」（郭樹勇，2004）

不過，大陸對於建構主義研究相關著作多數集中於理論性的研究，對於實務的分析與操作卻相對少見（薛立、蕭歡容，2006：166-199）。而我國學者張凱銘在〈中國學術界對建構主義國際關係理論的研究〉一文中指出：「隨著時間推進，建構主義研究中的理論探討類介紹性文獻應將逐漸飽和，避免主題的重複將變得困難；而在相關理論研究尚無法提出創新的情形下，將研究主力轉向發展空間較大的經驗研究是可能的趨勢。其次，近年來中國政府的部分外交政策與宣示，如和平崛起、和平發展、三鄰外交等概念皆與建構主義有著某種程度的暗合，這種情形也可能鼓勵中國學者將研究重心由理論研究轉向實務分析。」（張凱銘，2009，頁21-44）

近年來，在建構主義實務分析方面，已有大陸學者從建構主義角度研究國家的形象問題，有的研究是從建構主義來探討國外媒體對華負面報導的原因。譬如，何英所寫的博士論文《冷戰後美國媒體對華負面報導的建構主義分析》，作者以建構主義結構互動觀為理論基礎，以1999年南斯拉夫中國大使館被炸館事件和中國威脅論為平台，分析冷戰後美國媒體對華負面報導的理論根源和規律。作者在研究結果指出，國際政治的基本結構是物質性建構，更是社會性建構。理念是確定國家身分的根本因素和國家利益的根源。理念建構了行為主體的身分和認同，並與身分和認同一起共同塑造國家利

益、意識型態和價值觀，同時也不斷被它們強化，美國媒體對華負面報導就是這樣被建構的。同時作者也在結論中指出，美國媒體對華報導作為中美關係中的一個重要視角，本身就是記者和專欄作家（報導的主體）與中美關係結構中國家利益、意識型態、價值觀、輿論和民意等諸多複雜因素綜合互動的結果。他並認為中美關係是洛克文化的建構，美國媒體對華負面報導的實質並非文化帝國主義而是文化建構主義（何英，2004：147-152）。

　　研究台灣媒體對大陸新聞報導建構主義分析，大陸學者相關研究則不多見。蔣軍在其碩士論文《民進黨「執政」以來台灣媒體對大陸新聞報導的建構主義分析》，主要選擇了台灣媒體中關於大陸新聞報導具有代表性的三大平面媒體：《中國時報》、《民生報》和《自由時報》。在民進黨執政期間，台灣媒體對於《反分裂國家法》大陸威脅論和「大陸贈台貓熊」這兩個典型事件的報導，以建構主義的研究途徑來分析這三報有關的內容對於影響島內民眾的理念、塑造民眾身分認同的作用。作者選擇的《反分裂國家法》報導大多數是負面報導，認為在民進黨的執政下，台灣媒體在建構台灣受眾的台獨意識與台灣認同，台灣媒體對「中國威脅論」的渲染影響了很多台灣民眾的觀感，逐漸培育出一種民意和輿論基礎，進一步推動了「中國威脅論」的氾濫。而在「大陸贈台貓熊」新聞事件上，作者研究發現三份台灣報紙給我們呈現出了不同的媒介現實。各自的政治色彩影響了不同媒體「贈台大貓熊」事件的構建。這種截然不同的內容框架表明台灣媒體按照各自傾向的政利益有意識地安排報導。親「泛藍」的報紙構建出島內民眾對大貓熊非常歡迎的媒介現實而親「泛綠」的報紙則乾脆直接進行謾罵，其態度和立場極為鮮明（蔣軍，2008）。

　　韓國學者李正男也是採用建構主義方法，通過比較各國的認識來探討中國崛起對周邊國家是威脅還是機遇？李正男表示：「按照建構主義的邏輯，對於中國崛起，如果存在威脅的認識居主導地位，那麼國際秩序就會陷入不穩定狀態；反之，國際秩序能夠維持穩定。而且，如果包括美國在內的主要國家和中國國內對中國崛起的認識存在不同的話，那麼東亞秩序將會出現相

當不穩定的局面。由此,研究中國國內與其主要周邊國家對中國崛起問題的認識就非常必要。而建構主義的方法有利於我們分析現在的國際秩序和展望未來的國際秩序。」(李正男,2010:120)

李正男根據 2006 年韓國東亞研究院(East Asia Institute, EAI)和美國芝加哥國際問題協會(Chicago Councils on Global Affairs, CCGA)共同對韓國、中國、美國、日本、印度、澳洲和印尼等七個國家國民進行輿論調查的結果,比較分析它們對中國崛起的認識。李正男研究發現:「中國及其周邊國家都不同意現實主義或自由主義所提出的威脅或機遇這樣片面性的觀點,即存在著兩面性和複合性。也就是說,對於『中國的崛起』以及『崛起中的中國』,中國及其周邊國家以及周邊國民之間都存在認識上的偏差,而且在各國領域也顯示出不同的觀點。」(李正男,2010:129)

從上述以建構主義來研究中國國家形象以及研究「中國崛起」,周邊國家觀感的相關文獻,我們可以瞭解,在國家形象研究的途徑開闢了新的研究方向,相信類似的研究還會不斷有新的研究文獻出現。

(二)台灣研究方面

如前所述,有關台灣媒體如何建構中國國家形象的論文以建構主義作為理論根據的研究非常罕見。以國際關係建構主義理論為途徑的研究,在博碩士論文大多偏重於台灣國家安全、國家認同、兩岸關係發展,或是建構主義理論的研究。譬如在博士論文方面,葉定國的《論台灣的國家安全——一個國際關係建構主義觀點的研究》,是以建構主義理論來研究台灣的安全問題,作者認為台灣未來在國家安全的維護上應避免陷入物質主義的軍備競賽,應重新思考如何整合理念因素和物質條件,審慎評估台灣真正的安全需求。作者並指出,建構主義的安全研究對於文化、認同、規範等理念因素的重視和討論,有助於台灣建立對於國家安全不同的思考向度(葉定國,2004)。

李世宏則以「社會建構」理論社會群體中「能動者」之「交互主觀」及

「系統」、「結構」之互動關係來進行理解「國家認同」變遷。在他的博士論文《從建構主義探討台灣國家認同的變遷》指出，我國「國家認同」必須考慮「建構」作用、「國內環境」、「國際因素」等層面，並順其趨勢採漸進方式跨越「原生認同」逐漸成形（李世宏，2009）。不過，李世宏的研究雖非完全著重於國際關係的建構理論，但是其研究中的「文化」、「認同」、「規範」等概念，仍是國際關係建構主義所強調的意涵，來分析台灣「國家認同」的變遷。

另一研究者黃昭能是以建構主義理論研究《金門在台海兩岸關係中角色》。作者在其博士論文中指出，在國際上，近數十年所發生的重大事件，且與兩岸關係密切者，諸如 1950 年韓戰，1954 年美、台簽訂「共同防衛條約」，1979 年美、台建交等，均制約者兩岸關係；在兩岸方面，諸如 1987 年開放探親、1991 年終止戡亂時期、1992 年廢除金門戰地政務等，則不僅衝擊著兩岸關係發展，亦制約著金門的定位及角色扮演。2000 年民進黨執政，2001 年實施「小三通」。2008 年 5 月國民黨重新執政後，兩岸展開直航，更對兩岸關係及金門原有角色造成影響。這些政策的改變，導致金門角色的轉換，均是源自於國家或行為者（agent）的觀念改變；他的論文就是依上述時間點，論證國家行為者因觀念、認同的改變，導致國際關係、兩岸關係及金門角色的改變（黃昭能，2010）。

也有研究者是以建構主義理論觀點反思傳統的國家主權理論，非本研究的研究範圍不再贅述（郭雪真，2009）。

參、研究設計與方法

本研究是以費爾克拉夫（Fairclough, 1995a: 79-85）在 1990 年代所發展的「文本／論述／社會」三向度模型從微觀到鉅觀作為批判論述分析的途徑，主要分析：(1)中國大陸向台灣同胞贈送一對象徵和平團結友愛的大貓熊；大陸有關方面將於近期開放大陸居民赴台灣旅遊；擴大開放台灣水果登

陸，並對其中十餘種實行零關稅；(2)四川汶川發生芮氏 8.0 大地震等《聯合報》與《自由時報》的社評、短評和特寫，如何建構中國大陸的形象。如同前述，費爾克拉夫是將「論述」分為文本、論述實踐與社會文化實踐三個面向的方式來研究問題。本研究所依據的三個面向其分析方式如後：

一、文本層面的分析

此層面的分析著重在新聞意義層面的解讀，也就是探討媒體內容「說什麼」。費爾克拉夫認為文本的批判論述分析需有三方面的審視：一是社會實踐的特別再現（representations）與再脈絡化（recontextualization），也就是「觀念功能」，是對特定的意識型態而來；二是強調作者和讀者的建構和認同（譬如說，所強調是對文本所再現的社會地位、角色及其認同與個人認同的層面），也就是「認同功能」；三是作者與讀者之間的特別關係建構（譬如正式與非正式和親疏等），也就是關係的功能（Fairclough, 1995a: 58）。

本研究將檢視《聯合報》與《自由時報》在上述兩件新聞事件，如何在文本中評論和分析中國大陸國家形象的？以何種語態（mood）、情態（modality）、字詞（word）論述了哪些內容？包含了哪些消息來源被報導？以及消息來源的意見有無被完整呈現？等等，來檢視它們是根據何種「觀念」和「立場」來建構中國大陸形象。因此著重於「認同功能」的解說。

二、論述實踐層面的分析

連結文本與社會實踐兩層面之間的是論述實踐，是作為文本與社會結構的中介。論述實踐層面所處理的主要是文本如何被生產、配置與消費的過程（倪炎元，2012：38）。由於費氏建構脈絡的重要理論來源，一個是哈利地（Halliday）的功能語言學，另一個則是受到巴赫金（Bakhtin）所謂「眾聲喧嘩」（heteroglossia）理論所啟發的互文性理論（intertextuality）（倪炎元，2003：87；Fairclough , 2001: 233）[7]。互文性是費氏論述分析最重要的特徵，

---

[7] 巴赫金認為，語言的符號皆是意識型態的素材，因此所有語言使用都含有意識型態。語

他認為互文性分析是論述實踐分析的主要內容，是聯繫文本變化和社會實踐變化的紐帶（紀衛寧，2008：77）。

　　論述實踐包含了媒體文本的「論述再現」；文類分析：就文本中的論述加以分析。本研究根據這兩種分析策略，來瞭解《聯合報》與《自由時報》，在評論和說明中國大陸與兩岸新聞事件時，認為哪些內容是重點而哪些不是？被評論者的觀點是否被直接引用，或是被間接融入報導者的論述之中而與被評論者原先說詞不同？不同被評論者的個別立場、意見與辯駁是否會被完整呈現，或被突出，還是被刪減與淡化？哪些被配置在標題、導言、段落、附屬段落與結論中？不同的語氣和說話方式（譬如閒談、說明等）是怎樣的混合使用？提出問題與解決問題的結構？是否含有意識型態？哪些被配置為背景、情節安排如何、當事人是被安排為主角或配角等等？最重要的是，本研究要瞭解上述兩報的立場或觀點反映了什麼樣的意識型態？如何建構中國大陸的國家形象？

三、社會文化實踐層面的分析

　　社會文化實踐是指所有溝通事件，包括大眾傳播在內的所有社會與文化的一切行為。費爾克拉夫側重社會結構化對大眾傳播媒體的影響，以及媒體對社會所產生的作用，並且同時關懷受眾與社會之間的維繫、轉化和反抗的辯證（dialectical）關係。社會文化實踐所涉語境範圍非常廣泛，包括政治、經濟、社會、文化等各方面。在政治方面關心的問題是權力與意識型態，在文化方面關心的則是社會價值與文化認同等（Fairclough, 1995b: 62）。 對此，本研究主要是著重在以國際關係建構主義理論來解釋兩大報在「汶川大地震」和「大陸對台灣農業產品開放登陸與贈送貓熊」事件所呈現的中國大陸形象社會文化實踐。

　　依據費爾克拉夫批判論述分析的三個層面：新聞文本、論述實踐和社會

言符號被視為是某種階級鬥爭的場合，所以他強調文本的對話特性──「互文性」；也就是任何文本都會以詳盡或模糊的方式來與其他文本對話（Fairclough, 2001: 233）。

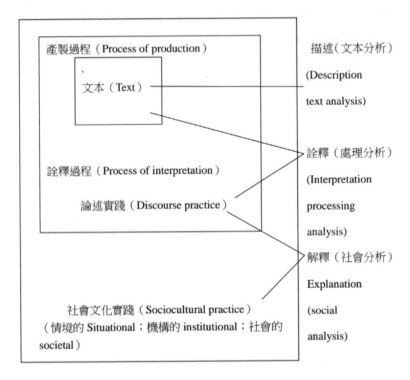

圖一　論述的面向

資料來源：*Critical Discourse Analysis:The Critical Study of Language*(p.98),by Norman Fairclough, 1995 b, New York:Longman.

文化實踐等，其分析架構如**圖一**。

　　在此我們必須瞭解的是，對費爾克拉夫而言，任何有待分析的特定文本都包含了上述三個層面。但在實際操作上，學者倪炎元認為主要是循兩個方向：一個是語言學取向的論述分析；另一個則是社會文化取向的論述分析。而這兩種分析彼此之間則是呈現辯證的關係（倪炎元，2012：9）。

肆、批判論述分析

一、中國大陸送三禮：貓熊、水果、觀光的由來與台灣各界的反應

　　正當 2005 年 3 月 14 日中共通過「反分裂國家法」不久，該年的 5 月 3 日，在國民黨主席連戰離開大陸前一刻，親民黨主席宋楚瑜要到大陸訪問的前兩天，中國大陸宣布將贈送一對「象徵和平團結友愛」的大貓熊給台灣，並且將在近期內開放大陸居民赴台灣旅遊，擴大開放台灣水果進口，並對其中十餘種水果實施零關稅（聯合報系採訪團 a，2005）。

　　中國大陸在對台灣來「硬」的「反分裂國家法」之後，又來「軟」的「三大禮」，其意義為何？學者朱新民等人事後分析認為，中共通過「反分裂國家法」後，國民黨主席連戰與親民黨主席宋楚瑜競相訪問大陸的事件。這使得中共在「反分裂國家法」過程中，操作「硬的更硬」策略後，立即能透過「台灣在野黨領袖訪陸」等事件，創造「軟的更軟」的運作空間（朱新民、陳一新，2006：67）。　民進黨籍前立法委員林濁水認為：「目前對台如水果登陸等統戰既層出不窮，的確可說軟的更軟；但也不是一味軟到底，如開放觀光加了一些異味，可說軟中帶硬；至於在硬的部分，恐怕看不出來什麼更硬的做法。」（林濁水，2006 年 5 月 17 日）　顯然的，學者與專家認為這是中國大陸的「兩手策略」。問題是這兩手策略，台灣的媒體各持何種立場？又是如何的解讀呢？

　　至於對中國大陸遞出的「橄欖枝」，當時台灣朝野又有什麼不同的反應？國民黨領袖連戰認為大陸的善意對兩岸民眾的感受有積極的意義（聯合報系採訪團 b，2005）。　然而，對於中共宣布台灣水果免稅一事，民進黨政府的農委會主委李金龍卻強調：「台灣水果大多是一年採收一季，果農未來若為了搶中國市場，多生產一點，以逆向思考，中國現在片面宣布零關稅優惠，

難保哪一天不會再片面宣布取消優惠，屆時果農超產的水果，沒有其他市場及時吸納，立刻就陷入滯銷的更嚴重窘境。」（楊雅民，2005） 對於中共送貓熊一事，民進黨中央指出，貓熊不重要，遣返偷渡犯、打擊犯罪、保障台灣人身安全、銷毀飛彈才重要，而且貓熊能換來國家主權嗎（自由時報，2005）？

對於中國大陸的「善意」，從上述朝野兩黨所發表的意見即可看出正負面評價極為分歧。《聯合報》與《自由時報》的立場又是如何？我們不妨從他們發表的社論、短評和特寫不同文類的文本來分析。

(一)研究範疇與對象

對台灣農業產品開放登陸與贈送貓熊，中國大陸宣布是在 2005 年的 5 月 3 日，兩大報即在 5 月 4 日發布新聞，此一事件不像「反分裂國家法」那樣的令人震撼。翻查這一期間的兩大報紙本，僅至 8 日止，之後就少見報導和討論。在新聞最熱的四天期間，據統計，對於相關文本，《聯合報》共發表了 1 篇社論，3 篇記者的特寫；《自由時報》則發表了 3 篇社論與 2 篇記者的特寫。在言論方面，似乎《自由時報》對於「連宋訪中」所引發的中國熱，非常在意。

(二)批判論述分析

就在中國大陸宣布要送三大禮給台灣的第二天，《聯合報》記者王玉燕即以〈送禮 政治局選時機〉特寫分析「送禮」的背景和由來（王玉燕，2005）。《聯合報》在第二版也針對「連胡會」發表了〈冷暖一念間：不要輕縱兩岸經貿雙贏的契機〉的社論。有趣的是，《聯合報》在 8 日的週末《萬象》版上，還以 2 篇軟性的特寫來敘述貓熊的特性與趣聞（陳世昌，2005；張宗智，2005）。

《聯合報》的社論對於「連胡會」的成果表示肯定，對於中共的三大禮，擔心因陳水扁否認「九二共識」，會出現波折。社論文本如後：

「連胡會」劃下句點，不只將產生巨大的政治效應，也必將影響今後的兩岸經貿關係；只是走向未定、前景不明，其結果繫乎主政者的一念之間。

連胡會發表的「五項和平工作」中，雙方決促進兩岸經濟全面交流，建立兩岸經濟合作機制，包括全面、直接、雙向三通，開放海空直航，加強投資與貿易的往來與保障，並於促進恢復兩岸協商後優先討論兩岸共同市場問題等。這項新架構普獲企業界的肯定，並期望具體實現，為兩岸經貿互動營造安定的環境；本報民意調查結果亦顯示，五成二受訪民眾認為連戰大陸行對兩岸經貿交流有幫助；股市國內外法人投資者也多以利多視之，認為連胡會營造出的和諧氣氛對投資人的信心有提振之效。

只是，在樂觀的氣氛中卻仍透著不安，因為五大工作是建立在「九二共識」的體認上，但陳水扁總統迄今仍否認「九二共識」，以致五大工作極可能因此失去可以著力的平台。即使是中共當局贈送的三項禮物，包括水果銷陸及開放大陸人民來台觀光，也可能因「九二共識」的爭議出現波折。(聯合報，2005)

《聯合報》在文本中引用了自己所做的民調證實，連戰大陸行獲泰半民意支持；連股市國內外法人投資者也多以利多視之。在轉折語上以「但」(but)來表示，擔心陳水扁否認「九二共識」會「橫生枝節」。顯然的，《聯合報》對兩岸的交流充滿者期待，肯定中國大陸的「善意」，又怕這一「善意」，又在陳水扁的手上搞砸。

對於大陸送貓熊，《聯合報》更表歡迎，在記者王玉燕的〈送禮 政治局選時機〉特寫中，有這麼一段說詞：

送連戰貓熊，還有什麼比貓熊同樣珍貴的動物送給親民黨？……大陸同胞送給台灣同胞貓熊，國親皆大歡喜。(王玉燕，聯合報，2005)

　　《聯合報》以「大陸同胞送給台灣同胞貓熊」的用詞，透露了兩岸是一家的觀念。大陸同胞送給台灣「珍貴」的動物，也顯示了大陸同胞對台灣「善意」的正面形象。

　　為免除大陸送貓熊的「政治味」，如前所述，《聯合報》在 8 日的週末《萬象》版上還以〈貓熊就是生不出來〉為題，由記者陳世昌與張宗智分別寫了〈上野　陵陵日墨聯姻　三次多沒用〉、〈華府　美香了無生趣　事已在人為〉的特寫，說明貓熊的「珍貴」，要繁殖貓熊有多麼的不易。他們在導言中是這樣的起頭：

> 中共宣布送台灣一對貓熊，一度引起台灣要不要接受的論戰。在日本，飼養貓熊已三十餘年的上野動物園，把貓熊當成鎮園之寶，但繁殖貓熊卻飽受挫折。（陳世昌，聯合報，2005）
>
> 若要在華府國家動物園選出最受歡迎的動物明星，非四年前從四川空運到華府的雌雄一對貓熊檔美香和添添莫屬。（張宗智，聯合報，2005）

　　當日本和美國都把貓熊當寶，台灣民進黨等與獨派團體竟然拒絕，豈不「不識貨」？張宗智並在其特寫中繼續表示：

> 不過，添添和美香不是中國大陸送的，而是華府國家動物園以一年 100萬美元共十年，向中國野生動物協會租來的。十年共 1,000 萬美元的租金，加上動物園餵養兩位貓熊嬌客所花費的人力、物力和財力，更烘托了添添和美香傲人的身價。（張宗智，聯合報，2005）。

　　張宗智的特寫意味著，華府國家動物園都願以大手筆的費用向大陸租借貓熊，大陸免費送給台灣，可見大陸對台灣的「誠意」。從上述特稿可瞭解，《聯合報》以軟性訴求的方式，加深了閱聽大眾對於貓熊「珍貴」性的認識。無形中也建構起中國大陸對台灣表達友善的良好形象。

　　相對的，對於中國大陸的這一作為，《自由時報》卻有極端不同的論述。不過，耐人尋味的是，《自由時報》連續在 4、5、6 日發表 3 篇社論，沒有

特別論述中國大陸的「三大禮」，反而對於朝野的「中國熱」大肆抨擊。對於「三大禮」的論述，僅由記者鄭琪芳、黃忠榮所撰寫的〈中國設圈套　台灣莫往下跳〉一篇特寫，認為中國三大禮是以利益為餌，呼籲台灣不要上當（鄭琪芳、黃忠榮，2005），並且對於三大禮的報導和特寫放置較為後面的第 6 頁，不像《聯合報》編排於 A3 版上。在文類的秩序安排上，似乎對於中國大陸的三大禮，在言論上，《自由時報》不是那麼的強調。

譬如在其 2005 年 5 月 5 日〈如背棄台灣人民走上中國紅地毯　就該謝幕下台了！〉的社論，針對「連胡」大肆撻伐，並指責陳水扁也患了「中國熱」的毛病，並警告其若走上中國紅地毯，就該謝幕下台！在 6 日發表的〈兩岸關係由量變到質變　大膽西進咎由自取〉的社論，更是左右開弓，一方面指責連戰等泛藍人士「賣台」，也指責民進黨「大膽西進」的不是。7 日所寫的〈聯共的「中國秀」乃是政客大頭病的併發症〉的社論，則大罵連戰及宋楚瑜患了「政治大頭病」，譏諷他們出現諾貝爾和平獎飢渴症，也諷刺陳總統的「大膽西進」，似乎也難抗拒諾貝爾獎的光環。對於中國大陸所送的三大禮，僅在〈兩岸關係由量變到質變　大膽西進咎由自取〉這篇社論中稍有評述，其他兩篇社論皆是抨擊泛藍與民進黨的兩岸政策，而未提及中共送禮的用意。似乎，《自由時報》好像不願凸顯中國大陸的這一「善意」，或者是恐於過度反對對台灣有利的事件，以免造成反效果。對於中國大陸送禮的「意圖」，《自由時報》5 月 6 日社論所提的觀點如後：

> 此次中國國民黨主席連戰帶領五十幾位訪問團與百餘位隨行記者浩浩蕩蕩到北京朝聖賣台，接受了中國官方超規格之禮遇，以「新聞公報」方式發布了連胡的「兩岸和平發展共同願景」，5 月 3 日臨走之時，北京再給連戰三大禮物，包括開放中國人民來台旅遊、調降十餘項台灣水果輸中關稅及送台灣貓熊等。對此，媒體大張旗鼓讚譽有加，台商趨炎附勢，在上海舉行了盛大會師。連戰的中國行同時也助長了國內泛藍分子的暴力氣焰，4 月 26 日在機場內追打一位泛綠老人，還嫁禍於綠營，

處處表示「聯共制台」已非僅止於言論階段。（自由時報，2005）

《自由時報》又說：

中共畢竟是經過千錘百鍊的統戰高手，北京的領導者給予連戰高規格的
接待，臨走時還送上三個大禮，就是看準了台灣這一個弱點。因為中共
瞭解此種經濟小惠不但可以在經濟上扣住台灣，還可以在台灣國內深化
「兩岸關係」、「台商利益」與「台灣利益」的三角結合關係，以達兵不
血刃的併台目標。這也正是北京「以經促統」謀略的極致。（自由時報，
2005）

《自由時報》表示，中共送三大禮只是「小惠」，台灣會得不償失，媒
體卻大張旗鼓讚譽有加，台商還趨炎附勢，難道媒體與台商不曉得中共將達
兵不血刃的併台目標，是北京「以經促統」謀略的極致？中共的「三大禮」
被《自由時報》形容為將達到「併台」、「以經促統」等那麼「可怕」的負作
用。奇怪的是，這些負面的形容詞為何未出現在社論標題上，來吸引閱聽大
眾的目光？標題僅是〈兩岸關係由量變到質變　大膽西進咎由自取〉。大膽西
進為何咎由自取？《自由時報》在結論中寫到：

顯然泛藍已不再忌憚綠營對他們賣台、親中的指責，因為他們自信「一
個中國」、「兩岸關係」、「台商利益」已緊緊的相扣在一起。一中主張也
好，媚中聯共也好，只要説出其結果能擴大兩岸交流，分得經濟糖果，
即不管裡面包的是嗎啡或瀉藥，在部分國民心目中是件「好消息」，所
以並不算為出賣「台灣之利益」。演變至此，或許我們只能説一句「積
極開放、大膽西進、台灣重傷」了，咎由自取，還能説些什麼？（自由
時報，2005）

《自由時報》批評說，泛藍分得經濟糖果在部分國民心目中是件「好消
息」，所以並不算為出賣「台灣之利益」。但矛盾的是，既然泛藍認為不是出

賣「台灣之利益」，那麼心目中更不會有「台灣重傷」的想法？所以怎麼會是咎由自取呢？

對於中共的三大禮，《自由時報》著墨較多的反而是記者鄭琪芳、黃忠榮所寫的〈中國設圈套 台灣莫往下跳──未經協商 不承認台灣主權 將我港澳化 我應反守為攻 要求對談〉的特寫，在 2005 年 5 月 4 倒的特寫中反對的語態不如標題那樣的強烈。內容如後：

> 中國對台攻勢一波接著一波，連宋訪中營造轉移反分裂法焦點的大氛圍，贈送貓熊、開放大陸民眾來台觀光、擴大台灣農產品免稅項目，則是以利益為餌，從實質議題進攻。台灣應該反守為攻，要求中國在海基、海協兩會的架構下，協商上述議題。
>
> 尤其中國宣布「十五項台灣水果進口免關稅」，這項討好台灣農民的「大禮」，不僅是將我國矮化成地方政府或港澳化，而且，由中國片面宣布開放，變數相當大，未來中國也可突然宣布禁止，屆時國內水果產銷秩序將大亂，政府實在應謹慎思考因應。
>
> 貓熊有很強的媒體賣點，觀光、農產品又涉及許多團體的實質利益，政府要向大家說分明、拒絕中國的統戰，確實大費周章，在此之前，台灣可以測試一下中國的誠意，要求上述三項議題交由海基會與海協會進行協商。（鄭琪芳、黃忠榮，自由時報，2005）

這篇特寫說，贈送貓熊、開放大陸民眾來台觀光、擴大台灣農產品免稅項目，則是以利益為餌。雖然是「餌」，但《自由時報》承認仍有利益，所以要求在海基、海協兩會的架構下，協商上述議題。對於中國宣布「十五項台灣水果進口免關稅」，從語氣與語意來看，特寫中比較反對，反對的理由是將我國矮化成地方政府或港澳化，由中國片面宣布開放，變數較多。但對於貓熊，《自由時報》似乎鬆了口，認為「貓熊有很強的媒體賣點，觀光、農產品又涉及許多團體的實質利益」，雖是中國的統戰，不好拒絕，因此，「要求上述三項議題交由海基會與海協會進行協商」。由此可見，中國大陸三大

禮仍發揮了「利益」上的功能。《自由時報》雖然視為「小惠」、「統戰」、「併台」、「以經促統」，但並不全然統統否決。

但是，《自由時報》是不是真的不反對貓熊來台呢？很奇特的是，《自由時報》不以自己的名義反對，反而在一篇 2005 年 5 月 8 日鄭琪芳的〈經濟學人譏：中國圖以貓熊換台灣〉「特譯中」引述外國媒體的觀點，來說明中國大陸的意圖：

> 中國當局在連戰訪中期間，宣布贈送兩隻貓熊給台灣，不過，這項「大禮」是否就像貓熊的外表一般地無害，也引起國際媒體議論，最新一期的英國《經濟學人》雜誌就以「我們給你們兩隻貓熊，你們把台灣島給我們」（Give us your island, but are two of our pandas）為題，嘲諷中國贈送貓熊的真正用意。（鄭琪芳，自由時報，2005）

連著名的《經濟學人》都說中國大陸送貓熊的真正意圖並非善意，而是要用台灣來交換，證實「統戰」與「併吞」台灣才是中國大陸真正的目的。《自由時報》引述外國媒體的論述，來彰顯自己的立場和觀念，以這種互文性的方式，來說明貓熊隱藏的意義，比自己再現中國的意圖更具說服力。雖然貓熊有賣點，有利益，雖然不好拒絕，還是要小心其統戰和併吞台灣的陰謀。

從上述的論述分析，比較兩大報的文本可瞭解，即使中國大陸釋出「善意」，兩大報所建構的中國大陸形象仍有所不同。《聯合報》持肯定態度，並擔心這善意會被台灣執政者所破壞。《聯合報》引用的消息來源皆是認為中國的「善意」有利於兩岸的發展，並以軟性的訴求說明貓熊的「珍貴」，凸顯中國大陸的「善意」。反觀《自由時報》，仍是以「小惠」、「釣餌」、「統戰」、「併台」、「以經促統」等負面詞，再現中國負面的形象，所引述的消息來源，更是加強自己對中國大陸負面的觀點。所不同的是，這次《自由時報》沒有在社論中強烈表示反對中國的三大禮，在特寫中還承認三大禮的利益與貓熊的「珍貴」，只是不忘強調中共併台的陰謀。可以說，《自由時報》在不同的

文類上交互論述，意外的有些微的區別。

二、汶川大地震時對中國大陸形象的建構

(一)汶川大地震的發生與中國大陸形象的轉變

2008 年 5 月 12 日大陸四川省汶川縣發生芮氏規模 8.0 的大地震，造成遇難和失蹤人數超過 8 萬 7 千人。在距離震央最近的汶川、北川、都江堰等地區的死傷慘重，很多學校、醫院、居民樓房整個倒塌，成千上萬人被活埋在瓦礫下。這次大地震，如同本研究前述所言，由於中國做到了生命至上、以人為本、決策快速、資訊透明、救援開放的各種措施，頗受國際輿論的好評。但是，這次大地震也震出中國大陸許多的問題。譬如中國各地中小學校舍結構普遍不符合要求，被人視為「豆腐渣工程」，並與中國長久以來的貪污腐敗有關。除了建築質量問題，有一些報導說，汶川地震發生前，曾經有專家和地方官員發出警告，但是卻被當局忽視（British Broadcasting Corporation, 2008）。

不過，國際媒體對於中國大陸的表現仍是趨於正面居多。美國《世界日報》社長李厚維表示：「這一次，中國形象完全改變。三十二年前唐山大地震時，所有資訊完全封閉；這一次汶川大地震，所有資訊都及時傳遞到海外，讓所有關心災情的海外華人華僑都能瞭解真實的情況，這是中國改革開放三十年成功的最好證明。」（劉雙雙、蕭婷，2008）據大陸清華大學國際傳播研究中心研究員周慶安的研究顯示，知名的《國際前鋒論壇報》在 512 地震後兩週內共發表了 51 篇報導，包括特寫、評論、消息和通訊社稿件。初步統計，包括正面報導 15 篇，負面報導 4 篇，中性報導 32 篇。如果對比在 314 西藏打砸搶燒事件之後的兩週內同一家媒體的報導，就會發現兩者存在了巨大的差別（周慶安，2008：38-39）。大陸公共管理學者管文虎表示：「512 大地震後我國政府抓住這個『精髓』，進行有效的危機管理，在國內外產生了積極反響。」（管文虎，2008）

當大地震發生之後，台灣不分黨派和朝野，基於人道精神，包括中國國

民黨中央及馬英九、吳伯雄、連戰等領袖人物，和工商巨賈，皆表達了慰問，和踴躍捐輸。當時的行政院長張俊雄在率領閣員總辭之前，也宣布捐助 20 億元新台幣，協助大陸進行災後的重建工作。台灣陸委會也呼籲台灣民眾踴躍捐輸，並公布了代為接受捐款的銀行帳號。民進黨主席謝長廷個人捐出了新台幣 20 萬元賑災，並願意負責籌募 100 萬元作為高雄市救難大隊赴四川救災旅費。台聯黨也透過國際紅十字會捐款新台幣 10 萬元給四川災民，台聯黨工職也捐出一日所得救災（富權，2008）。統計顯示，台灣企業和個人在汶川大地震共捐款台幣 24 億元，愛心世界第一（汪莉娟，2008）。可見，台灣同胞對於中國大陸發揮了血濃於水的同胞精神。

　　不論是國際媒體，還是台灣朝野與民間的反應，對於汶川大地震均抱者哀矜的態度面對。對於中國大陸的作為，也趨於肯定的態度居多。那麼《聯合報》與《自由時報》兩大報又是怎樣看待這次大地震中國大陸政府的作為？對於中國大陸形象又是如何的建構？較為正面還是負面？頗為值得探究。

(二)研究範疇與對象

　　四川省汶川大地震發生在 2008 年 5 月 12 日，隔天兩大報即以大篇幅報導。本研究翻閱兩大報紙本發現兩大報報導大多集中至 5 月 18 日，爾後後續報導較為減少和零星，所發表的評論也都集中在 18 日之前。從 13 至 15 日五天，經簡單統計發現，《聯合報》發表了相關新聞社論 2 篇，短評 1 篇，記者所撰寫的特寫 12 篇。《自由時報》發表了 1 篇社論，1 篇短評，記者特寫 2 篇。以量而言，可見《聯合報》對於四川汶川大地震要比《自由時報》來得重視。

　　不過，《聯合報》記者所寫的特寫其中有 8 篇是報導汶川地區受災的慘景和救災的深度分析，與論述中國大陸處理災變的作為較少關聯，也與兩岸關係的發展無關。反而，《自由時報》所發表的社論、短評與特寫，文本皆是批評中國大陸的做法與對兩岸關係的論述。

(三) 批判論述分析

　　本研究在批判論述分析上，將以兩大報文本的性質，分為：一、對中國大陸形象的建構；二、對於兩岸關係的立場，分別說明之。

1.大地震中國大陸形象的建構

　　在汶川大地震發生之後第三天，《聯合報》發表了〈從四川地震談中國崛起〉的社論。因為當年 3 月 14 日，在西藏拉薩發生了一起震驚世界的暴動事件，中國大陸強制鎮壓和封鎖消息的處理方式，深受國際輿論的抨擊。《聯合報》將中國大陸這次處理震災，不但與三十二年前的唐山大地震做個對比，也與處理西藏事務的做法做一個對比。對於前者給予相當的肯定；對於後者雖有批評，卻是「善意」的，並具「建設性」的。《聯合報》的社論論述如後：

> 在中國「和平崛起」的進程中，不但雪災、地震非人力所能控制，連西藏是否出事亦不隨主政者的意志為轉移。因此，在具有「中國崛起」象徵意義的北京奧運即將開幕之際，發生了西藏事件與四川地震，形成了強烈的對比反差，格外令人震撼，亦格外啟人深思。
>
> 「大災難」往往最能反映社會的承受力與政府的應變力。紐奧良卡翠納颶風，與孟加拉水患的場景，災民的形貌，政府的動作，皆會給人留下不同的印象。如今，電視螢幕上不斷出現此次四川震災與唐山大地震的對照，分別是規模 7.9 及 7.8 的強震，但相距三十二年的景觀卻是大相逕庭。此次四川震災中的中國大陸，已經脫離了「唐山大地震時代」，亦與最近緬甸水災的景象不同。(聯合報，2008)

　　在北京奧運開幕之際，先後發生西藏事件與四川地震，這兩起事件，《聯合報》認為「形成了強烈的對比反差」。是什麼樣的對比和反差呢？社論先按著不表，反而先對比這次大地震與三十二年前的「唐山大地震時代」的差別，並說明如後：

就此而言，唐山大地震完全封鎖了災情，而遲至三年後始發布死難 24
萬人的官方統計；與今日將災情呈現在電視上，隨時發表死傷統計相
較，自是不可同日而語。從封鎖唐山大地震消息，到公開處理四川地震，
呈現出中國的變化。（聯合報，2008）

比較了與唐山大地震的差別，中國發生什麼樣的變化呢？《聯合報》繼
續評論說：

> 西藏事件對北京政權則相對棘手。地震的災情可以用統計數字呈現，西
> 藏的社會裂痕卻無法丈量；嘗試開放境外媒體進入西藏，卻換來喇嘛公
> 開向記者吐槽。倘若將中國開放震災資訊視為願意接受內外議論的考
> 驗，則西藏事務之始終難以言說，卻顯示了尚未覓得能夠說服內外的解
> 決方案。西藏事件的資訊管制，猶如唐山地震的處理方法；四川地震的
> 資訊公開，則顯示民間的承受力與政府的應變力已達相當規格。準此以
> 論，中共政權現行的種種政治控制，使得政府與民間皆受束縛綑綁，在
> 未來「中國崛起」的道路上，恐須逐一加以解放。（聯合報，2008）

「西藏事件的資訊管制，猶如唐山地震的處理方法；四川地震的資訊公
開，則顯示民間的承受力與政府的應變力已達相當規格。」《聯合報》社論
以一個分號（；）對比了兩件事，比較唐山地震、西藏事件處理方式，認為
並未改變。但是比較前兩件事，四川地震的「承受力」與「應變力」是「已
達相當規格」，文本以肯定句敘述，意味著中國大陸有所進步。所以準此以
論，《聯合報》社論對中國大陸提出了建議：「中共政權現行的種種政治控制，
使得政府與民間皆受束縛綑綁，在未來『中國崛起』的道路上，恐須逐一加
以解放。」

從標題〈從四川地震談中國崛起〉，參照內文文本，兩者非常的契合。
據此可瞭解，《聯合報》對中國大陸這次救災的形象是「肯定」的，即使是
批評也是「善意」的，是有「期許」的，所建構的中國大陸形象是正面的。

　　無獨有偶，《聯合報》記者藍孝威在同日的一篇〈不封鎖 不悶頭 川震災情全公開〉的特寫，對於中國大陸這次處理救災行動，更是大大的讚揚。特寫論述如後：

> 12 日下午 2 時 28 分四川發生強震，大陸官方媒體「新華網」立即在 2 時 46 分發出報導，確認震央在汶川，規模達 7.8。隨後是一連串的滾動報導，不斷更新傷亡人數和最新災情。中共總理溫家寶第一時間也搭機南下指揮救災。
>
> 中共這次處理地震災情，不論從災後搶救或新聞發布角度來看，都比以往進步許多，首先，透明度提高，再來，機動性增強，讓各界耳目一新。（藍孝威，聯合報，2008）

　　「更新」、「最新」、「第一時間」、「透明度高」、「機動性強」，讓人「耳目一新」。從特寫中一系列的正面形容詞字眼可知，這篇特寫對於中國大陸的形象，可說是給予極高的評價。除此之外，這篇特寫也以對比的方式，讚揚中國的進步：

> 相較於 3 月的拉薩動亂，大陸在第一時間封鎖現場，統一口徑只授權新華社發佈新聞。年初大陸南方雪災，中共中央未掌握先機，導致災情如滾雪球般越滾越大，收拾起來事倍功半。當時廣州資訊混亂，小道消息滿天飛，廣州火車站周邊一度湧入 50 萬急欲返鄉過年的農民工，造成社會人心浮動。
>
> 又如前幾年大陸各地頻傳煤礦災變，當地政府經常悶著頭處理，不僅封鎖新聞，也不向上呈報，往往到消息掩蓋不住了，才會半推半就的對外公布災情。
>
> 不過，這次四川強震，大陸央視立即罕見的採取現場直播，各媒體也不斷透過文字和照片，毫不掩飾地呈現災區的斷垣殘壁，悲慘的畫面令各界震驚。

尤其和近期同樣發生天災的緬甸相比，大陸的反應迅速，博得各界好
評，連日前老是批評聖火議題的西方媒體，也紛紛予以肯定掌聲。（藍
孝威，聯合報，2008）

特寫文本裡連續使用「相較」、「又如」、「尤其」三個轉折語，將中國大
陸的進步形象一步一步的提升；再比較同樣發生天災的緬甸，來彰顯大陸的
作為更是受到好評。記者並表示西方媒體也是從批評轉為肯定，也紛紛給予
掌聲。那麼有哪些西方媒體給予掌聲？特寫引述如後：

向來批評西方媒體對大陸懷有偏見的大陸網友發現，歐美主流媒體這次
報導四川震災難得出現好評。例如：《經濟學人》說，「中國的地震災害
細節得以快速傳播，而且到目前為止官方的反應非比尋常地開放」；《華
盛頓郵報》也發現，「溫家寶的關切和官方媒體的迅速報導，和以前共
產黨面對緊急事件時秘而不宣的做法，形成鮮明對比。」（藍孝威，聯
合報，2008）

記者以直接引述西方著名媒體的說詞，來證明中國在這次救災所表現的
良好形象，這種互文性的應用，無疑的對於台灣閱聽大眾而言，更具有說服
力。

從各種不同文類的安排來看，《聯合報》分別以 1 篇社論和特寫評論大
陸在汶川大地震的表現，文本中雖有批評和建言，但是整體而言皆是「肯定」
的居多，所建構的中國大陸形象，顯然非常的「正面」。

相對的，《自由時報》在 5 月 16 日所發表〈中國正面宣傳救災卻掩蓋了
災民的心聲〉的社論，卻有不同的論述。在社論導言中，《自由時報》在語
態上即以疑問句，質疑「中國真的在一夕之間痛改前非，開放新聞自由了
嗎？」社論導言如後：

四川震災哀鴻遍野，慘狀令人鼻酸。震災發生以來，國際紛紛伸出援手，
中國的處理方式也異於往常，不僅沒有封鎖消息，還密集報導災區新

聞。同時，國際媒體也獲准進入災區直擊現場。為此，有些國際媒體，包括 CNN 對中國這次透明化處理災情讚譽有加。難道，中國真的在一夕之間痛改前非，開放新聞自由了嗎？（自由時報，2008）

《自由時報》社論對中國大陸「痛改前非」的質疑，提出了下列的理由：

> 事實不然。就在震災發生次晚，災民正要度過漫漫長夜時，中共中央政治局常委李長春便召開會議，對救災宣傳報導工作做出部署。李長春要求，新聞報導以正面宣傳為主，大力營造萬眾一心的社會氣氛，為救災工作提供強大的精神動力、輿論支援和思想保證。說穿了，最重要的就是做好宣傳工作，這跟外界認知的客觀報導顯然有一段距離。（自由時報，2008）

原來中國大陸「開放新自由」是假的，主要的目的是宣傳。《自由時報》間接引述了中共中央政治局常委李長春的談話，「新聞報導以正面宣傳為主」，來證明中共的真正目的。那麼中共是怎樣宣傳的？《自由時報》評述說：

> 所謂的正面宣傳，屬於選擇性報導，也是一種形象公關。在這種宣傳工作方針之下，官方的人民日報、新華社、中央電台、中央電視台等，派員深入災區採訪報導。於是，大家看到了，各個災區萬眾一心搶救災民，黨政官員和軍隊不畏險阻進入災區，至於災民驚惶中必然會有的不滿和需要，一如在台灣九二一地震所流露的，就無法在中國媒體上看到了。換言之，官員的指示掩蓋了災民的心聲。（自由時報，2008）

《自由時報》認為，中國大陸官方媒體派員深入報導，大家看到的當然是「各個災區萬眾一心搶救災民，黨政官員和軍隊不畏險阻進入災區」。其延伸的含義就是這些新聞是「製造」而來，並非真實的。其實，深入災區採訪的並非只有大陸媒體。據大陸所公布的資料顯示，地震發生後，有 80 位

的境外記者獲得了與境內記者同等的待遇，在第一時間赴第一線採訪，有近百位西方媒體記者到災區採訪，全面報導大陸抗震救災進展。境外媒體記者在第一時間赴災區採訪，這是 2007 年 1 月 1 日起實施的保證境外記者自由採訪的「國務院 477 號令」得以貫徹落實的結果（賈寶餘，2008）。 英國 BBC 對大陸政府處理這次突發事件持正面評價，並認為「地震使中國獲得較為寬鬆的環境」（Bristow, 2008）。不過也有傳聞，境外記者至汶川災區採訪被阻擾的情形發生。寫文章批評者雖不滿，但認為：「不過這次中國媒體也有進步，他們藉這個機會爭取更大的自由，例如廣東一些報章披露災區官員貪污救災物質；也因為人性的報導多了一些，刺激國內民眾的捐款，但也出現若干被懷疑是假新聞。」（林保華，2008）

　　《自由時報》一邊倒的暗指中國大陸僅是官方媒體「造假」新聞，並未立即說出境外記者也在災區採訪（僅留在文本後兩段提出，但表示僅有大陸的官方媒體才能抵達災區），所傳達有利於中共正面形象訊息的事實，在引述上難免犯上選擇性的理解、論述的問題。由此可知，其在社論中所欲建構的中國大陸形象，仍以「負面」為要。對於台灣其他媒體肯定中國大陸震災善後的處理，《自由時報》也有所不滿，並加以批評：

> 其中，特別被正面宣傳的，無疑是中國國務院總理溫家寶了。這幾天，溫家寶視察災區的言行，一五一十受到突出報導。他的言談：人民生命財產高於一切、只要有一線希望都要搶救到底、你們的親人就是我們的親人、政府要管你們的生活、馬上給你送吃的來等，幾乎成為新的語錄被中國媒體宣傳。如果台灣媒體也照單全收，無異替中國的正面宣傳免費宣傳，至於台灣某些媒體引以諷刺政府高層，若非無知便是別有用心的政治操作了。（自由時報，2008）

　　《自由時報》認為，台灣媒體若報導溫家寶正面的形象，就是無異「替中國的正面宣傳免費宣傳」，至於引以諷刺政府高層，若非無知便是別有用心的政治操作了。所以，媒體是不能給予溫家寶正面的報導，否則，就是替

中共宣傳；也不能引以諷刺政府高官，不然就是無知，便是別有用心。因為，溫家寶的言行是「新語錄」（認定是假的，只是表演），其他媒體跟著「照單全收」就是「替溫宣傳」。拿來諷刺政府高官，當然就是「無知」或「別有用心」。《自由時報》以否定的命題，來否定他者的行為，正可說明該報對於中國大陸不論什麼樣的作為一概持予否定態度的立場，對於他報給予中共正面的評價，自然也是持予否定的態度。只是，為何《自由時報》不否定其他外國媒體的報導，單單責罵其他台灣媒體，這就令人費解了。對於中共為何會開放境外媒體採訪，《自由時報》更有與《聯合報》不同的論述於後：

> 2002 年，中國封鎖 SARS 新聞，造成台灣及周邊國家嚴重傷亡，大家應仍記憶猶新。不久前，中國鎮壓西藏且嚴密封鎖新聞，則遭到國際社會大聲撻伐，杯葛北京奧運之聲甚囂塵上，聖火傳遞也因此在各國頻傳示威抗議。試想，如果不是北京奧運 8 月開幕在即，這次中國會容許報導震災新聞嗎？如果不是鎮壓西藏並封鎖新聞造成反效果，中國會開放國內外媒體進入災區嗎？
>
> 1999 年，台灣發生九二一地震，生命財產損失嚴重，災民的心靈創傷更是難以磨滅的痛。因此，我們對四川災民之苦，頗能感同身受，我們也贊成量力而為提供必要的物資及援助，協助災民早日重建家園，恢復正常的生活。但是，這次中國開放媒體進入災區，仍緊抓正面宣傳救災新聞的基調，而在目前的交通、通訊條件下，真正能夠抵達核心災區的，也只有中國的官方媒體。因此，我們在發揮人道關懷的同情心之餘，仍應洞察中國以形象公關報導救災的手法，看清中國震災新聞政治學的實相。（自由時報，2008）

原來《自由時報》也承認「中國開放國內外媒體進入災區」，但是會開放是「被迫」的。被迫的前提是「北京奧運 8 月開幕在即」，另一個是「鎮壓西藏並封鎖新聞造成反效果」。《自由時報》言下之意，就是沒有前面兩件事，「中國是不會開放」的。

　　即使承認中國開放境外媒體進入災區採訪，在《自由時報》眼中仍是假的，因為「真正能夠抵達核心災區的，也只有中國的官方媒體」，因此《自由時報》一方面對受災難民悲天憫人，另一方面看清了「中國震災新聞政治學的實相」。所以《自由時報》在社論標題上，毫不諱言的直訴「中國正面宣傳救災卻掩蓋了災民的心聲」，完全否定中國大陸被國外媒體稱譽的進步。

2.對大地震後兩岸關係的看法

　　兩大報對於大地震之後兩岸關係的看法也是截然有別。《聯合報》在 5 月 16 日發表了〈人道與民本：大地震給了兩岸人民對話機會！〉的社論。在社論中除了對即將交卸政權的民進黨張俊雄內閣發動賑災表示肯定之外，也希望藉著這次災難能給「海峽兩岸進行人道對話的機會」，社論導言是這樣的表示：

> 即將交卸政權的民進黨政府宣布，對四川大地震啟動規模新台幣 20 億元的賑災方案；其中包括動用第二預備金 7 億元，發動公務員捐一日所得，及向社會大眾募款，人道包機亦立即起飛。
>
> 此一舉動引來見仁見智的議論，異議包括：為什麼要捐款給飛彈對準台灣的中國？為什麼不以同等標準賑濟緬甸？為什麼竟在下台五天前提出如此誇張的方案？然而，我們要說：就事論事，民進黨政府的此一舉措，是及時且正確的決策。（聯合報，2008）

　　除了對民進黨政府表示肯定之外，《聯合報》為什麼會期待藉此來開啟兩岸人道對話的機會？《聯合報》的理由如後：

> 近年來台灣的政治內鬥與兩岸衝突，使得台灣人對中國大陸的認知趨於複雜；四川震災發生之初，台灣社會似乎有一點不知該如何反應的尷尬。往昔曾有一度，台灣人民稱大陸人民為「同胞」；但是在「去中國化」的政客操作下，味道已漸漸變化；而且，由於兩岸主政者之間的關係時見敵意，竟使兩岸人民之間也出現微妙的芥蒂。如今，四川大地震

觸發強烈的人道主題，撥開了政治的敵對與猜疑，使得兩岸當局與兩岸人民有了修補關係的對話題材；而民進黨政府能因應並掌握此一時機，宣布高規格的賑災方案，非但是向對岸表達善意，亦是將台灣人民從近年的兩岸仇恨中釋放出來。至少，現在台灣人民若欲對大陸災民表達同情並給予協助，不必再有是否「政治正確」的困擾。（聯合報，2008）

社論所言過去台灣「去中國化」，使兩岸主政者時見「對立」，人民之間出現「芥蒂」。

《聯合報》以「去中國化」、「對立」、「芥蒂」這些負面的字眼來形容過去的兩岸關係，所以《聯合報》希望藉著大地震之後的人道主義來「對話」，表達「善意」，「修補」兩岸關係。那麼具體的做法如何？《聯合報》也提出建議：

> 這場兩岸對話的主題是人道與民本；也許可說是九二一與五一二的對話。當兩岸民眾分別經歷九二一及五一二的地震浩劫，應能共同感知，「安身立命」其實是兩岸人民最根本的共同對話主題；而當兩岸主政者分別面對九二一及五一二的善後難題，亦可共同感知，如何使人民「安身立命」，其實也是兩岸當局最根本的共同對話主題。政治，歸結而言不外即是人道與民本的實踐；兩岸朝野倘皆能珍惜維護人道與民本，自然即可望有互勉互惠的兩岸關係。（聯合報，2008）

《聯合報》期待以「人道」與「民本」作為基礎，重建兩岸關係。除此之外，《聯合報》還希望對岸也能做到多想想「台灣人民的希望」是什麼？《聯合報》的論述如後：

> 災區的悲慘場景猶如人間煉獄，使人們的思維聚焦到「人道」二字，亦使政府的職責回歸至「民本」二字。溫家寶與淚眼孤女的一場對話，「妳倖存活下來，就要好好活下去」「妳放心，政府管妳生活，管妳學習」，說出了孤兒的哀苦，也道出了政府及國家的職責。九二一及五一二震災

的啟示是：一個國家，不論是中華人民共和國，或中華民國，都必須從
人道出發，從民本做起；而未來的兩岸對話，若亦能以人道及民本（當
然也包括民主）為基本架構，就有可能導正彼此的政治思維，發展出一
種互勉互惠的兩岸互動關係。例如，中共當局若能從人道、民本及民主
的思維切入，則當他們說「寄希望於台灣人民」之時，也應多想想「台
灣人民的希望」是什麼？（聯合報，2008）

　　要求中共想想「台灣人民的希望」是什麼？《聯合報》同樣也希望中共
從「人道」、「民本」、「民主」的思維切入，來重建兩岸的關係。綜觀這篇社
論的主軸可看出，《聯合報》的立場就是要以「人道」、「民本」、「民主」的
思維去消弭「去中國化」、「對立」、「芥蒂」來重建兩岸關係。因此可瞭解，
《聯合報》對於大地震後的兩岸關係是有正面的期待，並盼大地震後能給兩
岸人民對話的機會。

　　除了盼能重啟兩岸對話的機會之外，《聯合報》也呼籲台灣人發揮人溺
己溺的精神，來幫助大陸受難同胞。早在地震發生後的第二天 13 日，《聯合
報》即發表了〈五一二回想九二一〉的短評，呼籲台灣人：

我們期望台灣慈善團體能協助大陸災民及時得到必要的救援，減輕災
損，並協助他們重建破損的人生。
曾受九二一重創的台灣人，當不吝向五一二大陸災民表達關懷。（聯合
報，2008）

　　同樣的，《聯合報》在 16 日，由記者李志德所寫〈台灣人送暖 贏得對
岸信任〉的特寫來凸顯台灣人對大陸的關懷與援助，並透露兩岸合作的意義：

1999 年 9 月 21 日，南投集集地牛大翻身，兩千多條性命在瞬間消逝。
十個小時後，當時的中國國家主席江澤民下令解放軍全面停止在台灣海
峽的演習，這場演習原本是針對前總統李登輝提出「兩國論」的「懲戒」
行動。

四川大震後的兩岸關係，幾乎是上述場景的翻版，只是這次主客易位，不幸受地震荼毒的是大陸民眾，台灣這方把對抗的氣力轉向人道救援。（李志德，聯合報，2008）

「台灣的九二一地震，當時中國領導人江澤民下令停止對台軍演；四川大地震，台灣這方把對抗的氣力轉向人道救援。」《聯合報》又以巧妙的對比方式，說明兩岸互動關係的巧妙變化。記者李志德繼續論述兩岸因這場地震的進一步關係：

地震發生迄今超過「黃金七十二小時」，兩岸政府互動之間迅速累積的善意，也像黃金一樣珍貴：首先是台灣民間團體慈濟功德會、法鼓山第一時間進入災區協助；台灣民眾、企業家的捐款超過世界各國；民進黨政府更史無前例地使用公務預算捐助對岸賑災，透過民間組織紅十字會轉交，不談政治，不計「名分」，只求順利用到災民身上。
大陸政府的回應，也是罕見的真誠，台灣要求包機接回旅客，對岸一天之內放行，這在平日，協商兩年都不見得有結果，延宕至今的客貨包機和陸客觀光，就是最好的對比。……而這一回，台灣人民用源源不絕的無私溫情，終於換得共產黨的信任。（李志德，聯合報，2008）

「台灣民間團體第一時間進入災區，民進黨政府史無前例的不談政治，施予援手；大陸政府的回應，也是罕見的真誠，台灣要求包機接回旅客，對岸一天之內放行。」李志德在文本中同樣再使用對比的方式，說明兩岸因地震因素「重修於好」，並認為「台灣人民用源源不絕的無私溫情，終於換得共產黨的信任」。台灣伸出友誼之手，大陸也真誠接受。這篇特寫有意的透露兩岸關係已開始「柳暗花明」。

從上述《聯合報》社論、短評、特寫的不同文類論述來看，顯然《聯合報》對於兩岸關係發展，都是賦予正面的期待。換言之，《聯合報》視中國大陸是「朋友」的關係，希望藉這次大地震之後兩岸恢復正常的交流。

　　至於《自由時報》對於震災後兩岸的發展，沒有發表社論評述。但是在17日因台灣申請參加第61屆世界衛生大會（WHA），已有14友邦提案支持台灣成為觀察員，但傳聞中共打壓仍強硬（范正祥、鄒景雯、蘇永耀，自由時報，2008）。因此，由記者蘇永耀寫了一篇〈台灣無私送暖　中國無情杯葛〉的特寫抨擊中國的種種作為。在特寫的導言中，也用對比的方式說明大地震後台灣對中國伸出援手；中國卻反而在世衛百般阻擾台灣申請加入。其他段落皆在數落中國大陸的種種不是。特寫的導言如後：

> 中國四川震災引發國際同情，在伸出援手的國家中，台灣是最為迅速與大方的，也展現了人溺己溺的同理心。但在此同時，台灣再次透過友邦於世界衛生大會（WHA）提案參與世衛組織，仍遭中國百般阻撓。兩相對照，只見荒謬。（蘇永耀，自由時報，2008）

中國的荒謬還不只一件，特寫繼續評述：

> 中國今年接連面臨1月雪災、5月震災等大型天然災害，卻拿不出一支具組織性及專業的救難隊伍。所見的只有中國總理溫家寶的個人表演秀，及毫無專業可言的解放軍投入救災行列。救災情況當然無法有太大進展。
> 震災之後的救援貴在爭取最大時效，但經過黃金七十二小時都沒轍後，中國才決定讓少數國家派遣少數救難人員進入災區。背後心態仍是怕其他國家果真做得比解放軍好，將讓其顏面無光。這樣的政權心中豈有人民存在？（蘇永耀，自由時報，2008）

《自由時報》說，救災中國無專業可言，只有溫家寶的個人秀。不在黃金七十二小時讓他國救難人員進入災區，是因怕別人做得比自己好，使解放軍顏面無光。這個政權的心中沒有人民。特寫中使用「無專業」、「個人秀」、「好顏面」、「心中無人民」等形容詞，已非只是負面批評，幾乎是「指控」。特寫並認為有北京開放媒體進入災區採訪，只是「機巧變裝」博取同情。特

寫表示：

> 此外，有人肯定北京這次開放媒體進入災區採訪的作為。
>
> 不過，這就像一個常做壞事的小孩，突然做一件好事，大家便幡然改觀，是一樣的好笑。新聞自由不該有任何的選擇性，否則根本稱不上自由，只是一種操弄。事實上，中國的放寬是為博取同情，化解先前因鎮壓西藏的國際壓力。（蘇永耀，自由時報，2008）

因此特寫警告台灣人不要對中國存有幻想，要認清中國真面目：

> 遭受到震災的難民，固然應予同情與救助，台灣熱情捐助中國賑災，也體現超越國界及跨越兩岸鴻溝的無私心情。但基於醫療健康需要，同樣也應超越國界的世衛組織，中國卻仍以政治理由干預台灣的入會，甚至還阻撓台灣媒體進入世界衛生大會採訪，把對內限制新聞自由那一套，用到國際場合。這正說明面對這種極權本質的政權，不該在其機巧變裝後，便輕易忘記其對台灣仍虎視眈眈的真實面。（蘇永耀，自由時報，2008）

特寫也巧妙運用中國阻擾台灣參加世衛的事實，說明中國在大地震後本質未變。在全文的語意中，就是說明中國大陸對台灣非但不友善，而且還「恩將仇報」，所以要小心中國對台灣的「虎視眈眈」的真實面。因此可延伸其意，特寫是反對兩岸關係繼續發展。

當震災發生後五天，在馬英九當選中華民國第十二屆總統即將上任之時，中國大陸國家主席胡錦濤邀請中國國民黨主席吳伯雄 5 月 26 日率團訪問中國大陸（王寓中、羅添斌，2008）。《自由時報》記者王寓中寫了〈震災後、馬上任…吳胡會 時機不尋常〉的特寫。即表明恐是提供中國挑撥分化台灣的機會之窗。特寫分析如後：

> 馬蕭新政府即將正式就職，就職六天後，執政的國民黨主席吳伯雄馬上

訪問中國,並將與胡錦濤會面,同一時間,四川大地震災後重建,正處於善後的關鍵期,種種事件的交錯及時間點的選擇,讓吳伯雄的登陸,顯得格外不尋常。(王寓中,自由時報,2008)

為什麼不尋常?特寫下結論說:

三二二之後訪中跟五二○之後登陸,主客觀環境完全不同,關鍵仍在於,除了政府的海陸兩會體制內管道,國共的交流到底要如何定位?馬英九雖不斷強調都是屬民間性質,但事實是除了政府的海基會一軌外,有國民黨的二軌、連戰的三軌,甚至還有博鰲論壇的四軌或其他五軌、六軌,每個軌道都聲稱要當政府的急先鋒,這會是分進合擊的整合效應,還是爭功搶食甚或提供對岸挑撥分化、各個擊破的機會之窗,馬英九和新政府必須嚴肅以對。(王寓中,自由時報,2008)

原來特寫認為不尋常是「這會是分進合擊的整合效應,還是爭功搶食甚或提供對岸挑撥分化、各個擊破的機會之窗」。可見在馬英九即將就職總統,在大地震之後,國民黨接受中共邀請要展開兩岸之旅,《自由時報》仍是持反對意見。真正反對的理由是,提供中共挑撥分化台灣的機會。

似乎為呼應新聞與上兩篇特寫,《自由時報》在第二天 18 日於「自由談」發表了〈人道、打壓、統戰〉的短評。短評中仍是表達中國阻擾台灣參加世衛的不滿,並認為中共國家主席邀請國民黨主席吳伯雄訪中是「統戰」,短評評論如後:

中國四川大地震災情慘重,台灣發揮愛心,踴躍捐款救災,這是人道光輝的一面;台灣申請加入世界衛生組織(WHO),中國仍然無情打壓,這是外交封殺的一面;中國領導人胡錦濤邀國民黨主席吳伯雄訪中,進行吳胡會談,這是統戰的一面。(自由時報,2008)

台灣是「人道」,中國「打壓」又搞「統戰」。短評仍是以正負相反的陳

述句和對比的方式，說明台灣的「善良」與中國的「可惡」。因此，短評繼續分析說：

> 以上是最近台灣與中國關係的三個事件，人道愛心、外交打壓、對台統戰分屬三個不同面向，似乎並不直接相關，不過，這三個事件都是台、中關係的一部分，其實環環相扣，應該整體觀察，才能看清中國對台灣態度的真貌。（自由時報，2008）

那麼中國對台灣態度的真貌是什麼？短評繼續分析道：

> 救災不分立場，愛心沒有國界，人道是普世價值，毋庸置疑；台灣希望加入世衛，以保障 2,300 萬人的醫療人權，醫療人權也是普世價值，中國過去卻一貫打壓台灣，把 2,300 萬人排除在世界公衛防疫體系之外。
>
> 至於胡錦濤以中共總書記身分邀訪吳伯雄，這雖是中國對台統戰的一貫作為，不過，出訪日期在五二○馬英九就任總統後的 26 日，並距四川大地震才兩週，中國在震災情勢仍嚴峻、救災工作仍緊急之時，急於邀訪進行並非急務的「吳胡會談」，背後的政治意圖，實不言可喻。（自由時報，2008）

原來中國的真貌就是對台灣的「打壓」，打壓後又「統戰」台灣，中國的政治意圖自然是「居心不良」。

從《自由時報》的 2 篇特寫與 1 篇短評的交互論述分析可瞭解，即使大地震發生後，《自由時報》仍舊反對新政府與對岸關係的發展。原因在於台灣以「人道」救援中國災變善後，然而中國卻仍在「打壓」台灣。中國本質上是「極權」、「野蠻」、「心中無人民」的政權，對台灣「虎視眈眈」，與之交往，就會掉入其「統戰陰謀」。

對照《聯合報》的希望藉著大地震之後的人道主義來「對話」，表達「善意」，「修補」兩岸關係。從兩大報正負面的用詞上就可看出兩大報對於中國大陸形象的建構，可說仍是天壤之別。《聯合報》如同上述，所建構的是「朋

友」的形象；《自由時報》是「敵對」的形象。

三、論述實踐分析

在「論述實踐」方面，本研究已在前述裡對媒體文本的「論述再現」、各種不同的文類（社論、短評、特寫）等皆做了分析。對於文本中的論述，綜合上述兩起新聞事件的文本分析可知，不論是中國大陸贈送貓熊、開放台灣農業產品登陸與大陸遊客來台觀光三大禮，大陸四川汶川地區發生大地震等事件，兩大報在社論、短評與特稿等不同的文類所表達的立場與態度皆截然不同，自然在論述實踐上也有所不同。《聯合報》偏向於正面的論述，即使是對於中共通過「反分裂國家法」雖表達抗議之意，但在論述中仍傾向於中共如此做法仍是因陳水扁總統大陸政策的挑釁「被迫」而來。至於，對大陸贈送「三大禮」，《聯合報》更是站在同屬「兩岸一家」的理念表示歡迎，對於中國大陸處理汶川大地震的善後，比往常開明的作風，也給予相當的肯定。反觀《自由時報》，不論上述事件是「不友善」或「友善」的，是有關「政治層面」或「無關政治層面」，幾乎全盤予以否定。

對於兩岸關係的發展亦是如此。《聯合報》所持的立場、態度與理念，在論述實踐上，均贊同兩岸應擴大交流，並建立良性的互動關係。《自由時報》則視中國大陸是「豺子狼心」，對台灣「虎視眈眈」，不應掉入其統戰陰謀，反對兩岸擴大交流，更反對大膽西進，以免遭到中國的併吞。由此可知，因為兩大報立場、態度與理念不同，其所建構的中國大陸形象也會隨著不同。

從上述文本的批判論述分析來看，《聯合報》認為兩岸是同胞，應可友好的來往，因此贊成水果登陸，歡迎貓熊與大陸遊客來台觀光，也盼藉著大地震救災機會，建立兩岸人民對話機會。所以在《聯合報》的理念中（根據上章內容分析研究結果也發現），大陸的形象是「朋友」關係的形象，最起碼也是「競爭」關係的形象；所反映在社論、短評、特寫中的各種文類文本的論述實踐上，中國大陸形象都較為正面和溫和。而《自由時報》則認為，大陸不承認台灣是主權獨立的國家，處處打壓台灣生存空間，對台灣並不友

好，所以在論述實踐上，其所建構的中國大陸形象幾乎是負面的，所反映在社論、短評、特寫中的各種文類是視中國大陸為「敵人」關係的形象。

為何會發生上述情形？傳播學者林東泰在其《對國內三大報 ECFA「讓利說」新聞的批判話語分析》中「論述實踐」的研究結果認為：「一般而言，《中時》和《聯合》被貼上藍媒標籤，而《自由》則是綠媒標籤，國人對此藍媒與綠媒的基本認知，乃是 2000 年政黨輪替前後迄今國內媒體的基本表徵，這些標籤誠非國人惡意標誌，而是多年來《中時》、《聯合》、《自由》三大報對於各種政治議題報導、評論的結晶。對於藍媒與綠媒的認知和標籤化，基本上並非『價值』好壞的評價，而是觀點、取向的不同。」正因為國內藍媒綠媒分道揚鑣，所以對於中國大陸和兩岸的議題有不同的解讀（林東泰，2011：30）。

四、國際關係建構理論的解釋

從上述與兩岸關係與中國大陸有關的兩起新聞事件，經批判論述分析可瞭解，兩大報所呈現的言論與特寫的文本，對於中國大陸形象的建構皆截然不同。為何會產生這一現象，可根據國際關係建構理論的觀點，分述如後：

(一)兩大報在行為主體的角色與結構（兩岸關係）和國家形象的建構

溫特將社會本體分為行為主體與結構兩部分。這兩部分的相互關係建構了社會結構；同樣的，我們也可視兩岸——台灣與中國大陸為「行為主體」，而視「兩岸關係」為結構，亦即台灣與大陸之間的互動形成了結構（兩岸關係）。那麼屬於台灣國內因素一環的台灣媒體，是否也會受到結構（兩岸關係）變遷的影響，而對中國國家形象的建構有所不同，進而影響台灣民眾對中國大陸的觀感，也影響行為主體（兩岸）之間的互動？

從兩岸關係與中國大陸有關的兩起新聞事件的論述分析結果來看，兩大報對於「大陸送三禮，並開放陸客來台與農產品登陸」和「汶川大地震」這兩起新聞事件，兩大報也是各持截然不同的立場。《自由時報》似乎不受中

共對於台灣採取「軟政策」與國際上對中國形象較為正面評價,影響其對於中國形象的建構,並在「理念」上有所改變,對於中國大陸國家形象仍是偏重負面的建構。《聯合報》似乎較為轉向正面的建構,並能引伸國際的觀點,對中國大陸國家形象給予正面的評價。

(二)兩大報因自有理念的不同,所建構的中國國家形象也就不同

建構主義認為,國家形象是國家利益的一環,是「共有理念」所建構。通過理念互動,媒體會形成對於他方的一定看法和態度,由於媒體具有各自的理念和理解問題的方式不同,對於他者也就有不同的評價。

顯然的,《聯合報》與《自由時報》對於中國大陸皆有不同的理念與共同的理解,因此評價也不同。溫特曾指出:「任何可能因素的機率取決於理念和理念建構的利益,500 件英國核武器對美國的威脅還不如 5 件北韓核武器的威脅大,因為使這些武器產生的是共同的理解,使毀滅力量具有意義的是這種力量置身其中的『毀滅關係』,即構造國家間暴力的『共有理念』。這樣的理念可以是合作性質的,也可以是衝突性質的。」(秦亞青譯,2000:323〔Wendt(1999)原著〕)職是之故,對於「大陸送三禮,並開放陸客來台與農產品登陸」,《聯合報》認為中共是「善意」的;《自由時報》則認為是「包藏禍心」。「汶川大地震」,《聯合報》對中國大陸善後的作為給予極高的評價;《自由時報》卻認為是中共「人謀不臧」。

兩大報因對中國大陸「自有理念」的不同,對於中國大陸形象的建構也就南轅北轍。

(三)兩大報對於中國大陸國家形象建構的作用

從本研究批判論述分析結果來看,可發現《自由時報》不管中國大陸是正面或是負面的表現,皆給予負面的評價;《聯合報》除「反分裂國家法」,對於中共稍有譴責之意,其餘皆給予較正面的評價,顯然這並非完全因果的關係所能解釋。這應是來自兩大報長期以來對中國大陸所持的意識型態、台灣的利益、文化價值觀、台灣歷代領導人的兩岸政策與中共自身給他人的印

象等等，所交織和互融的理念所建構而來。換言之，兩大報對中國形象的建構是多因的建構，也是有規則性的系統性建構。

建構主義學者奧努弗認為，人們可以通過自己的語言和行動影響他人，達到自己建構的目的，這些手段可能包括通過操作的符號等（Onuf, 1989: 229-230）。相同的，在本研究的論述分析中，我們也可明顯的看出兩大報如何利用各種語態、情態與字詞等語言和符號，來意圖影響其閱聽大眾，達到自己建構其中國大陸形象的目的。

（四）《聯合報》建構的是「朋友」文化；《自由時報》建構的是「敵人」文化

依據溫特的說法，國家經過互動可以建構兩大類共有知識：一類是「共同知識」；另一類是「集體知識」。並且由認同和利益形成了共有的理念，不管是共同知識與集體知識，也都會產生霍布斯文化、洛克文化和康德文化等三種無政府文化的基本文化模式，並且形成共有理念之後，就無法回到原先的自有理念，反過來會塑造行為主體新的身分，並通過身分政治（或稱「認同政治」）影響其利益和行為（秦亞青譯，2000：204〔Wendt（1999）原著〕）。

如同本研究在之前理論依據所述，大眾媒體在國內體系層面具有建構「共有理念」的作用，可將「自有理念」通過媒體建構議題與建構符號真實的作用，在媒體對閱聽大眾的社會化過程後，轉換為「共有理念」，共有理念建構了他者的國家形象。如同前述，依照溫特的論點可以推論，假若媒體所建構的共有理念是互不承認生存權的敵人，相互之間的國家形象（共有的理念）就會都是敵人形象，也就是霍布斯文化。同樣的，如果國家建構的共有理念是國家既可以自治、彼此競爭，又不能被消滅，相互之間的國家形象就是對手的形象，也就是洛克文化。如果國家建構的共有理念是國家既有主權，又彼此友好，即相互之間的國家形象就是朋友的形象，也就是康德文化。

從上述兩起新聞事件的論述分析可明顯的看出，對於「大陸送三禮，並開放陸客來台與農產品登陸」與「汶川大地震」，《聯合報》是以「友好」和「正面」形象視之；《自由時報》是以「陰謀」和「負面」形象視之。由此

可見兩報所建構的「朋友」與「敵人」的中國大陸國家形象完全不同。

伍、結論

綜合「大陸送三禮，並開放陸客來台與農產品登陸」與「汶川大地震」等兩起有關兩岸關係與中國大陸新聞事件的批判論述分析可知，大眾傳播媒體建構國家形象有其因果關係，譬如在社會文化實踐上，有其歷史、文化與國際環境等因素的影響；也有建構關係，譬如在論述實踐上，也有媒體本身的意識型態（中國意識與台灣意識），包括報老闆的意識型態和理念建構而來。

依據英國文化大師霍爾（Stuart Hall）根據葛蘭西（Gramsci）的霸權（hegemony）概念，提出構連理論（articulation theory）而言，媒體所扮演的意識型態構連角色可以：(1)建構社會知識，強調媒體主動選擇訊息，賦予意義，塑造社會形象；(2)將社會知識分類、排比，褒貶善惡、區別正常，反常、賦予規範及價值意義（張錦華，1994）。

若依國際關係建構主義理論來說，理念的產生可內化，形成集體身分，形成共有知識和共有理念，而影響結構（兩岸關係）。在單元層次的建構主義而言，國家形象的建構，不僅是內生於國際體系，也有其國內因素的作用（方長平，2002：69-70）；並且國內內部存在著不同的行為主體以及其他因素，也都會對國家利益的形成發生作用。

從上述批判論述分析來看，兩大報對於中國大陸的看法、利益與認同，經過兩岸關係一系列的事件和事件累積的效應，會形成不同的中國大陸「共有的理念」與「共有的知識」，而建構出所謂的朋友、敵人或競爭者的形象。至於兩大報是否會進一步形成台灣民眾對中國大陸「共有的理念」與「共有的知識」，在一定程度上可以通過構造台灣國家身分（認同），而直接成為國家利益的導向，這有待更進一步的研究。

由於本研究僅是初探，欠缺長期量化資料作為佐證，這需以內容分析方

式對兩大報長期的報導做更精確的分析，並且增加更多的新聞事件，詳加探討，才可能獲得更明確的答案。

參考文獻

■中文部分

《自由時報》（2005）。「中國送貓熊 不如撤飛彈」（2005/5/4）。《自由時報》綜合報導，頁5。

《自由時報》（2005）。「兩岸關係由量變到質變 大膽西進咎由自取」（2005/5/6）。《自由時報》社論，頁3。

《自由時報》（2008）。「人道，打壓，統戰」（2008/5/18）。《自由時報‧自由談》短評，頁2。

《自由時報》（2008）。「中國正面宣傳救災卻掩蓋了災民的心聲」（2008/5/16）。《自由時報》社論，頁2。

《聯合報》（2008）。「人道與民本：大地震給了兩岸人民對話機會」（2008/5/16）。《聯合報》社論，A2。

《聯合報》（2008）。「五一二回想九二一」（2008/5/13）。《聯合報》短評，A2。

《聯合報》（2008）。「從四川地震談中國崛起」（2008/5/14）。《聯合報》社論，A2。

BBC（2008）。「汶川大地震」（2008/12/5）。BCC CHINESE.com。上網日期：2014年6月13日，取自 http://news.bbc.co.uk/chinese/trad/hi/newsid_7760000/newsid_7767000/7767008.stm。

方長平（2002）。《國家利益的建構主義分析》。北京：當代世界出版社。

王天濱（2003）。《台灣報業史》。台北：亞太圖書出版社。

王玉燕（2005）。「送禮 政治局選時機」（2005/5/4）。《聯合報》，A3。

王寓中（2008）。「震災後、馬上任…吳胡會 時機不尋常」（2008/5/18）。

《自由時報》特寫，頁 2。

王寓中、羅添斌（2008）。「救災不忘拚統戰　胡錦濤邀吳伯雄訪中」
（2008/5/18）。《自由時報》焦點新聞，頁 2。

田習如（2000）。〈台灣三大報「深層結構」大探索〉。《財訊》，224：231-233。

朱新民、陳一新（2006）。《胡溫主政下對台政策與兩岸關係——兼論中共「反
分裂國家法」》。台北：財團法人兩岸交流遠景基金會。

行政院大陸委員會（2008）。「2007 年兩岸關係各界民意調查綜合分析」
（2008/1/6）。陸委會網站。上網日期：2014 年 6 月 13 日，取自 http://
www.mac.gov.tw/big5/mlpolicy/ pos/9701/po970106.htm。

何英（2004）。《冷戰後美國對華負面報導的建構主義分析》。上海：復旦大
學國際關係博士論文。

李少軍（2005）。〈國際關係大理論與綜合解釋模式〉。《世界經濟與政治》，2：
23。

李世宏（2009）。《從建構主義探討台灣國家認同的變遷》。嘉義縣：國立中
正大學政治研究所博士論文。

李正男（2010）。〈中國崛起：對周邊國家是威脅還是機遇？〉。黃大慧主編，
《變遷中的東亞與美國：東亞的崛起及其秩序建構》。北京：社會科學
文獻出版社。

李志德（2008）。「台灣人送暖　贏得對岸信任」（2008/5/16）。《聯合報》特
寫，A2。

李智（2005）。《文化外交——一種傳播學的解讀》。北京：北京大學出版社。

李銘義（2006）。《兩岸關係與中國研究》。台北：新文京出版公司。

汪莉娟（2008）。「捐 24 億 台灣愛心世界第一」（2008/5016）。《聯合報》，A2。

周慶安（2008）。〈大規模公共危機中的國家形象塑造——以 512 汶川大地震
中中國國家形象為例〉。《對外傳播》，7 月號：38-39。

林東泰（2011）。《對國內三大報 ECFA「讓利說」新聞的批判話語分析》。「2011
年中華傳播學會年會」論文，1-35。

林保華（2008）。「中共救災真的開放媒體嗎？」（2008/6/2）。《Taiwan News 財經文化週刊》，轉引自大紀元網站。上網日期：2014 年 6 月 13 日，取自 http://www.epochtimes.com/b5/8/6/3/n2140347.htm。

林濁水（2006）。「兩岸政策的軟與硬」（2006/5/17）。《中國時報》，A16。

紀衛寧（2008）。〈話語分析──批判學派的多維視角評析〉。《外語學刊》，6：77。

胡曉為（2011）。《國家形象》。北京：人民出版社。

范正祥、鄒景雯、蘇永耀等（2008）。「14 友邦挺台成世衛觀察員」（2008/5/17）。《自由時報》，頁 3。

郎咸平（2009）。《郎咸平說：誰在謀殺中國經濟──附身中國人的文化魔咒》。北京：東方出版社。

倪世雄等著（2004）。《當代國際關理論》。上海：復旦大學出版社。

倪炎元（2003）。《再現的政治：台灣報紙媒體對「他者」建構的論述分析》。台北：韋伯文化公司。

倪炎元（2011）。〈批判論述分析的脈絡建構策略：Teun A. vanDijk 與 Norman Fairclough 的比較〉。《傳播研究與實踐》，1（2）：83-97。

倪炎元（2012）。〈批判論述分析的定位爭議及其應用問題：以 Norman Fairclough 分析途徑為例的探討〉。《新聞學研究》，110：1-42。

海峽交流基金會（2007）。《兩岸開放交流 20 年全國性民意調查》。台北：海峽交流基金會。

秦亞青譯（2000）。《國際政治的社會理論》。上海：上海人民出版社（原書 Wendt, A. [1999], *Social Theory of International Politics*. Cambridge: Cambridge University Press）。

張宗智（2005）。「華府 美香了無生趣 事已在人為」（2005/5/8）。《聯合報──貓熊就是生不出來》，A10。

張凱銘（2009）。〈中國學術界對建構主義國際關係理論的研究〉。《全球政治評論》，26：21-44。

張錦華（1994）。《傳播批判理論》。台北：黎明文化事業公司。

莫大華（2003）。《建構主義國際關係理論與安全研究》。台北：時英出版社。

郭雪真（2009）。《國際關係建構主義理論主權觀之透視：經貿全球化、人道
　　干預與反恐怖主義》。台北：國防大學政治作戰學院政治研究所博士論文。

郭樹勇（2004）。〈試論建構主義及其在中國的前途〉。《世界經濟與政治》，7：
　　1-12。

陳世昌（2005）。「上野 陵陵日墨聯姻 三次多沒用」（2005/5/8）。《聯合報》，
　　A10「貓熊就是生不出來」專題。

富權（2008）。「汶川大地震或將會促進兩岸關係正常發展」（2008/5/15）。新
　　華澳報網。上網日期：2014 年 6 月 13 日，取自 http://www.waou.com.
　　mo/see/2008/05/20080515d.htm。

黃昭能（2010）。《金門在台海兩岸關係中角色之研究》。台北：中國文化大
　　學中山與中國大陸研究所博士論文。

楊丹偉（2009）。〈建構主義與中國政府對台政策的調整〉。周志懷主編，《兩
　　岸關係和平發展與機遇管理──全國台灣研究會 2009 年學術研討會論
　　文選編》，115-127。北京：九州出版社。

楊永斌（2009 年 5 月）。〈建構主義視角下的國家形象塑造及其對中國的啟
　　示〉。《國家行政學院學報》，5：65-68。

楊雅民（2005）。「水果免稅 中國誘殺台農」（2005/5/4）。《自由時報》，頁 6。

葉定國（2004）。《論台灣的國家安全──一個國際關係建構主義觀點的研
　　究》。高雄：國立中山大學中山學術研究所博士論文。

賈寶餘（2008）。「汶川大地震的資訊公開與新聞報導機制」（2008/7/24）。科
　　學網。上網日期：2014 年 6 月 13 日，取自 http://news.sciencenet.cn/html/
　　showxwnews1.aspx?id=209426。

管文虎（2008 年 6 月）。「做好危機管理 提升國家形象」。香港城市大學網站。
　　上網日期：2014 年 6 月 13 日，取自 http://com.cityu.edu.hk/com/index.html。

劉雙雙、蕭婷（2008）。「這一次中國形象完全改變──訪美國《世界日報》

社長李厚維」（2008/5/26）。新華網。上網日期：2014 年 6 月 13 日，取
自 http://news.xinhuanet. com/politics/2008-05/26/content_8255488.htm。

蔣軍（2008）。《民進黨「執政」以來台灣媒體對大陸新聞報導的建構主義分
析》。北京：首都師範大學馬克思主義理論與思想政治教育碩士論文。

鄭琪芳（2005）。「經濟學人譏：中國圖以貓熊換台灣」（2005/5/8）。《自由時
報》特譯，頁 3。

鄭琪芳、黃忠榮（2005）。「中國設圈套 台灣莫往下跳」（2005/5/4）。《自由
時報》特寫，頁 6。

縣祥、柯健（2009）。「汶川大地震：重塑中國國家形象的新契機」（2009/5/14）。
中國社會科學院研究生院學報。上網日期：2014 年 6 月 13 日，取自
http://sspress.cass.cn/ news/3007.htm。

蕭怡靖（2006 年 12 月）。〈台灣閱報民眾的人口結構及政治態度之變遷——
1992 至 2004 年〉。《台灣民主季刊》，3(4)：37-70。

蕭新煌（2008）。〈20 年來「台灣認同」與「中國印象」的辯證變化〉。游盈
隆編，《近二十年兩岸關係的發展與變遷》。台北：海峽交流基金會。

聯合報民調中心（2011）。「兩岸關係年度大調查」（2011/9/10）。聯合新聞網。上網
日期：2014 年 6 月 13 日，取自 http://udn.com/NEWS/NATIONAL/NAT3/
6582235.shtml#ixzz1XXNOV9p7。

聯合報系採訪團 a（2005）。「大陸 3 禮 貓熊、水果、觀光」（2005/5/4）。《聯
合報》，A3。

聯合報系採訪團 b（2005）。「連戰談成果：台灣經濟重大助益」（2005/5/4）。
《聯合報》，A3。

薛立、蕭歡容（2006）。〈中國的建構主義國際關係研究：成就與不足
（1998-2004）〉。秦亞青主編，《文化與國際社會：建構主義國際關係理
論研究》。北京：世界知識出版社。

藍孝威（2008）。「不封鎖 不悶頭 災情全公開」（2008/5/14）。《聯合報》特
寫，A4。

蘇永耀（2008）。「台灣無私送暖　中國無情杯葛」（2008/5/17）。《自由時報》特寫，頁3。

■英文部分

Baran, S. J. & Davis, D. K. (2009). *Mass Communication theory: Foundations, ferment, and future*, 5. CA: Wadsworth.

Bristow, M. (2008, May 28). Quake reveals softer side to China. BBCNews. from http://news.bbc.co.uk/2/hi/asia-pacific/7424262.stm.

Fairclough, N. (1995a). *Media discourse*. London,UK: Edward Arnold.

Fairclough, N. (1995b). *Critical discourse analysis: The critical study of language*. New York: Longman.

Fairclough, N. (2001). The discourse of new labour: Critical discourse analysis. in Margaret Wetherell, Stephanie Taylor, & Simeon J. Yates (Eds.), *Discourse as data: A guide for analysis*. London, UK: Sage.

Hall, S. (1997). The work of representation, in Stuart Hall (Eds.), *Representation cultural representations and signifying practices*. Beverly Hills, CA: Sage.

Hoffman, M. J. (1999). Constructivism and complexity science: Theoretical links and empirical justification. Paper for ISA Meeting 1999.

Onuf, N. (1989). *World of our making: Rules and rule in social theory and international relations*. Cloumbia, SC: University of South Carlolina Press.

Schramm, W. & Porter, W. E. (1982). *Men, women, messages, and media: Understanding human communication* (pp.26-27), 2nd. New York: Pearson.

Searl, J. R. (1995). *The Construction of Social Reality*. New York: The Free Press.

Wendt, A. (1994). Collective identity formation and the international state. *American Political Science Review*, 88(2) : 384-396.

Wendt, A. (1995). Constructing international politics. *International Security*, 20(1) : 71-81.

從旺中案看台灣有線電視產業變遷
——媒體政治經濟學的途徑

李明軒[*]

摘　要

　　2012 年的台灣媒體產業，焦點幾乎集中在旺旺中時集團進軍有線電視產業的購併，以及社會上對業者壟斷市場的反彈。本研究採取歷史／結構的研究途徑切入，探討台灣有線電視產業發展中，媒體與資訊科技、媒體政策、企業家創新精神等因素的關聯性，並引用熊彼得制度學派的政治經濟學觀點解釋前述因素間的橫向關係。

　　研究發現，台灣有線電視產業經過二十年的發展，表現出高度的市場壟斷現象，但是旺旺中時集團購併中嘉網路與壹傳媒集團引發的反對聲浪，還涉及旺旺中時集團負責人蔡衍明的親中色彩。這種媒體作為認同工具的關切，也導致學界與社運界呼籲政府介入相關購併案，也凸顯解嚴後，媒體商品化市場趨勢下，知識分子與媒體間的緊張關係，而且涉及認同的敏感領域，相關衝突又更激烈。

關鍵字：媒體政治經濟學、有線電視、多系統有線電視經營商、熊彼得

---

[*] 李明軒，慈濟大學傳播學系助理教授。

The Transformation of the Taiwan Cable Television Industry: A Perspective of the Political Economies of Media

Ming-hsien Lee

Abstract

During 2012, The Want Want China Times Group expanded its own media branch into Taiwan cable television service and press industry, which stirred a series of 'media beast' outcry and 'anti-Want Want China' activities which represented the anxiety of Treat of media monopoly and power abuse.

The study using historical analysis explored the relationship among media and information and communication technologies (ICT), media policies, entrepreneurship and the cable television industry transformation at Taiwan. These crosscutting trends were interpreted by an approach of the Schumpeterian institutional political economy.

However, the Want Want China Times Group acquired China Network Systems and Next Media Group are highly controversial deals which increased an inter-media monopoly and threatened freedom of speech in Taiwan because the Want Want Group Chairman Tsai Eng-ming is seen as warm toward China, which Tsai has other business interests. The identity issue therefore became the reasoning of a coalition of academics and activists who called on the government to intervene in the media merger, which is said may harm media autonomy.

Keywords: political economy of media, cable television, multisystem operator, Joseph Schumpeter

壹、引言

　　2013年4月，香港證券交易所公告，壹傳媒集團旗下的壹電視由年代董事長練台生以14億新台幣買下，為台灣媒體業一年多來因為壹傳媒集團動向所引發的動盪，劃下句點。

　　這一年多來，台灣媒體業經歷了「蘋果PK米果」大戰，旺旺中時購併中嘉網路有線電視系統事件，壹傳媒集團打包出售、破局，年代集團取得壹電視等風風雨雨。政黨、業者、學界、政府都呈現「我有話要說」的糾結。

　　導火線是尋求在有線電視系統上架的壹電視，因為擁有最多收視戶的中嘉網路拒絕，而且傳出是新東家旺中反對，壹電視花大錢產出「內容」，卻落得沒有「頻道」可以播出的窘境。這不僅引發壹傳媒在《蘋果日報》上猛烈抨擊旺中集團，也引發學界對媒體壟斷傷害言論自由的疑慮，出現主張國家通訊傳播委員會（NCC）應駁回旺中案的聲音。

　　至於「旺中案」，則是三年前，旺中集團與東森集團合資買下國際私募基金安博凱（MBK）經營的中嘉網路有線電視系統（多系統整合經營者，MSO）。這個案子在NCC一直處於擱置狀態，原因是一旦通過，旺中集團將成為台灣傳媒產業中，同時控制報紙、電視、有線電視系統的媒體集團。旺中集團所屬的《中國時報》、中天電視等媒體因為「旺中案」遲遲未定案，也火力全開，一面呼籲NCC「依法行政」，同時也抨擊NCC「成為台灣數位匯流與通訊產業競爭力的絆腳石」（《中國時報》社論，2012）。

　　台灣的知識界也沒有在這場媒體大戰中缺席。NCC召開的兩次旺中案公聽會中，大批學者登記發言，一面倒的反對政府通過旺中案。反對理由從市場壟斷，經營者「適格」問題，強調新聞專業主義，一直到新聞倫理不一而足。公聽會上的攻防論述也揭露了媒體集團基於「綜效」形成的不公平競爭手法。例如購物頻道業者指出，即使是法律訴訟案件，旺中集團也會透過旗

下報紙刊登不利的報導，然後再引為訴訟證據。還有學者研究發現，媒體集團化後，內部媒體交叉報導（廣告）的數量和規模都顯著增加，顯示產權集中並不利於言論多元化（陳炳宏，2010：23）。

不過，NCC在去年7月以三項附加條款（中天新聞台與母公司完全切割、中視新聞台變更為非新聞台、中視設立獨立的新聞編審制度）方式，同意通過旺中案，隨即引發校園和媒體工作者串聯的「你好大，我好怕」大規模抗議活動，並演變成「反媒體巨獸青年聯盟」社會運動團體。

由於旺中集團取得中嘉有線電視系統，壹電視上架的希望更加渺茫，同年10月，壹傳媒公告與年代董事長練台生簽署合作備忘錄，以14億新台幣出售壹電視給年代集團。詭譎的是，半個月後，香港壹傳媒又傳出以175億新台幣，將包含《蘋果日報》、《壹週刊》、壹電視等台灣業務，賣給台塑集團總裁王文淵、中國信託慈善基金會董事長辜仲諒、旺旺中時集團董事長蔡衍明、龍巖集團董事長李世聰等人。這起交易案意味著2002年進入台灣發展媒體事業的香港黎智英，預備全面撤出台灣媒體市場，相關交易也立即引發政府公平會、金管會、投審會、NCC等機構注意，分頭對買家進行資格審查。

今年2月，NCC審查旺中案，認定旺中集團並未按照當初規定，有效切割集團與中天新聞台的關係，宣布旺中案「已通過，未生效」（康文柔，2013）。緊接著，壹傳媒交易案破局，除了壹電視重新以新台幣14億元出售給年代董事長練台生外，媒體市場大致恢復原貌。不過，這一連串事件引出NCC的「廣播電視壟斷防制與多元維護法草案」（俗稱反媒體壟斷法）。而《經濟學人》（The Economist）報導，幾乎回到原點的結果並沒有多少人感覺滿意，民進黨認為反壟斷法不夠嚴謹，蔡衍明否認他是中共「走狗」（The Economist，2013）。

「局外人」的聲音中，更有意識型態作祟傷害台灣媒體競爭力的說法。部落格作家王尚智認為，壹傳媒交易案破局，顯示媒體壟斷意識型態當道下，台灣媒體錯失了借助財團資金，擺脫「市場小、沒錢製作、節目無聊」的惡性循環契機。問題出在「媒體自己不會多報導、沒有學者認真去研究且

搞懂、沒有金融投資圈的分析參考、更沒有政府機構深入研究」（王尚智，2013）。

　　本研究認為，要討論相關議題，涉及兩個重要概念：一個是有線電視自然壟斷的政治經濟學解釋；另一個是台灣知識界在這樣的論述中所扮演的角色。這一連串媒體紛爭，離不開台灣有線電視產業與政治經濟變革的結果，它們一方面反映政府政策對媒體業的影響，同時也引發如何從理論上給予這些變化做適當詮釋的挑戰。

　　從歷史脈絡觀察，台灣的有線電視，是一種從邊陲走向核心的媒體。它的發展從最早不起眼的社區共同天線、第四台、民主台等國家政權相對忽略的媒體形式，逐漸成為國家、資本與文化衝突的主戰場（李金銓，2004：38；陳美靜，2010：50）。

　　這個產業的雛形可以回溯到1969年，政府為了解決花蓮豐濱地區收視不良的電訊改善工程。隨著當時執政的國民黨政府緊緊控制無線電視的三台（台視、中視、華視），民間渴望更多元的訊息，加上衛星傳播等科技的出現，出現以「電影的內涵、錄影帶的形式、電視的播放方式」的第四台，再加上反對運動、社會運動崛起，應運而生以政治為訴求的「民主台」。根據研究，這些多樣化的「有線電視」到1993年台灣通過《有線電視法》，將系統台納入管理前，呈現遍地開花的形式，居然出現611家系統台的局面（吳祥寬，2000：65）。

　　但是，立法院1993年審查《有線電視法草案》時，將台灣劃分為51區，一區以不超過5家為限的設計，明顯有增加有線電視系統經營者的執照張數，以解決僧多粥少的問題的意味，或透過市場競爭增加消費者選擇的願景（陳美靜，2010：56）。這種百花齊放的現象僅僅曇花一現，隨後就進入購併整合的過程。首先是新聞局以六個梯次審議229件設立申請案，有156家業者獲得籌設許可。但是根據戴智權（2011）的研究，從1996年起，截至2010年9月，具有營運許可並開播之系統其實呈現遞減和獨占化的趨勢。首先是地方系統台家數從127家減至63家，經營區由54個減至50個，其中獨占經營

者（1區1家）高達37區，雙占經營者（1區2家）13區。這種情形到2013年初，就連雙占經營者也降為12區，一個經營區存在3家或3家以上業者的數目為零（**表一**）。

　　施俊吉的研究也顯示，「將近二十年來的市場變革，其方向是朝『1區1家』的結構收斂」。他將這種趨勢歸因於產業自主性的調整（施俊吉，2011：4）。這種說法，證諸國外文獻，也可以獲得類似的答案（Noam, 1984; DiLorenzo, 1996; Levin & Meisel, 1991）。問題是，自然壟斷過程中，台灣的媒體生態究竟是誰得利？又是因為什麼原因得利？

　　要回答這個問題，本文試圖從有線電視產業鏈（**圖一**）的角度觀察，並鎖定其中的多系統經營者（MSO）的變化進行分析。原因是整個有線電視產業鏈中，系統台有如便利商店等通路，電視頻道要上架，必須通過系統台的審核；要放在哪個位置，也要系統台認定；而左右系統台決定的，又是類似連鎖店總公司或大盤商的MSO。以目前台灣的情況來看，左右上游頻道上架，以及下游系統播送的MSO一共5家，分別是凱擘、中嘉、台固媒體、台灣寬頻、台灣數位光訊，以及從電信業切入自成格局的中華電信。

表一　政策與現實──有線電視系統分區市場家數變動情形（1996.8 至 2013.3）

年／月	1 區 1 家	1 區 2 家	1 區 3 家	1 區 4 家	1 區 5 家
1996.8	8 區	12 區	19 區	10 區	5 區
1997.3	9 區	15 區	11 區	8 區	3 區
1998.1	14 區	17 區	8 區	7 區	2 區
1998.12	16 區	14 區	12 區	3 區	2 區
1999.11	18 區	23 區	4 區	1 區	1 區
2001	27 區	20 區	1 區	0	0
2002	31 區	16 區	0	0	0
2010.9	38 區	13 區	0	0	0
2013.3	**39 區**	**12 區**	0	0	0

資料來源：江耀國，2003；轉引自戴智權，2011；NCC〈102 年第一季有線廣播電視訂戶數〉，取自 NCC 網站。

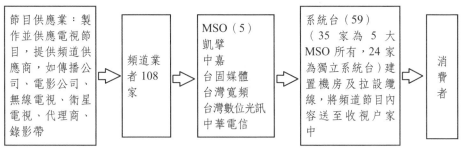

圖一　有線電視產業鏈

資料來源：改寫自 NCC 資料。

　　本研究因此嘗試回答以下問題，分別是：(1)有線電視產業壟斷雖然是自然趨勢，但是在台灣又是以什麼形式展開；(2)有線電視作為社區媒體的可能；(3)反媒體壟斷成為社會運動的解釋。

　　針對前述問題，本研究首先將釐清有線電視產業在資本、國家和文化等多方力量衝突與鬥爭的面貌，並且給予適當的理論解釋。第二節將討論有線電視產業中MSO三階段的變化。第三節則是相關案例分析，以微觀有線電視系統作為一種貼近地方的大眾媒介，實際運作的情境。第四節則以「知識分子」為對象，討論有線電視商品化過程中，知識分子與媒介政治經濟的關係。第五節則對相關討論做出初步的結論。

貳、有線電視產業的變化

　　台灣有線電視產業中，MSO的發展與變化大致可以分成萌芽期、外資期與財團期等三個階段。從1993至2000年間，主要是本土各種勢力角力的局面；2000至2008年，外資成為這個產業的重要角色，但是若由外資性質，這個階段還可以區分為技術介入、投資炒作等兩個子階段；2008年迄今，則是新財團登場時期，特徵是本地財團取代外資，成為經營有線電視產業的主力。在這三個階段，資本與政治與技術力量不斷整合互動，形塑這個產業多變的面貌（**表二**）。

表二　有線電視產業中 MSO 所有權的變遷

階段	年代	企業							備註
本土勢力時期	1997年之前	和信	飛梭(1995)	博新	獨立系統台			電信系統	
	1997年		東森	環球電視	太平洋電信				智財權談判、加入WTO
外資活躍時期I：技術介入期	2000年	中嘉(香港衛視、微軟)	東森科技	停播	太平洋(英商霸菱入股)	台灣寬頻(美商凱雷+新光合纖)	台灣基礎國際網路(台基網)		網路科技興起、媒介匯流
	2001年						台灣數位光訊科技		
	2004年							中華電信(MOD)	
外資活躍時期II：投資炒作期	2005年	中嘉(和信退出韓商安博凱MBK取代)	凱雷(東森退出)更名凱擘		台灣固網(富邦收購)	麥格理Macquarie			
	2007年				台固媒體(台灣大哥大收購富洋媒體)				
	2008年				台灣大寬頻				國際金融風暴
新財團登場時期	2010年		大富(富邦)			年代系統	年代系統		
	2011年	旺旺購併中嘉							
	2012年	NCC通過購併案							反旺中運動
	2013年	NCC撤銷購併案							反壟斷法案

資料來源：作者整理。

一、本土勢力時期（2000 年以前）

　　本時期是台灣有線電視產業初具雛形的階段，也是由產業原始狀態走到法治的初始階段。主要的經營角色大致可以分為三類，分別是與國民黨關係緊密的財團如和信、東森，草莽色彩強烈、有黑道背景的業者（飛梭傳播），以及執政的國民黨與地方派系的聯合（博新育樂）。主管機關新聞局則透過立法，進行規範化動作。

　　法治化的過程中，企業化經營與競爭是主流。因此，除了1997年另一個企業集團太平洋電線電纜加入市場競爭外，原本靠政治影響力或關係特許運作者如博新育樂、飛梭傳播相繼退出競爭。同樣的，原本在各地獨立經營的系統台，除了少數持續存在外，往往成為大企業之間擴展市場占有率的火併標的物，也因此在1999年還爆發和信、東森兩大集團因為堅壁清野而相互斷訊，驚動政府出動高官斡旋告終。這段草創時期，外資雖然對台灣市場表現興趣，但是限於法令規定，投資空間並不大（吳峻安，2004：120）。

二、外資活躍時期（2000 至 2008 年）

　　進入本世紀，受到網路科技崛起的影響，媒體匯流成為主流思潮，也暴露本地有線電視業者在資金與技術面的不足，進而促成政府與業界對外資的態度從抗拒到接受。1999年《有線廣播電視法》修法後，外資可以直接、間接入股有線電視系統台的空間。這段期間的外商表現，可以根據其性質與功能區分成技術介入期與投資炒作期兩個階段。

　　在技術介入期，美商凱雷（Carlyle）因為看好台灣的有線電視市場，因此成立台灣寬頻通訊顧問有線公司（台灣寬頻），從桃園開始蒐購獨立系統台，一直買到濁水溪，遭遇嘉義、雲林的系統業者共同成立「台灣基礎國際網路」（台基網）對抗才停止。MSO市場也出現北東森、中凱雷、南中嘉（和信）三雄鼎力的局面。此外，英商霸菱投資太平洋聯網，港資合記黃埔，美商微軟投資中嘉。這些市場活動反映出，外商認為本地產業的技術相對落

後，需要語音、數據傳輸等技術，因此有獲利空間。此外，從布局的角度出發，還有累積經驗，藉此作為進入中國傳媒市場的跳板。

從2005年起，外資炒作成為台灣有線電視產業的主要特徵，角色也從科技產業、財團變成私募國際資金。後者強調高度財務槓桿操作，著眼短期獲利的經營目標，因此入主台灣有線電視產業時，往往從趁虛而入，策略上快速獲利為主。2005年澳洲私募資金麥格里以300億元從凱雷手中買下台灣寬頻，隔年東森集團發生財務危機，凱雷即以476億元買下；同樣的，當辜家的和信集團發生經營危機，韓商安博凱以309億元買下中嘉網路。在這個階段，台灣的有線電視產業最具規模的MSO，幾乎都是外資的天下。

陳美靜的研究（2010）顯示，這個時期的外資興趣主要表現在：(1)投資台灣有線電視獲利快；(2)取得台灣資金相對便宜兩方面。有線電視產業的獨占型態，提供超水準的利潤與穩定的現金流入，每個收視戶月繳收視費，毛利高達四成，因為投資報酬率高，五年內可以回收。根據亞洲有線與衛星廣播協會（SASBAA）的調查報告，業者投資台灣有線電視，每投資1元約可創造4.62元營收，高居亞洲之冠。其次，台灣資金相對便宜，銀行放款利率偏低，中央銀行也鼓勵借錢，外資等於不用本錢，有操作財務槓桿的空間。一個明顯的例子是凱雷買下東森科技八成股權，當中320億元是透過花旗、中信、富邦等銀行融資貸款。安博凱購併中嘉案，聯合貸款占購併比例更超過九成（陳美靜，2010：74）。

相較之下，政府開放有線電視市場，引進外資的初始目的是提升技術，效果卻不明顯。政府從2003年開始推動有線電視數位化，隔年還開放中華電信從電信業進軍傳播業以刺激競爭，但是直到2011年，台灣有線電視數位化的滲透率卻不到一成（黃晶琳，2012）。MSO業者認為，數位化發展推動不易的瓶頸在於「消費者誘因有待開發」、「收視費率上限管制」等原因（蔡念中、劉敦瑞，2009）。這種一手賺錢，一面歸咎消費者的說法，明顯倒果為因。

三、新財團登場時期（2008年迄今）

　　有線電視產業的第三階段出現在2008年，主要特徵是國際金融市場出現風浪，外資退出，新一波財團取而代之。這一年爆發全球金融海嘯，國際私募基金受創之際，開始處分台灣的MSO，因此先是2010年，富邦集團從預備撤資的凱雷買下凱擘，接著旺中集團從安博凱買下中嘉。有線電視產業中的MSO又回復三大兩小局面。

　　這個時期，儘管外資急於交易手上的有線電視系統台，但是過程並不順利。以金融業起家，富邦集團蔡家出資的大富媒體購併凱擘媒體案，從送件到通過的時間超過一年，而且是業者做出不投資類比頻道與廣播電視業等15項承諾下，才獲得NCC通過。另外製作米果起家，並且因為經營大陸市場成功的旺旺集團，先是在2007年買下「三中」（中時、中視、中天），躋身媒體產業，接著揮軍有線電視多系統整合環節，從2010年底與安博凱接洽，以760億元價格買下中嘉，這樁交易案先獲批准，繼而取消。但是相關活動的參與角色也顯示，台灣有線電視市場的壟斷色彩更加鮮明，從規模來看，最大是從金融、電訊領域進入傳播業，以蔡明忠為首的大富與台固媒體，市占率約35％；第二大勢力是中嘉，市占率約25％；第三大勢力則是年代集團練台生結合台灣大寬頻、台基網與獨立系統台，自成山頭，市占率約30％（國家通訊傳播委員會，2013年5月；黃琴雅，2012）。

參、集團化的衝擊：案例分析

　　有線電視系統台集中化，離不開自然壟斷的經濟規律。Sterling等人的研究指出，美國在二十世紀的電信法規是在科技創新的基礎上，以三個經濟假設發展出來的。這三個假設分別是：電信是一種自然壟斷，因此必須立法規範；平衡投資者與使用者之間利益，要靠「成本加」（cost plus）、回報率（rate of return）處理；因為地方與長途的通訊，其實是使用同一套設備，地方、長途的設備成本，需要一套合理的檢核機制（Sterling, Bernt, & Weiss, 2010: 93）。這裡的「自然壟斷」，是指有些產業的成本、需求和行為條件，導致單一企業服務市場，可以得到最大利益。換言之，在特定市場中，如果單一企業比起兩家或多家企業競爭，會因規模經濟或範疇經濟而導致平均成本相對較低，而產生更多的效益與效率。

　　在台灣，在商言商，有線電視系統的經營與彼此之間的合併與整合，也離不開降低營運成本及強化資金來源，以因應規模經濟的挑戰。但是，從產業鏈的型態看，尤其不能忽略MSO以集團經營，直接左右旗下地方系統的表現，導致有線電視作為一種地方公共媒介角色的變調。以下案例可以看到作為基層傳播媒介的有線電視系統台，如何因為功能轉變，被迫犧牲原本的角色與理想。

一、大新店民主有線電視公司（2003）

　　管中祥、陳伊楨對目前新北市的一家有線電視公司（大新店民主有線電視股份有限公司）進行的案例調查中發現，這家有線電視公司成立的初衷是「打破國民黨政府長期對媒體的壟斷」，但是並不將自身定位成宣傳工具，只製作地方新聞或播放議會問政、街頭運動錄影帶；相反的，負責人選擇成立節目部，而且試圖從製作地方文史節目著手，藉此瞭解地方，紮根地方，架構具有社區主義的有線系統，以發揮有線電視地方媒體的精神，強化當地民眾對社區的認同（管中祥、陳伊楨，2003：116）。

　　問題是，儘管業者有心實踐有線電視的社區溝通與教育功能，發展過程卻頻頻變調。首先是所有權的變化，因為市場整併，所有權易主，這家有線電視台從獨立經營轉為「太平洋聯網」的成員、創業時的投資者，先後退出經營。新經營者則以獲利為主要目標，進而導致人力精簡，非業務人員也被賦予創造營收的任務（管中祥、陳伊楨，2003：121-122）。

　　有線電視系統台商品化的結果，業者「被迫」逐漸遠離媒體經營的理想，

可是即使公部門主導帶動，業者參與的公共頻道照樣存在力不從心的窘境。這種現象可以從林崇能對有線電視系統台共同經營公用頻道的研究中發現，即使透過行政區合併、擴大市場，業者表現依然差強人意。

二、慶聯有線電視台（2011）

林崇能對慶聯有線電視台的公共性節目研究顯示，儘管大高雄有線電視市場經歷2010年的縣市合併而擴大，市政府成立公共頻道（打狗頻道）也是由6家有線電視系統公司共同經營，並且有政府提供的「幸福高雄」節目支援，但是參與這個公共頻道播放的有線電視系統台，在滿足閱聽眾的「近用權」上面依然問題重重（林崇能，2011：165）。

問題之一是，「打狗頻道」從2011年3月開播後，3家有線電視系統台負責地方自製新聞，每次每家自製新聞節目單獨播出2個月，然後換成其他家提供的在地新聞輪流播出。另外，3家業者各自提供公共頻道每天至少2小時的節目，儘管支援公共頻道的要求不高，但是業者也編列每年1,000萬元固定開銷，但卻因為人力有限，工作負荷量大，卻演變成工作人員跳槽到衛星或無線電視台，人員流動頻繁，有線電視系統台變成媒體產業的「人才訓練班」，「活動企劃的能力，製作節目的水準都嫌不足」（林崇能，2011：171）。

林崇能指出，儘管有線電視的在地性已經使它逐漸發展出：(1)代表區域性的媒體；(2)強調社區文化與地方特色；(3)發揮媒體近用功能等特色，但是依然面臨：(1)頻道使用宣導效果成效差；(2) 民眾不習慣或不會使用；(3)節目內容來源難以掌握，以及容易變相成為公關平台等困難（林崇能，2011：171-175）。

相關研究也顯示，會出現這些問題，原因是MSO業者將有線電視系統台視為財務槓桿的工具，一經交易，馬上就成為向銀行貸款的標的物。MSO取得鉅額的貸款（在慶聯有線電視台案例中，銀行借款是78.9億新台幣），它旗下的系統台則背負沈重的利息償還壓力（每年2億），「即使什麼也不做，還是虧錢的公司」（「吉隆等11家有線電視股份有限公司股權轉受讓案」第二次

公聽會會議記錄，2012年5月7日）。

三、東台有線播送系統公司（2013）

　　隸屬年代系統的東台有線播送系統，作為台東縣境內唯一的電視媒介，地方新聞時段固定在每天晚間七時播報，另外週六晚間有35分鐘的要聞特別專輯。該公司的收入，除了台東地區約4萬收視戶的月租費，更多是靠定期承接縣政府宣導性節目。以2012年為例，就包括2012台東地方新聞、2012幸福台東專題節目、2012台東縣政府報導、2012熱氣球嘉年華活動記錄等案（東台有線電視股份有限公司，2013：8-9）。

　　由於東台的大量業務來自配合縣政府活動進行報導，不僅形成角色定位如同地方政府的外圍宣傳媒介，而且採購方多年來持續催促它提升設備水準，使新聞露出的畫面更清晰，更有可看性。但是在相關問題上，東台公司的回覆皆是：有心更新設備，但是必須等年代集團買下壹電視，取得高清設備後，再將既有年代設備轉到地方台使用（東台有線電視股份有限公司，台東縣政府102年委託製作縣政影像錄製勞務採購案會議紀錄，2013年）。

　　前述三則案例顯示，在各類型大眾傳播媒介中，有線電視系統可能是最接近社區媒介的一種。但是在自然壟斷的規律下，業者其實受制於規模經濟的限制（如慶聯案），或經營者的理念（如大新店案），乃至於集團的政策（如東台案），在運作上要達到扮演社區媒介的期待，還有相當的距離。

肆、媒體政治經濟學的解釋取徑

　　從MSO環節的角度切入，過去二十年來，台灣的有線電視產業明顯地是朝著商品化的角度發展，但是即使在這樣的過程中，左右業者生存發展的因素，並不僅僅是資本一項，而是有其他更複雜的考慮，而且在不同階段，影響變數也不一樣。如第一階段中，有線電視原本是媒體產業政策關注的邊

陲，得以螞蟻雄兵的姿態登場，但是受到美國貿易，尤其是智慧財產權的壓力，成為政府不得不處理的領域後，傳統地方派系、黨國事業體雖然能靠著與執政黨關係密切成立博新育樂，一旦黨國控制能力減弱，在表現上就僅能曇花一現；另外靠非法經濟特權起家的飛梭傳播，則是遇到涉及全民關切焦點（職棒簽賭案）的法律問題，被迫退出。在這個階段能夠倖存的，僅剩下新興地方型財團（和信、東森）。

　　到了第二階段，挾資金與技術的優勢，外資逐漸成為有線電視產業的要角。但是不同於台灣早期經濟發展中，進入台灣投資的傳統外商往往需要良好的政治關係，甚至挾帶母國經濟制裁壓力，形成在本地的產業競爭優勢，這個階段的外商，尤其是國際私募基金，一般是靠著靈敏的投資嗅覺，寬鬆的本地資金，以及相對規範的金融制度。他們嫻熟資金操作，追求利潤，表現低調，動作以配合或滿足政府要求為主，而不張揚。例證是，大富購併凱擘案在NCC拖了一年多才通過。但是像旺中購併中嘉案，經過十八個月仍無下文，私募資金安博凱也只能徒呼負負，旺旺蔡家與旗下媒體則毫不客氣，火力全開，抨擊主管機關和異議人士（國家通訊傳播委員會審議「吉隆等11家有線電視股份有限公司股權轉受讓案」聽證會會議記錄，，2012年5月7日）。

　　進入第三階段，由於全球市場的金融風暴，國際私募資金尋求退場套現，能在MSO舞台上呼風喚雨的，明顯是金融獨占型財團與工商獨占型財團。這些新財團原本與傳播領域並無密切關係，但是看準政府需要資金發展數位傳播的遠景，憑恃財力取得進入賽局的入場券。值得注意的是，這個階段對財團的制衡力量，不是政府主導，而是學院知識分子的拉扯、牽制。

　　這些現象放在媒體政治經濟學的取徑中，應該如何解釋呢？根據學界對媒體政治經濟學理論的分類與整理（Winseck, 2011: 3），從新聞局到國家通訊傳播委員會等機構，作為有線電視產業政策的制訂與主導者，決策主要是建立在三個核心目標，即市場競爭、多元化、在地性，希望藉此達到私有化和公共利益均衡（「中國電視事業股份有限公司及中天電視股份有限公司申

請董事長、董監事及總經理變更案」處理說明書，2009年5月8日）。這種保守、自由主義經濟邏輯（conservative and liberal neoclassical economics），表現在實務上則是任由大、小資本家彼此對抗的模式，強調其實商業化（commodification）與自由化（liberalization）的市場機制來決定業者生存與否；公共利益與公共服務等理想則繫於媒體自律；主管機關的角色是，確保公平競爭的遊戲規則。

遵循保守、自由主義觀點，國家通傳會等機構也承認市場可能失靈，所以保留政府適度介入的裁量空間，但是公權力一旦介入，卻會出現「事權分散」，瑣碎化的結果。更具爭議性的是，主管機關尊重言論自由，並且將言論品質建立在言論市場與媒體自律。可是從旺中案的媒體表現來看，這種看法近乎緣木求魚（彭芸，2012）。

另一方面，媒體政治經濟學派（radical media political economies）論點認為，國家機器往往扶持企業，為資本服務，便利資本積累與剝削壟斷的可能。以台灣有線電視產業的表現來看，政府消極的管制手段，一方面確實開啟資本在市場襲奪的機會，但是不同階段有不同的企業角色，無人能夠獨領風騷，又說明激進媒體政治經濟學往往過度重視國家為資本，尤其是大企業資本服務，反壟斷、反財團的訴求，因此而生。

這種說法對照台灣有線電視市場集中化的趨勢，確實有一定說服力。不足之處在於，它相對忽略社會之於科技進步所造成的影響，以及族群、性別之於勞動等其他變數的關聯性。放在台灣有線電視產業中，前有世紀之交的網路科技發展，導致市場對外資的開放；接下來電訊、網路、傳統媒體的匯流等可能性，形成中華電信進入數位媒體領域。這些大環境的技術變化左右政策內容，引導出「創造性破壞」（creative destruction）模式，在產業界是不起眼的新秀取代原本的霸主；在傳播媒介方面，則是邊陲或新穎的媒介分擔甚至取代主流媒介的主導角色（Winseck, 2011: 25；李金銓，2004：38）。

進一步觀察，從「衛星電視換照案」（2005年）、反「三中案」（2008年）、「年代綜合台撤照案」（2010年），到反「旺中案」（2011至2013年），學界、

知識分子的集結與影響力相對活躍，而且透過網路、社群網站等新媒介，一方面傳達本身聲音，另一方面質疑主流媒體的觀點。在主管機關決策之際，這些社會力積極發聲，提出疑慮和主張，明顯成為對財團的另類制衡。這也形成討論台灣有線電視產業時必須注意的特徵。

在媒體政治經濟學的解釋中，這股一般被稱為是社會力或文化力的角色，一般放在制度論的媒體政治經濟脈絡（institutional political economy）討論，如前面所討論科技的創造性破壞般，是思考產業發展中「人」的因素的一條路徑。制度學派認為，資本主義本質上是一種經濟變動形式，因此無法用靜止的型態來觀察；相反的，經濟發展靠的正是「創造性破壞」（creative destruction）（Schumpeter, 1981: 82-83）。重要的是，這種發展模式的結果不必然有利於資本主義的無限擴張，因為它會創造出「普遍地仇恨它自己的社會秩序的氣候」（Schumpeter, 1981: 134）。

會出現這麼戲劇化的過程，原因是，首先，大企業技術的進步與官僚式的經營使創新逐漸成為例行事務，並以專家委員會和專家小組活動替代個人創造性；其次，資本主義毀壞了原本保護舊社會的保護層，如士紳、小工商業、農民和其他社會階層，削弱個人所有權來支持現代企業相對分散的所有制，因此也逐漸侵蝕自身的制度基礎；第三，資本主義鼓勵一種理性與批判的心態，這種心態最終反過來反對自己與相關社會制度，導火線就是社會中的知識分子（Schumpeter, 1981: IX-X）。換言之，「人文因素」其實是資本主義無法對社會進行無限制工具化的關鍵。當前，資本化的台灣有線電視產業發展中，草根觀點不僅沒有噤聲，反而相形活躍，箇中微妙之處就在於傳統知識分子「成功不必在我」、「先天下之憂而憂」的傳統，基本上不是功利取向，而是更貼近人文特質。這段期間出現一些新聞工作者以辭職、談判等方式，尋求與資方談判或抗議資方操作新聞，一定程度上反映出看重公益更甚於個人的特徵。

香港專欄作家馬家輝在〈他們是「士」，不是知識分子！〉中，點出這一波紛爭，台灣媒體人反對旺中，可能與媒體老闆用人手法今昔有別有關。

他認為，相較《中國時報》創辦人余紀忠「比較精於跟知識分子周旋」，明白新聞工作者並非普通的讀書人，必須待之以禮。蔡衍明則是用「現代企業手法」，聘人解聘皆照工作倫理操作，結果被員工視為是財大氣粗的企業老闆。馬家輝質疑，這場風暴的癥結固然在反對媒體壟斷，強調媒體客觀中立，但是「台灣這樣或那樣的報紙其實於過去六十年從未客觀中立，除了一直向政治勢力低頭，還有商業干預」（馬家輝，2012）。

更重要的是，衝突的焦點不僅在於媒體公共性，還反映島內知識界關於媒體對共同體「認同」價值的確認。從去年學界質疑《中國時報》為中國大陸政府做新聞置入，繼而就蔡衍明在《華盛頓郵報》專訪對「六四事件」發言，質疑他作為媒體經營者的「適格性」，甚至冒出美國語言學大師Noam Chomsky被捲入「反對中國黑手」插曲，在在顯示反旺中的陣營，對於新聞媒介左右族群「認同」的關切。

媒體的認同功能始於Benedict Anderson「想像的共同體」的論述。對於新興國家而言，一定程度上具有彌補哈伯瑪斯公共領域論述不足的價值。因為第三世界國家、殖民地國家在爭取自主權過程中，媒體的重要作用有時就表現在與宗主國紐帶的切割、若拒還迎的糾結。

值得注意的是，回溯文獻，媒體的認同功能不僅表現在第三世界國家的發展，同樣也出現在美國新聞事業的創始初期。美國新聞史學者Frank Luther Mott研究，在革命戰爭期間，媒體是形成殖民地人民認同感最主要的力量之一；至於其手段，則未必符合傳統言論自由理論的標準，可是因為有這樣的認同運動，才有愛國派擊敗保皇黨，以及後來「新而獨立的國家」（羅篁、張逢沛譯，1975: 63）。近二十年來，兩岸關係從「國家統一」到「一中各表」的論述變化，一定程度反映了有關認同取向的內容。

從所有權的爭奪到資本的登場，台灣有線電視產業，尤其是關鍵樞紐角色的MSO，基本上是朝著集中化的方向發展。但是不能忽略的是，過去二十年來科技創新和草根聲音的影響，始終讓這個產業朝動態而非靜態的角度發展。這種非正統的媒體政治經濟學思維，有可能讓產業發展在保守自由主義

主張的市場經濟與激進政治經濟學強調的多元管制之間擺盪，也可能因此擺盪出更多元的聲音，乃至於符合本土、政治、經濟與文化相輔相成的新關係。這樣的可能性，還有更多深入探究的空間。

伍、結論

　　討論媒體壟斷，不可忽略破壞性創新的變數。在台灣，過去威權體制以宣傳著眼努力建構以主流媒體控制為主的媒介文化，但是這種媒介與權力的關係，終究還是被邊陲、新興媒體所推翻。李金銓提出黨外雜誌挑戰國民黨控制報業，有線電視挑戰無線三台的論述，導引出自由主義對抗威權主義的結論（李金銓，2004：158）。

　　本研究認為，近年來在台灣異軍突起的反媒體壟斷議題，除了對政府新自由主義的媒體政策，導致媒體市場資本化反彈外，還有其他意涵，也就是認同功能的新論述。撇開一些情緒性語言，正、反雙方的觀點恰恰是新自由主義與批判主義論點的爭鋒。自由主義強調解除管制，批判主義則希望對商人經營保持警覺。本文則嘗試從第三種觀點：制度經濟學派的創新破壞理論，對這些觀點進行解釋性分析，亦即基本上是經濟規律的探索，同時也認真看待「人」的因素的影響。以這套理論假說來檢視台灣的有線電視產業發展，乃至於當前的產學界風潮，本文大致歸納出五點結論，分別是：

1. 由MSO的變化看，壟斷是台灣有線電視產業的趨勢。

2. 實證材料顯示，從經濟面考慮，地方有線電視台並無法扮演好社區媒體的角色（缺乏規模經濟，範疇經濟），這裡又回到有線電視是公益思考，還是營利思考。當無利可圖時，要業者投資經營，其實並不容易得到效果。

3. 政府與反旺中團體的訴求，基本上都是不希望壟斷局面的形成，差別

　　在於：反旺中團體的理由還攙雜了反對親中的觀點，因為媒體有凝聚
　　族群共同體的想像。

4.這也符合Schumpeter的破壞性創新理論，因為新科技形成弱勢挑戰大
　　財團壟斷的契機，還有知識分子不滿資本主義的絕對理性化。

5.台灣的媒體發展經驗，李金銓認為需要兩種觀點的應用，其中解嚴前
　　適用自由主義對抗威權主義，解嚴後用批判理論解釋比較合宜。問題
　　是，這種斷裂要如何銜接？以熊彼得的政治經濟學觀點觀察有線電視
　　的經驗，其實是提出一個可能的解釋。

參考文獻

■中文部分

《中國時報》社論（2012）。「內外相煎　NCC下一步怎麼走？」（2012/6/4）。
　　中時電子報。上網日期：2014年6月13日，取自 http://news.chinatimes.
　　com。

王尚智（2013）。「壹電視再見！媒體壟斷個屁～」（2013/4/15）。王尚智的雙
　　城心事。上網日期：2014年6月13日，取自 http://blog.udn.com/
　　powerecho/7509387。

何畏、易家祥譯（2001）。《經濟發展理論：對於利潤、資本、信用、利息和
　　景氣循環的考察》。台北：貓頭鷹出版社（原書 Schumpeter, J. A. (1934).
　　The Theory of economic development: An inquiry into profits, capital, credit,
　　interest, and the business cycle. New York: Transaction Publisher）。

吳峻安（2004）。《有線電視產業的「全球—地方」之爭：跨國（媒體）集團
　　進入台灣市場的競爭與合作》。台灣師範大學大眾傳播研究所碩士論文。

吳祥寬（2000）。《政治、金權、線纜：台灣有線電視產業的政治經濟分析》。
　　中正大學電訊傳播研究所碩士論文。

吳叡人譯（2010）。《想像的共同體：民族主義的起源與散布（二版）》。台北：時報出版（原書 Anderson, B. [2006]. *Imagined communities: Reflections on the origin and spread of nationalism.* Verso）。

李仁淵（2005）。《晚清的新式傳播媒體與知識分子：以報刊出版為中心的討論》。台北：稻香出版社。

李金銓（2004）。《超越西方霸權：傳媒與文化中國的現代性》。香港：Oxford University Press。

李書良（2012）。「電視燒錢，壹傳媒負債攀高」（2012/4/13）。《中時電子報》。上網日期：2014 年 6 月 13 日，取自 http://news.chinatimes.com。

東台有線電視股份有限公司（2013）。《台東縣政府 102 年委託製作縣政影像錄製勞務採購案公開評選服務建議書》。

林崇能（2011 年 10 月）。《縣市合併後有線電視公用頻道發展對自製節目的影響：以高雄市的慶聯有線電視公司為例》。2011 年第 8 屆傳播與媒體生態學術研討會：新時代的傳播與影視發展。高雄：大樹。

侯燦民（2012 年 4 月）。〈蘋果 PK 米果〉。《新新聞》，1312：50-55。

施俊吉（2011）。〈有線電視市場結構與經營區調整政策〉。《人文及社會科學集刊》，l24（2）：165-191。

馬家輝（2012 年 7 月）。〈他們是「士」，不是知識分子！〉。《新週刊》，372：220。

國家通訊傳播委員會（2009）。「『中國電視事業股份有限公司申請董事長、常務董事、董事、監察人及總經理變更案』暨『中天電視事業股份有限公司申請董事長、董事及監察人變更案』處理說明書」。上網日期：2014 年 6 月 13 日，取自 http://www.ncc.gov.tw/chinese/show_file.aspx?table_name=news&file_sn=13110。

國家通訊傳播委員會（2011）。「國家通訊傳播委員會審議『吉隆等 11 家有線電視股份有限公司股權轉受讓案』聽證會會議記錄」。上網日期：2014 年 6 月 13 日，取自 http://www.ncc.gov.tw/chinese/ show_file.

aspx?table_name=news&file_sn=28259。

國家通訊傳播委員會（2012）。「『吉隆等11家有線電視股份有限公司股權轉受讓案』第2次公聽會會議記錄」。上網日期：2014年6月13日，取自 http://www.ncc.gov.tw/chinese/show_file.aspx?table_name=news&file_sn=24957。

國家通訊傳播委員會（2013）。「102年第一季有線廣播電視訂戶數」。上網日期：2014年6月13日，取自 www.ncc.gov.tw。

康文柔（2013）。「NCC審查旺中案　未過關」（2013/2/21）。《中時電子報》。上網日期：2014年6月13日，取自 http://news.chinatimes.com。

張博亭（2012）。「NCC：業者將可跨縣市經營」（2012/7/2）。《聯合報》。上網日期：2014年6月13日，取自 http://udn.com。

陳炳宏（2010）。〈媒體集團化與其內容多元之關聯性研究〉。《新聞學研究》，104：1-30。

陳美靜（2010）。《國家作為與不作為──1949-2010 台灣公眾視聽政策的發展樣貌與分析》。世新大學傳播管理學系碩士學位論文。

彭芸（2012）。「缺媒體政策　造成媒體崩壞」（2012/7/13）。《聯合晚報》。上網日期：2014年6月13日，取自 http://udn.com。

黃晶琳（2012）。「NCC發豪語，3年後全面數位化」（2012/6/28）。《經濟日報》。上網日期：2014年6月13日，取自 http://udn.com。

黃琴雅（2012）。〈台灣電視，全看系統台臉色：蔡明忠、蔡衍明、練台生三霸主瓜分媒體天下〉（2012/4/26）。《新新聞》，1312：60-62。

管中祥、陳伊楨（2003）。〈一個地方頻道的興衰：全球資本與地方文化的消長〉。《傳播與管理研究》，2（2）：105-133。

劉琛譯（2010）。《美國傳媒史》。上海：上海人民出版社（原書 Sloan, W. D. [2005]. *Media in America: A history*. New York: Vision Press）。

蔡念中、劉敦瑞（2009年5月）。〈我國有線電視數位化發展瓶頸與推動策略之研究〉。「數位創世紀學術實務國際研討會」論文，台北市。

戴伯芬（2007）。〈無法執法與有法放任：台灣有線電視產業的制度論分析
　　（1983-2000）〉。《人文及社會科學集刊》，19（2）：169-201。

戴智權（2011年7月）。《有線電視系統業水平整合之競爭政策研究》。「中華
　　傳播學會年會」論文，新竹市。

簡嘉威（2010）。《有線電視 MSO 發展數位化之關鍵成功因素：以中嘉網路
　　的資源整合運用為例》。政治大學廣播電視研究所碩士學位論文。

羅篁、張逢沛譯（1975）。《美國新聞事業史》。台北：世界書局（原書 Frank
　　Luther Mott [1962]. *American Journalism: A history, 1690-1960*. New York:
　　The Macmillan Company）。

■英文部分

Benkler, Y. (2006). *The wealth of networks: How social production transforms
　　markets and freedom*. New York: Yale University Press.

DiLorenzo, T. J. (1996). The myth of natural monopoly. *The Review of Austrian
　　Economics*, 9(2): 43-58.

Levin, S. L. & Meisel, J. B. (1991, December). Cable television and competition:
　　Theory, evidence and policy. *Telecommunications Policy*, 15(6): 519-528.

Noam, E. M. (1984). Is cable television a natural monopoly? *Comm (Sankt
　　Augustin)*, 9: 241-259.

Schumpeter, J. A.(1981). *Capitalism, socialism and democracy*. London: George
　　Allen & Unwin.

Sterling, C. H., Bernt, P. W., & Weiss, M. B. H.(2010). *Sharping American
　　telecommunications: A history of technology, policy and economics*. New
　　Jersey: Routledge.

The Economist (2013). Keeping the doctor away (April 6, 2013). *The Economist*,
　　28.

Winseck, D. (2011). The political economies of media and the transformation of the global media industries. *The political economies of media: The transformation of the global media industries* (pp.3-48) (Ed. By Dwayne Winseck & Dal Yong Jin). London: Bloomsbury Academic.